La grande expérience

Dans la même collection

Marylin Maeso, *Les Conspirateurs du silence*, 2018.
Éric Fiat, *Ode à la fatigue*, 2018.
Yascha Mounk, *Le Peuple contre la démocratie*, 2018.
Denis Ramond, *La Bave du crapaud*, 2018.
Claire Marin, *Rupture(s)*, 2019.
Laurent de Sutter, *Indignation totale*, 2019.
Dorian Astor, *La Passion de l'incertitude*, 2020.
Marylin Maeso, *La Petite Fabrique de l'inhumain*, 2021.

Du même auteur

Stranger in My Own Country, Farrar, Straus & Giroux Inc., 2014.
The Age of Responsibility, Harvard University Press, 2017.
The People vs. Democracy, Harvard University Press, 2018.

Yascha Mounk

La grande expérience

Les démocraties face à la diversité

Traduit de l'anglais (États-Unis)
par Benjamin Peylet

Collection « La Relève »,
dirigée par Adèle Van Reeth

Éditions de L'Observatoire

Titre original : *The Great Experiment*
Éditeur original : Penguin Press, 2022

ISBN : 979-10-329-1645-2
Dépôt légal : 2022, janvier

170 *bis*, boulevard du Montparnasse, 75014 Paris

Introduction

Quelques instants avant le direct, j'ai pris conscience de ma nervosité.

Ma langue maternelle est l'allemand, mais, depuis mes études, commencées en Grande-Bretagne et achevées aux États-Unis, c'est en anglais que je suis le plus à l'aise pour parler politique. Alors, quand j'ai pris place sur le plateau avant mon interview en direct dans « Tagesthemen », l'une des émissions d'information les plus populaires d'Allemagne, j'ai soudain eu peur de me ridiculiser, de paraître décousu ou de me faire mal comprendre.

Et puis la présentatrice m'a demandé quelles étaient à mon avis les causes de la montée récente des populismes autoritaires, ce qui orientait habilement la discussion vers les principaux arguments de mon dernier livre. Là, j'ai commencé à prendre le rythme. Petit à petit, la pression retombait.

J'ai répondu que la stagnation économique provoquait un peu partout de la colère. La montée en puissance des réseaux sociaux, de son côté, a permis aux démagogues de toucher plus facilement un public plus large pour répandre leur haine et leurs mensonges. Enfin, il y avait une troisième raison, particulièrement ici en Allemagne, où l'arrivée récente de millions de réfugiés venus d'Afrique et du Proche-Orient marquait encore les esprits.

« Nous nous sommes embarqués, ai-je dit à la présentatrice, dans une expérience inédite dans l'histoire, celle de transformer une démocratie monoethnique et monoculturelle en société multiethnique. Ça peut fonctionner. Je pense que ça va fonctionner. Mais, bien sûr, cela provoque de nombreux bouleversements. »

Après l'entretien, une vague de soulagement m'a traversé. Mon allemand avait sonné plutôt naturel. J'étais parvenu à articuler certains des principaux arguments du livre. Surtout, je n'avais commis aucune bourde, rien d'embarrassant. J'avais évité le pire, pensais-je, qui aurait été de devenir viral malgré moi.

Je me suis dirigé vers la gare un large sourire aux lèvres. Sans perdre une minute, j'ai sauté dans un train pour Francfort, loué une chambre d'hôtel proche de l'aéroport et me suis endormi profondément.

Ce n'est qu'en rallumant mon téléphone le lendemain soir, après un vol de dix heures pour rentrer aux États-Unis, que j'ai constaté que la vidéo était devenue virale malgré tout. Ma boîte mail débordait de messages de gens très en colère : « Arrêtez de nous dire comment on devrait vivre ! » disait l'un. « Comment osez-vous mener ce genre d'expériences sur nous ? » demandait l'autre. « Merci d'avoir admis votre participation dans ce complot indigne », précisait un troisième.

Leur violence m'a pris de court, mais c'est surtout leur contenu qui m'a abasourdi. Quel complot avais-je bien pu mentionner ? Sur qui donc expérimentai-je ?

Une rapide recherche sur Internet m'a fourni la réponse. Quelques minutes après l'entretien, *Tichys Einblick*, un site d'extrême droite, avait publié un article laissant entendre qu'Angela Merkel et moi-même menions délibérément une expérience sur le peuple allemand. « Qui a donné son accord pour une telle expérience[1] ? » exigeait de savoir l'auteur.

Née de cette courte publication, la rage qu'avait déclenchée mon aveu prétendu s'était répandue comme une traînée de poudre. Des animateurs radio d'extrême droite, des youtubeurs et même des élus citaient l'interview comme la preuve que des puissances malignes préparaient le « grand remplacement » qui exterminerait la population d'origine européenne.

Enfin, *The Daily Stormer*, un site néonazi américain[2], eut vent de l'histoire. Plaçant mon nom entre plusieurs parenthèses pour souligner mes origines juives, l'article avertissait les lecteurs dès sa manchette des dangers de l'« expérience historique inédite de (((Yascha Mounk)))[3] ». Dans une allusion à *Arbeit Macht Frei*, la devise perfide inscrite à l'entrée du camp d'extermination d'Auschwitz, l'article s'intitulait : « Diversité Macht Frei. Le peuple hébreu retente le coup[4] ».

En un sens, mes quinze minutes de célébrité dans les sphères d'extrême droite et les cinq minutes de haine qu'elles ont déclenchées reposent sur un profond malentendu. Bien évidemment, Angela Merkel et moi n'étions pas de mèche pour mener une grande expérience sur le peuple allemand. Ni nous, ni personne. Le rapide changement démographique, ethnique et religieux en cours de l'Allemagne à la Suède et de l'Australie aux États-Unis n'est pas le fruit des préférences délibérées d'une cabale ; il est la conséquence, le plus souvent involontaire, d'une série de choix des gouvernements pris pour des raisons diverses ; économiques, politiques et humanitaires.

Malgré tout, je ne regrette pas d'avoir employé le terme « expérience », car je crois encore que, compris dans le bon sens, c'est le mot qui décrit le mieux la situation dans laquelle la plupart des démocraties développées se trouvent aujourd'hui.

En un sens, une expérience est une action entreprise par des scientifiques qui en posent clairement les paramètres au préalable. Selon le dictionnaire, il s'agit d'une « procédure scientifique dont l'objectif est de faire une découverte, tester une hypothèse ou démontrer un fait connu[5] ». C'est ainsi que mes détracteurs avaient interprété mon affirmation selon laquelle bien des pays se sont aujourd'hui lancés dans une expérience historique inédite. Or, dans l'esprit de ces détracteurs, une expérience implique qu'il y ait un expérimentateur, tant qu'à faire juif, à l'accent indéfinissable et connecté à une institution d'élite, telle que l'université Harvard[6].

Mais, en un autre sens, une expérience consiste tout simplement à tenter quelque chose dans des circonstances inhabituelles ou imprévues. C'est, selon le même dictionnaire, « une tentative dont on ignore le résultat[7] ».

C'est bien sûr cette définition que j'avais en tête.

Au XVIIIe siècle, les Pères fondateurs des États-Unis se sont lancés dans la grande expérience de la démocratie moderne en instaurant une république autogouvernée à une époque où toutes les tentatives du même genre avaient misérablement échoué partout où elles avaient été entreprises. Le résultat était loin d'être certain et, pourtant, si les Pères fondateurs voulaient rester fidèles à leurs idéaux, une « longue série d'abus[8] » ne leur laissait plus le choix.

Nous nous embarquons aujourd'hui dans le même genre d'aventure. Alors que nous connaissons bien peu de précédents, nous voilà partis pour une grande expérience, la construction de démocraties multiethniques très diverses*, qui passeront l'épreuve du temps et, espérons-le, traiteront équitablement tous leurs citoyens.

Cette grande expérience est l'entreprise la plus importante de notre époque. Elle a démarré sans expérimentateur, en l'absence de toute volonté délibérée. Aucun

* L'adjectif « diverses », qui traduit ici le *diverse* anglais, est à comprendre comme dérivé du substantif « diversité » tel qu'on l'emploie actuellement dans la langue, autrement dit comme l'équivalent de « multiethnique, multiconfessionnelle et multiculturelle », auquel il faudrait encore adjoindre la diversité de genre, d'identité et d'orientation sexuelle, et sûrement d'autres encore. En accord avec l'auteur, il sera le plus souvent traduit par « multiethnique », sans plus de précisions. Bien que plus restrictif, ce terme a l'avantage de former avec « démocratie » une expression plus naturelle et moins ambiguë que « diverse ». Par ailleurs, il contient dans les esprits de la plupart d'entre nous le cœur de la question, et bien souvent recoupe au moins en partie la composante culturelle et la composante religieuse. Toutefois, le lecteur devra entendre davantage cette expression de « démocratie multiethnique » comme un raccourci de langage plutôt que comme une caractérisation stricte ; dans presque toutes les occurrences, il pourra ainsi lui substituer mentalement l'expression plus précise mais malheureusement bien trop lourde de « démocratie multiethnique, multiculturelle et multiconfessionnelle ». [NdT.]

consensus n'existe sur le genre de règles ou d'institutions qui pourraient la faire aboutir. Et, de plus en plus, nous perdons de vue son but : un avenir que les membres de la majorité comme des minorités pourraient désirer sans réserve.

L'objectif de ce livre est d'éclairer la nature de cette expérience, de décrire le coût prohibitif que son échec entraînerait, enfin d'offrir une vision optimiste des moyens de la mener à bien.

La démocratie multiethnique et ses détracteurs

Il serait tentant de penser que cette grande expérience se produira naturellement sans heurts.

De la Suède aux États-Unis, les politiciens aiment affirmer que « la diversité fait notre force ». Les démocrates estiment évidemment que les démocraties sont mieux armées que les dictatures pour préserver la paix civile entre différents groupes ethniques ou religieux. Dans ces conditions, construire des démocraties multiethniques devrait être facile, n'est-ce pas ?

Malheureusement, il existe deux raisons, souvent négligées, pour lesquelles la diversité et la démocratie compliquent, plus qu'elles ne facilitent, la réussite des sociétés. D'abord, les frictions entre communautés ont été, historiquement, une cause majeure de conflits. Pour bien des sociétés, la diversité a été une pierre d'achoppement plutôt qu'une force. Deuxièmement, les institutions démocratiques sont tout aussi capables de compliquer que de simplifier les défis que pose la diversité. Dans de nombreux cas, la volonté de la majorité a soufflé sur les braises des violences ethniques ou religieuses et accentué l'exclusion des groupes minoritaires.

Si nous voulons la réussite de la grande expérience, il est nécessaire d'identifier sereinement les obstacles qui s'y opposent, sans détourner le regard.

Dans certains des conflits les plus meurtriers de l'histoire, victimes et bourreaux partagent ce que nos yeux modernes analyseraient comme une même identité. Les humains sont parfaitement capables de partir en guerre contre leurs compatriotes et leurs coreligionnaires, d'infliger des sévices innommables à ceux qui partagent avec eux leur couleur de peau, et même des liens familiaux.

Mais de l'Inde à l'Indonésie, l'histoire montre aussi que la diversité augmente sensiblement la possibilité de conflits violents. Dans la plupart des crimes les plus atroces de l'humanité, les « identités attribuées », telles que la race ou la religion, ont joué un rôle décisif. Des déportations de masse organisées par l'empire assyrien au IXe siècle avant notre ère à l'expulsion des musulmans de l'Espagne médiévale, de l'Holocauste au génocide rwandais, c'est encore et toujours l'infériorité ou l'iniquité supposée d'un groupe qui a servi de prétexte aux violences et aux meurtres de masse.

La tension entre deux groupes issus d'ancêtres différents ou vénérant un dieu différent fait historiquement partie des causes principales de conflit, d'effondrement et de guerre civile. C'est le premier danger que doivent affronter les sociétés multiethniques ou multiconfessionnelles.

Certains éléments centraux des démocraties, tels que des élections régulières, peuvent-ils nous aider à naviguer entre ces écueils sur lesquels tant de sociétés multiethniques ou multiconfessionnelles se sont fracassées ?

Les archives de l'histoire sont loin de nous inciter à l'optimisme sur ce point. Les citoyens des démocraties les plus respectées du monde ont porté leur pureté ethnique en étendard. D'Athènes à Rome, de Venise à Genève, les tentatives prémodernes d'autogouvernance ont toutes été restreintes au groupe ethnique concerné.

Dans le même temps, les exemples les plus respectés de sociétés multiethniques ont été, à de rares exceptions près, des empires ou des monarchies. De la Bagdad du IXe siècle à la Vienne du XIXe, les populations composées d'une grande variété de groupes divers qui sont parvenus à cohabiter pacifiquement et à s'influencer les uns les autres n'avaient pas voix au chapitre quand il s'agissait de décider de leur destin collectif.

Ce n'est pas une simple coïncidence. Pour le sujet d'un roi ou d'un empereur, le poids démographique relatif de son groupe n'a pas de lien direct avec les lois qui le gouverneront. Tant qu'il fera confiance au souverain pour tolérer sa communauté, il restera relativement serein quand affluera dans le pays un groupe ethnique ou religieux différent du sien.

Pour le citoyen d'une démocratie, au contraire, le poids démographique de son groupe affectera sa capacité à peser sur les décisions politiques. Tant qu'il sera dans la majorité, il décidera. Dès qu'il passera en minorité, en raison de l'immigration ou de toute autre forme de changement démographique, les lois qui le gouverneront pourront changer du tout au tout. La logique même de l'autogouvernance, qui pose comme impératif éternel de forger des majorités de votants du même avis, pousse le citoyen à exclure des décisions politiques qui le concernent ceux qu'il considère comme différents de lui.

C'est la deuxième embûche sur la voie des démocraties multiethniques. Les institutions démocratiques attisent plutôt qu'elles n'apaisent les rivalités entre communautés.

La diversité entraîne fréquemment des conflits. Les institutions démocratiques exacerbent fréquemment les tensions ethniques et religieuses. Si elles comptent perdurer, voire prospérer, il serait donc utile que les démocraties multiethniques étudient de très près l'histoire des tentatives d'établissement de sociétés justes et inclusives.

Malheureusement, ce n'est pas ce qu'elles font. La plupart des démocraties ont une longue tradition d'exclusion ethnique et religieuse, si bien que leur expérience de gestion d'une société multiethnique, ce qu'elles sont pourtant aujourd'hui, reste terriblement limitée.

Ce n'est qu'au cours des cinq ou six décennies précédentes que la plupart des démocraties ont admis à grande échelle que les étrangers d'autrefois sont les compatriotes d'aujourd'hui. À la fin de la Seconde Guerre mondiale, au Royaume-Uni, moins d'une personne sur vingt-cinq était née à l'étranger[9]. Aujourd'hui, c'est une sur sept[10]. Il y a quelques décennies de cela, la Suède était l'un des pays les plus homogènes du monde. Aujourd'hui, un habitant sur cinq a des origines étrangères[11]. De nombreux pays, de l'Autriche à l'Australie, ont connu un tel changement fulgurant.

Les raisons de cette transformation démographique ne sont pas les mêmes partout. En Allemagne[12], en Suisse[13], c'est surtout le besoin de main-d'œuvre non qualifiée qui l'explique, cette main-d'œuvre qui a alimenté le « miracle économique » des années 1950 et 1960. En France et au Royaume-Uni, il s'agit surtout des conséquences de l'établissement puis de l'effondrement d'un empire vindicatif[14]. Au Danemark et en Suède, de généreuses lois d'asile ont joué un rôle significatif.

Mais, malgré ces importantes différences, tous ces pays ont un point commun : leur transformation est la conséquence inattendue et imprévue de choix politiques dont les objectifs étaient tout autres. Aucun de ces pays n'a consciemment décidé de se transformer en démocratie multiethnique et multiconfessionnelle, si bien qu'aucun n'a non plus conçu de plan cohérent pour affronter les défis que cela poserait.

En Amérique du Nord, une autre version de la même histoire s'est déroulée.

Comme la grande majorité des citoyens du Canada et des États-Unis puisent leurs origines dans des pays lointains, ils n'ont jamais pu prétendre que ce qui les reliait à leurs compatriotes était une longue histoire partagée ou des ancêtres communs. À la différence des Européens, ils se sont pensés comme des nations d'immigrés dès leur conception. Et pourtant, à leur manière, les deux grandes démocraties du Nouveau Monde ont été profondément excluantes durant la majeure partie de leur existence. Elles ont plongé dans la grande expérience coiffées des mêmes œillères que les autres.

Le lien qui unit la race* et la citoyenneté est particulièrement fort aux États-Unis. Durant les quatre-vingt-dix premières années de son existence, la jeune république déniait aux Noirs les protections les plus élémentaires : le droit de conserver le fruit de son labeur, de choisir où s'établir, de qui épouser.

Quand l'institution particulièrement cruelle de l'esclavage a été abolie sous sa forme traditionnelle, en 1865[15], et que le pays est entré dans une période de réinvention pleine d'espoir, les Afro-Américains ont brièvement pu rêver à obtenir des droits civiques pleins et entiers. Mais, quand vint le contrecoup de la Reconstruction, ils furent de nouveau privés de toute participation politique dans la vie de la nation[16]. Sous les lois oppressives qui s'emparèrent de la majorité du sud du pays pour les cent années

* S'agissant de la situation des États-Unis, le mot « race » est bien sûr à prendre dans son sens anglo-saxon. Ce sera toujours le cas par la suite, à chaque fois que le mot « race » sera employé. Le mot « ethnie », mieux en cour sous nos latitudes, n'en recouvre malheureusement pas tout à fait le sens, en particulier le sens sociologique, puisque le Bureau du recensement des États-Unis considère la race et l'ethnie comme deux identités distinctes et séparées. [NdT.]

qui allaient suivre, ils vécurent ségrégués, séparés de ceux qui, sur le papier, auraient dû être leurs compatriotes, privés d'accès à des services publics de base et frappés de l'interdiction de participer aux élections.

Au cours de la majeure partie de son histoire, l'Amérique a été bien moins ouverte à l'immigration extraeuropéenne que le suggère le récit traditionnel de ses origines. Quand les travailleurs chinois ont commencé à affluer sur la côte ouest à la fin du XIXe siècle, les hommes politiques se sont subitement inquiétés de l'impact de cette « race étrangère » sur la composition ethnique de la population américaine[17]. Dès 1875, une série de lois a interdit aux « indésirables » migrants venus d'Asie l'entrée dans le pays[18].

Quand la part des résidents nés à l'étranger a atteint un record absolu au début du XXe siècle, démocrates et républicains se sont mis d'accord pour serrer la vis. Dans les années 1920, des lois ont limité le nombre maximal de nouveaux arrivants à 165 000 par an, avec des restrictions supplémentaires pour les immigrés non occidentaux[19].

Ce n'est qu'en 1965 que l'Immigration and Nationality Act a commencé à revenir sur ces limites strictes imposées à l'immigration extraeuropéenne[20]. Même après cela, les politiques les plus influents voulurent s'assurer que le nouveau système n'altérerait pas la composition démographique du pays. Dans la déclaration qu'il fit au moment de signer la loi, le président Lyndon Johnson insistait : « Ce n'est pas une loi révolutionnaire. Elle n'affectera pas la vie de millions de gens. Elle ne modifiera pas la structure de nos vies quotidiennes[21]. »

Au début, le nombre des immigrés venus d'Asie, d'Afrique et d'Amérique latine augmenta doucement. Mais avec cette montée graduelle de l'immigration extraeuropéenne et l'utilisation intensive que firent ces nouveaux venus de leur droit de se porter garants de leurs parents afin que ceux-ci les rejoignent sur la terre promise, ils finirent par constituer la plus grosse part des arrivées. Dans les années 2010, quatre immigrés sur cinq admis légalement aux États-Unis venaient d'Amérique latine ou d'Asie[22].

Même aux États-Unis, la grande expérience est davantage le résultat d'hypothèses erronées quant aux effets à long terme de certaines politiques publiques que le témoin d'un engagement sans faille pour la diversité et ses bénéfices. Ni Woodrow Wilson, ni Franklin Roosevelt, ni Lyndon Johnson, ni Ronald Reagan n'ont pris la décision consciente de s'engager dans la grande expérience. Tous sont tombés dedans.

Cela clarifie le problème qui se pose aujourd'hui dans toutes les démocraties multiethniques.

Bien des démocraties ont juré depuis leur origine qu'elles traiteraient sur un pied d'égalité tous leurs citoyens, quelles que soient leur religion ou leur ethnie. Elles font de leur mieux pour que la grande expérience fonctionne. Et pourtant, le récit qu'elles se font d'elles-mêmes, leur « roman national », repose encore sur la fiction de leur homogénéité.

Si vous aviez demandé à des habitants de Stockholm, de Vienne ou de Tokyo d'il y a cinquante ans qui, selon eux, appartenait vraiment à leur pays, ils vous auraient probablement donné la même réponse, aux variations locales près : quelqu'un dont les ancêtres parlaient la même langue qu'eux, vivaient au même endroit, appartenaient au même groupe ethnique et peut-être vénéraient le même Dieu. De nos jours encore, beaucoup de ces pays rendent la tâche difficile aux minorités qui cherchent à pratiquer leur religion ou à voir leurs apports culturels reconnus. Les pages les plus sombres de l'histoire de ces pays n'y sont qu'effleurées, dans les discours et les écoles. Par endroits, un « vrai » citoyen doit aujourd'hui encore partager la même culture et appartenir à la même ethnie que la majorité.

Dans les pays qui ont longtemps loué leur cohésion culturelle et n'ont pas connu d'afflux massif de migrants auparavant dans leur histoire, le risque d'une rupture permanente entre natifs et étrangers est particulièrement élevé. Dans certaines régions d'Europe et d'Asie, bien des immigrés et autres membres des minorités craignent de ne jamais appartenir vraiment au seul pays qu'ils connaissent.

Pour cette raison, le risque de fragmentation culturelle est à présent bien réel. Certains groupes d'immigrés forment aujourd'hui une classe socio-économique défavorisée. Dans les *banlieues*, quelques-uns se font fort de rejeter jusqu'aux règles les plus basiques de vie en société. Ils accordent bruyamment leur soutien aux extrémistes violents, voire se compromettent en menant des actions terroristes dans leur propre pays.

D'autres démocraties, diverses dès leurs origines, sont engagées depuis des siècles dans un processus de domination bien plus explicite. Leur histoire est parsemée de luttes silencieuses pour abattre la hiérarchie raciale établie, celle qui place les Wasps au sommet, toute une variété de religions et d'ethnies au milieu, et tout en bas les Noirs et les peuples indigènes. Le succès de ces luttes ne doit pas être minoré. L'incroyable différence qu'on constate entre les droits et les possibilités dont jouissent aujourd'hui les Afro-Américains, comparés à leur situation d'il y a cinquante ou cent ans, est le témoin de la faculté des démocraties, même les plus imparfaites, à se réinventer.

Cependant, l'histoire de cette domination brutale étend toujours son ombre sur ces sociétés. Ceux dont les ancêtres ont été asservis souffrent encore de lourds désavantages socio-économiques. La méfiance entre communautés est souvent profonde. Même si ces pays ont depuis longtemps adopté l'égalité de tous leurs citoyens devant la loi, l'écho des servitudes passées se manifeste encore sous forme d'injustices flagrantes, comme le démontrent les meurtres atroces d'hommes noirs désarmés commis par des policiers.

L'histoire des sociétés multiethniques est sombre. Malgré les nombreux progrès récents, le passé hante toujours le présent. Il n'est guère surprenant que certains se montrent pessimistes quant à la survie de ces démocraties.

L'ascension des pessimistes

Afin de passer le temps avant le début du match, les fans ont lancé quelques chants. « Le voilà, le moustique ! » a entonné un homme au cheveu brun et ras, son corps tourné vers la foule. « Il vous pique devant et derrière », a-t-il ajouté, tandis que le public tapait du pied. « Vite, allez chercher le spray ! Et le moustique est kaput », a-t-il conclu sous un tonnerre d'applaudissements.

Puis il a avalé une longue gorgée de bière et étendu son bras droit pour former le salut fasciste. La foule l'a imité de bon cœur, une centaine d'hommes, une douzaine de femmes, reproduisant son geste.

L'un des rares à ne pas le suivre était assis juste à côté de moi. « Je fais attention à mes façons de saluer ces temps-ci », m'a dit Paolo Polidori, un Italien entre deux âges vêtu d'un T-shirt bleu marine, d'un pantalon beige et de tennis bleues. « Je ne voudrais pas que quelqu'un en fasse tout un fromage… »

Né à Trieste, Polidori se rend depuis qu'il est tout petit au Curva Furlan, lieu de rassemblement des plus dévoués des fans du club de foot local. Ce jour-là, il n'occupait aucune fonction officielle, pourtant il est devenu avec les années une personnalité influente de cette ville moyenne d'Italie du Nord-Est.

Pendant longtemps chef de la section locale du parti aujourd'hui majoritaire au conseil municipal, Polidori est récemment devenu maire adjoint. Si son parti d'extrême droite, la Ligue, gagne les prochaines élections législatives, il pourrait se voir attribuer de plus hautes responsabilités.

« Polidori est un homme en plein essor », m'a dit un jour un journaliste du coin.

Au cours d'une conversation ce matin-là au pittoresque Caffè Degli Specchi, sur la place principale de la ville, Polidori avait ânonné une litanie d'éléments de langage d'extrême droite que j'avais déjà entendus dans la bouche de militants au cours de mes enquêtes, de la Pologne au Brésil. Les politiciens, affirmait-il, appliquent en secret le programme de George Soros. Les gouvernements qu'ils soutiennent dissimulent les effets néfastes du vaccin dans le seul but d'engraisser les grosses entreprises pharmaceutiques. Et l'immigration, particulièrement venue des pays musulmans, est un terrible danger pour l'Italie. C'est pourquoi son parti, en s'opposant fièrement à la perspective d'une société multiethnique, est la seule force à même de sauver le pays.

Retour au stade. Le match a enfin commencé. Le gardien de l'équipe adverse prépare son dégagement, le public hurle des cris de singe. « Ça passe parce qu'il est blanc, me précise Polidori avec un sourire coquin sur les lèvres. C'est un peu un paradoxe… »

Dans bien des démocraties développées, une partie de la droite partage ce regard pessimiste sur la grande expérience et se définit autour de cette vision. Avec Polidori, les racistes et les démagogues du monde entier s'accordent sur ce credo : le succès historique des démocraties, de l'Italie aux États-Unis, est dû à leur héritage culturel et à leur homogénéité ethnique. L'immigration et le changement démographique qu'elle cause menacent ces deux piliers et n'entraîneront qu'un appauvrissement des pays et de leur culture, suscitant le chaos et la guerre civile.

Au cours des décennies passées, ces voix ont migré depuis les marges de la vie publique et politique jusqu'à en atteindre le centre. Il y a des différences nombreuses et importantes entre des leaders d'extrême droite tels que Donald Trump, Marine Le Pen, Viktor Orbán et Jair Bolsonaro, Narendra Modi et Recep Tayyip Erdoğan. Ils sont issus de traditions religieuses différentes, ont prêté allégeance à différentes tribus idéologiques et dirigent leur colère contre des ennemis différents. Mais tous sont les rejetons de la même souche puissante de majoritarisme ethnique : ils considèrent que la minorité la plus visible de leur pays constitue une menace à son bien-être et jurent de défendre la majorité.

Certains de ces chefs ont dirigé ou dirigent parmi les plus grandes démocraties du monde. Dans des douzaines de pays qu'on considérait autrefois comme stables, ils fomentent la discorde, minent les institutions indépendantes et attaquent l'État de droit. Par endroits, ils sont parvenus à redéfinir fondamentalement les contours de la citoyenneté[23].

Partout dans le monde, de l'Italie à l'Inde, de larges pans de la droite sont dominés par de dévoués détracteurs de la diversité en démocratie. Mais le plus surprenant, c'est qu'une partie de la gauche, à sa façon, est devenue tout à fait pessimiste elle aussi sur les chances de réussite de la grande expérience.

Enfant, Heidi Schreck vouait un culte à la Constitution des États-Unis. Ayant grandi à Wenatchee, dans l'État de Washington, elle s'est fait un nom partout dans le pays grâce à ses discours patriotiques, relatifs au texte fondateur de la nation, toujours prononcés dans des locaux de l'Association des anciens combattants[24].

En vieillissant, Shreck a découvert le passé de l'Amérique et les injustices de son présent, elle est devenue plus sceptique, à la fois sur son pays et son texte fondateur. Comment les choses ont-elles pu si mal tourner, s'est-elle demandé ? La Constitution a-t-elle failli à ses promesses[25] ?

Dans un spectacle qui mit le feu à Broadway, raflant les nominations aux Tony Awards comme au prix Pulitzer, Schreck répondait par la négative : « Je ne pense pas que la Constitution ait échoué. Je crois qu'elle fait exactement ce qu'on lui a demandé dès le début, à savoir de protéger les intérêts d'un petit nombre d'hommes blancs[26]. »

À la fin de son *show* à succès, Schreck demandait à un membre du public de juger si les Américains feraient mieux d'abolir leur Constitution[27]. Elle ne laissait guère planer de doutes quant à son intime conviction sur la question, et pourtant, une critique dans *The Atlantic* a reproché au spectacle de ne pas enfoncer plus durement le clou dans le cercueil de cet « albatros national décrépit[28] ».

Au cours de la majeure partie de l'histoire des États-Unis, même les plus ardents défenseurs des opprimés affirmaient que ses idées fondatrices restaient capables d'éclairer la voie vers un avenir radieux. Dans un discours à propos de la Déclaration d'indépendance, Frederick Douglass insistait sur ce paradoxe amer d'un pays qui célébrait la liberté tout en préservant l'esclavage dans sa législation. « Ce 4-Juillet est le vôtre, pas le mien, disait-il. Vous pouvez vous réjouir, moi je porterai le deuil. » Et pourtant, Douglass ne rejetait pas les principes des Pères fondateurs : « Malgré le jour noir sous lequel j'ai décrit l'état présent de la nation, concluait-il, je ne désespère pas de ce pays [...]. Aussi m'arrêté-je là où je commençai, par l'espoir. En tirant courage de la Déclaration d'indépendance, des grands principes qu'elle contient et du génie des institutions américaines[29]. »

Passant en revue les injustices de la loi de Jim Crow cent ans plus tard, Martin Luther King se fit l'écho de Douglass, déplorant que « l'Amérique n'ait jamais réglé [sa] lettre de change », sa promesse de garantir à tous « le droit inaliénable à la vie, la liberté et la poursuite du bonheur ». Et pourtant, lui aussi restait déterminé à « encaisser ce chèque » un jour, refusant « de croire que la banque de la justice puisse faire faillite[30] ».

Aujourd'hui, une nouvelle génération juge naïfs ces sentiments. Pour des autrices telles que Schreck, l'injustice raciale n'est pas une trahison faite à l'Amérique ; c'est sa propriété constitutive. Le racisme n'est pas un terrible péché commis par des individus particuliers ; c'est une force sociale omniprésente que tous les Blancs sont coupables d'utiliser, sans échappatoire. Les cinquante dernières années n'ont pas été celles d'un progrès intermittent et inégal vers plus de justice et d'égalité ; elles n'ont permis, au mieux, que de gagner quelques sursis momentanés face à la suprématie blanche, qui demeure l'ADN du pays.

Refusant de voir un progrès significatif dans le demi-siècle écoulé, ces auteurs ont naturellement bien peu d'espoir pour celui qui vient. Dans leur esprit, les « Blancs » et les « personnes de couleur » seront pour toujours des ennemis irréductibles. Si des pays tels que les États-Unis devaient faire d'importants progrès vers la justice raciale, ce ne serait que lorsque les opprimés de toujours auront triomphé de leurs oppresseurs historiques dans cette lutte sans merci pour le pouvoir.

Bien des injustices contre lesquelles ces auteurs fulminent sont réelles. Toutefois, quand il s'agit de déterminer comment construire une démocratie multiethnique florissante, ce fatalisme n'est en rien plus réaliste que la xénophobie de l'extrême droite. Si nous souhaitons que la grande expérience réussisse, il nous faudra développer une vision plus optimiste.

Le besoin d'optimisme

Les pessimistes à l'égard de la grande expérience ne sont pas les plus réalistes sur l'état actuel, pas plus que sur le futur probable, des démocraties multiethniques.

Certains affirment que les immigrés et autres membres des communautés minoritaires échouent à s'intégrer parce qu'ils seraient stupides, paresseux ou mauvais. D'autres rejettent à raison cette analyse et, pour expliquer la situation socio-économique plus difficile des communautés minoritaires, blâment les oppressions passées qui seraient autant d'obstacles actuels vers leur prospérité. Ce que ces deux perspectives oublient, c'est que ces communautés ont accompli des progrès très importants vers l'égalité.

Dans les démocraties où règne la diversité la plus grande, les descendants d'immigrés comme les membres des communautés minoritaires grimpent rapidement l'échelle sociale. Ils obtiennent plus souvent des diplômes universitaires. Leurs revenus augmentent vite. Dans le domaine des affaires comme dans la culture et la politique, ils atteignent des postes de pouvoir et de prestige dont leurs parents ou leurs grands-parents ne rêvaient même pas.

Le regard porté sur les minorités évolue lui aussi très rapidement. En Suède comme en Australie, les citoyens sont bien moins nombreux à être hostiles aux minorités ethniques et religieuses, et bien plus à reconnaître qu'une personne qui ne partagerait ni la couleur de peau ni la religion du groupe majoritaire pourrait néanmoins se définir comme un véritable Suédois ou un véritable Australien.

Il existe des gens encore en vie qui ont connu les États-Unis comme un pays où la ségrégation était la loi et où la haine s'affichait ouvertement, un pays dans lequel la législation compliquait les amitiés entre Blancs et Noirs et leur interdisait de se marier. Aujourd'hui, des lois strictes punissent les entreprises coupables de discrimination et permettent d'emprisonner les individus qui commettent des crimes de haine. Le nombre d'amitiés, d'amours et de familles interraciales grandit d'heure en heure. Les différences de revenus, d'éducation, d'espérance de vie et d'incarcération persistent mais diminuent régulièrement[31].

En dépit des ombres du passé, la plupart des démocraties font de réels progrès pour intégrer leur diversité dans la conception qu'elles se font d'elles-mêmes.

Une vision trop pessimiste de l'état actuel des démocraties multiethniques n'a pas seulement tort dans les faits ; en promettant un tel avenir déprimant, elle nuit aux chances de réussite de la grande expérience.

Ceux qui s'intéressent de près à la chose politique tendent à se former des opinions très polarisées dans les débats houleux qui nous agitent. Nombre d'entre eux sont soit en faveur des démocraties multiethniques et estiment que toutes les difficultés sont le fait de la population majoritaire raciste et intolérante, soit s'y opposent et mettent sur le dos des immigrés ou des communautés minoritaires tous leurs problèmes actuels.

Cependant, la plupart des citoyens s'intéressent moins à la politique partisane et nourrissent des sentiments bien plus ambivalents sur les questions politiques. Ils voudraient que la grande expérience réussisse, mais ils s'inquiètent aussi qu'une diversité grandissante puisse générer de vrais problèmes ou altérer leurs traditions. De même, les injustices que subissent certains de leurs compatriotes leur répugnent sincèrement, mais ils craignent que s'accroissent l'insécurité ou le terrorisme en raison de l'immigration[32].

Tous ceux qui voudraient voir s'épanouir les démocraties multiethniques devraient s'ingénier à rallier sous l'étendard de la grande expérience ces indécis aux sentiments ambivalents. Mais ces derniers seront bien peu susceptibles de les suivre s'ils se sentaient pour cela forcés d'adopter une vision extrêmement négative de leur propre pays. Pas plus qu'ils ne voudront s'engager à travailler à l'avènement d'une démocratie plus juste s'ils en venaient à juger que, dans le meilleur des cas, cette société finira de toute manière par s'abîmer dans la lutte existentielle entre ses communautés.

Il y a de vraies raisons de douter de la réussite finale de la grande expérience. Il est tout à fait possible que dans vingt-cinq ou cinquante ans les démocraties multiethniques souffrent toujours des injustices qui les caractérisent aujourd'hui. Cependant, il est bien trop tôt pour se résigner à adopter cette vision d'un avenir où la plupart des gens regarderont toujours d'un œil suspicieux toute personne d'une couleur ou d'une religion différente de la leur ; cette vision selon laquelle les membres d'une communauté n'auront pas ou peu de contacts quotidiens en dehors de celle-ci ; cette vision où nous choisirons tous d'accentuer les différences qui nous divisent plutôt que les points communs qui nous unissent ; cette vision, enfin, où les lignes de front des guerres culturelles et politiques coïncideront toujours avec la séparation entre chrétiens et musulmans, immigrés et indigènes, Blancs et Noirs.

Accuser de naïveté les visions plus ambitieuses, les qualifier d'utopiques, c'est peut-être idéal pour paraître intelligent et briller en société, mais la réussite de la grande expérience serait bien mieux garantie si l'avenir que proposent ses défenseurs acharnés donnait réellement envie à ceux qui les écoutent.

Or, pour bâtir le genre de sociétés qui donnent envie d'y vivre, il est nécessaire de dire et de redire que nos limites d'aujourd'hui ne seront pas à coup sûr notre réalité de demain. Les citoyens des démocraties multiethniques pourraient tisser des liens de coopération et d'amitié toujours plus solides, les cultures nationales intégrer les nouveaux venus comme citoyens à parts égales, les gens issus de différents groupes ethniques et culturels s'engager dans une vie commune épanouie sans abandonner leur identité. Enfin, les identités attribuées, telles que la race, pourraient bien jouer un rôle moins central, non parce que beaucoup auront fermé les yeux sur leur importance, mais parce que les injustices qui les rendent si prégnantes aujourd'hui auront été abolies.

Toute personne cherchant activement à bâtir des démocraties multiethniques qui perdurent et s'épanouissent se doit d'articuler une vision réaliste et positive des moyens par lesquels la grande expérience réussira. C'est précisément ce à quoi je m'efforcerai dans ce livre.

Dans la première partie, j'en envisagerai les difficultés. Les humains sont très enclins à se regrouper et à discriminer ceux qui n'appartiennent pas à leur propre groupe. Cela nous aidera à expliquer pourquoi les sociétés multiethniques ont souvent sombré dans l'anarchie, la domination ou la fragmentation. Afin d'éviter ces écueils, les sociétés futures devront mieux orienter l'instinct grégaire de l'être humain.

Dans la deuxième partie, je proposerai une vision ambitieuse, un avenir possible des démocraties multiethniques. Leurs citoyens pourront rester fidèles à leurs convictions profondes et dessiner leur parcours de vie dans la certitude absolue d'être toujours préservés à la fois d'un État oppresseur et des traditions que leurs aînés voudraient leur imposer. Ils partageront un engagement sincère pour leur pays, ancré dans ses traditions civiques et sa culture populaire. L'espace public y sera semblable à un parc agréable dans lequel chaque groupe vaquerait tranquillement à ses occupations, mais où les interactions entre des gens d'origines différentes seraient fréquentes. Enfin, les règles tacites qui encadreront les relations interpersonnelles encourageront la compréhension mutuelle et la solidarité, fidèles à l'idée que les citoyens des démocraties multiethniques peuvent bâtir une société sainement partagée.

Enfin, dans la troisième partie, j'expliquerai en quoi cette vision ambitieuse du futur de nos démocraties multiethniques est réaliste, et je proposerai aux citoyens comme aux décideurs des pistes d'action pour la transformer en réalité. Ces décennies passées, les démocraties multiethniques ont fait de grands progrès pour l'amélioration des conditions de vie des minorités et leur intégration dans la vie commune. Elles peuvent bâtir une culture et un système politique plus inclusifs et éviter ce futur dystopique où le clivage politique principal se situerait entre natifs et immigrés, ou Blancs et « personnes de couleur ». Bien qu'aucune panacée ne puisse remédier aux injustices qui demeurent, des changements réalistes dans nos politiques publiques, nos lois électorales et nos habitudes quotidiennes pourront hâter l'avènement de ces démocraties multiethniques florissantes.

Avant de commencer, il est aussi utile d'annoncer ce que ce livre ne sera pas. La diversité adopte bien des formes. Les sociétés humaines, par exemple, ont toujours été divisées selon les classes et les genres. Un pays comme la France dont les habitants « de souche » forment de loin une population relativement homogène est en réalité composé de différentes régions, toutes fières de leurs propres coutumes, règles et traditions, et de leur propre langue régionale. Plusieurs démocraties, telles que la Belgique et le Canada, sont des assemblages de territoires culturellement et linguistiquement distincts, qui forment depuis longtemps déjà des gouvernements d'union. Bien que je m'appuierai parfois sur des exemples historiques illustrant cette différence d'échelle dans les conflits, mon principal objectif restera cantonné aux défis les plus urgents, ceux dont dépend la survie des plus grandes démocraties du monde : des États dont les habitants se divisent selon les identités attribuées les plus saillantes, telles que la race et la religion.

La conjoncture historique difficile dans laquelle nous sommes n'incite pas à l'optimisme. Ayant déjà parlé bien avant l'élection de Donald Trump, en 2016, de la menace sérieuse que les populistes autoritaires faisaient peser sur les démocraties, je ne suis peut-être pas le mieux placé pour le susciter. Et pourtant, j'avoue regarder le futur avec bien plus d'espoir que ne le voudrait la mode du moment.

Ignorer que nos démocraties ont désespérément besoin de s'améliorer relèverait de l'optimisme béat, mais nous tenir pour incapables de tirer parti des progrès de ces cinquante dernières années ou condamnés, quoi que nous fassions, à rester à jamais définis par le racisme et l'exclusion, voilà qui relèverait d'un cynisme plus ignorant encore.

Le chemin de la grande expérience vers le succès sera cahoteux, mais le coût de l'échec serait bien trop élevé pour que nous nous contentions de demi-mesures ou que nous abandonnions la course à mi-parcours.

PARTIE I

QUAND LES SOCIÉTÉS MULTIETHNIQUES TOURNENT MAL

Ma mère déteste les foules. Quand j'étais petit, nous faisions de gros efforts pour les éviter. Les sports professionnels lui étaient particulièrement désagréables, avec leurs dizaines de milliers de supporters hurlant leur soutien et déstabilisant l'adversaire.

Comme nous habitions le centre de Munich, nous apercevions parfois en ville de petits groupes de fans de foot venus encourager leur équipe contre le favori local, le Bayern. Ils erraient dans les rues à la recherche d'un bar ou d'une brasserie. Même quand ils me paraissaient inoffensifs, ma mère nous faisait traverser la rue dès qu'elle les repérait.

Mais nous nous trouvions toujours au mauvais endroit au mauvais moment. Une fois, nous avons pris le métro pour rendre visite à des amis de la famille dans le nord de la ville, à trois heures de l'après-midi un samedi. Arrivés à Marienplatz, des centaines de fans ont embarqué dans la rame direction le grand match, sautant et chantant, s'engrenant les uns les autres. Ma mère m'a serré les doigts très fort et m'a dit de ne pas m'inquiéter. Je savais déjà à l'époque que c'était elle qui avait besoin d'être rassurée.

Son ochlophobie tient en partie à sa personnalité ; c'est une personne réservée qui, aux grandes fêtes et aux grands rassemblements, a toujours préféré la compagnie de quelques amis proches. Mais c'est aussi chez elle une affaire de convictions politiques.

Quelques années avant sa naissance, une grande partie de sa famille a été assassinée au cours de l'Holocauste. Quand elle a eu 20 ans, une vague d'antisémitisme particulièrement violente les ont chassés, ses parents et elle, hors de Pologne. Les groupes, à ses yeux, étaient intimement liés à l'histoire tragique du XXe siècle. Quand elle regardait des centaines de supporters chanter à l'unisson, elle ne voyait pas des gens partager dans l'union leur amour du football ni exprimer la fierté de leur ville. De façon inconsciente, ces chants et ces cris représentaient pour elle les aspects les plus sombres de la nature humaine. Ils lui rappelaient la tendance de l'humanité au grégarisme, à l'abandon de tout jugement individuel au profit des passions collectives et, trop souvent, à infliger de terribles sévices à ceux qui n'appartiennent pas au troupeau.

Je ne partage pas cette disposition.

Enfant, j'adorais le football, j'étais un supporter fanatique du Bayern. J'allais le plus souvent possible voir les matchs à l'Olympiastadion, où je me délectais des chants pompeux, des railleries et des olas. Malgré tout, les craintes de ma mère quant au grégarisme et au risque du tribalisme ont profondément façonné ma vision du monde.

J'étais ravi de pouvoir faire une exception pour les activités inoffensives, telles que le sport professionnel, mais je croyais avec elle que la meilleure défense contre les dangers du tribalisme était de rester résolument individualiste. À mesure que les sociétés progresseraient et deviendraient plus tolérantes, pensais-je, l'importance de l'identité de groupe s'atténuerait. Plutôt que comme des Allemands ou des Français, comme des juifs ou des goys, des Blancs ou des Noirs, nous nous verrions les uns les autres tout simplement comme des humains. L'âge des nationalismes laisserait place à une ère cosmopolite où nous nous préoccuperions tout autant de ceux que nous n'avons jamais rencontrés que de nos voisins de toujours.

Je continue de croire que cette vision est noble à sa façon. Le monde serait meilleur si les gens favorisaient moins leur groupe ou leur nation et manifestaient plus d'empathie pour le lointain. Ceux qui osent élever la voix quand des membres de leur propre tribu se montrent injustes, ceux qui consentent à de gros sacrifices pour des gens avec lesquels ils n'ont presque rien de commun méritent notre profonde admiration.

Pourtant, j'en suis venu, au cours de mes voyages à travers le monde et de l'étude de son histoire, à croire que l'hostilité généralisée pour toute forme d'identité collective n'est pas la bonne manière de construire des sociétés tolérantes. Ce n'est pas en nous débarrassant de notre instinct grégaire que nous pourrons maîtriser les sombres aspects de notre nature, mais en tirant parti de son énorme aptitude au bien tout en limitant sa terrible capacité au mal.

Notre tendance au grégarisme n'est pas seulement responsable des pages les plus sombres de notre histoire ; nous lui devons aussi les plus grandes réussites de notre espèce.

Les chimpanzés sont très intelligents. Cependant, même s'ils ont très faim, quand le fruit qu'ils convoitent n'est accessible que par l'utilisation astucieuse d'une lourde bûche pour former un escabeau, il y a peu de chances qu'ils se mettent à plusieurs pour la disposer correctement. Selon la plupart des scientifiques, ils ne sont tout simplement pas assez sociables pour atteindre ce niveau de coordination basique[1]. Comme l'a dit Michael Tomasello, psychologue spécialisé en cognition sociale, « voir deux chimpanzés porter une bûche ensemble est inconcevable[2] ».

Pour les humains, au contraire, leur sociabilité les définit autant que leur intelligence. Dès l'âge de 3 ou 4 ans, les enfants sont capables de mettre en place des stratégies de coopération jamais observées chez les chimpanzés[3]. En travaillant ensemble, nous avons bâti des villes gigantesques, créé de belles œuvres d'art et envoyé des hommes sur la Lune.

Nombre de ces exploits ont été accomplis au nom d'un groupe particulier : les Romains rehaussaient la splendeur de Rome pour contenir la puissance de Carthage. Des artistes dévots peignaient de somptueux Jésus-Christ ou sculptaient des bouddhas géants pour exalter les mérites de leur civilisation. Et les Américains ont investi des moyens colossaux dans un improbable alunissage pour faire la nique aux Soviétiques.

Même ma mère, cette individualiste indécrottable, a consacré sa vie professionnelle à une activité que les sciences sociales décrivent souvent comme l'exemple canonique de cette prodigieuse faculté humaine à former des groupes unis vers un objectif commun. En tant que cheffe d'orchestre, son travail consistait à rassembler les voix et les instruments de centaines de musiciens en une œuvre d'art harmonieuse.

Quand nous évoquons les difficultés de nos démocraties multiethniques aujourd'hui, la tentation est grande de nous concentrer sur nos conditions actuelles, nos sociétés propres, ou de débattre de la dernière polémique en date qui divise l'opinion sur les réseaux sociaux et les chaînes d'information continue. Mais, avant de déterminer le genre de sociétés que nous voudrions construire et la manière d'y parvenir, il nous faut replacer ces questions dans le contexte plus large de l'histoire humaine et de la psychologie. Il est impossible de discerner les racines véritables des problèmes de nos démocraties, ou les moyens de les résoudre, sans comprendre le fonctionnement humain et les réponses des sociétés qui nous ont précédés face aux défis de la diversité.

C'est pourquoi la première partie de ce livre pose les grandes questions, celles auxquelles nous devons répondre avant de nous attaquer aux problèmes des démocraties actuelles. Les humains ont-ils tendance à former des groupes ? Favorisent-ils naturellement les membres de leur groupe, discriminent-ils naturellement les éléments extérieurs ? Des catégories telles que la race et la religion nous diviseront-elles toujours ? Quelles sont les principales lignes de faille le long desquelles les sociétés multiethniques ont rompu ? Quelles leçons en tirer pour que les démocraties fassent mieux à l'avenir que par le passé ?

Chapitre 1

Pourquoi tout le monde ne s'entend pas toujours

Quand Henri Tajfel est né, à Włocławek, petite ville du centre de la Pologne, ses parents avaient de bonnes raisons de penser qu'il vivrait une meilleure vie que la leur. La Première Guerre mondiale s'achevait. Dans toute l'Europe, des démocraties nouvelles faisaient tomber les royautés et les dominations étrangères. La Pologne était devenue indépendante pour la première fois depuis plus d'un siècle.

Les espoirs de Tajfel furent douchés dès l'adolescence. La démocratie polonaise avait laissé place à une dictature contrôlée par une clique de généraux. L'antisémitisme montait partout en Europe. En raison d'un quota local sur les juifs, Tajfel n'obtint pas de place à l'université dans son propre pays.

Alors Tajfel partit tenter sa chance à Paris. Il étudia la chimie à la Sorbonne. Quand la Seconde Guerre mondiale éclata, il se porta volontaire pour intégrer l'armée française mais tomba rapidement aux mains des Allemands. Il survécut ainsi aux années les plus mortelles de l'histoire européenne en tant que prisonnier de guerre. À sa libération, il apprit que les nazis avaient assassiné presque toute sa famille[1].

Tentant de trouver un sens au destin tragique des siens, Tajfel décida de déterminer par l'étude comment la haine avait pu pousser des nations supposément « civilisées » à massacrer des millions de gens. Grâce à un article sur la nature des préjugés, il obtint une bourse pour étudier la psychologie au Birkbeck College de Londres.

Alors qu'il avançait dans ses recherches, Tajfel apprit l'existence d'une récente série d'expériences qui montrait à quel point il était facile de pousser des êtres humains à faire souffrir autrui. Que se passe-t-il quand un scientifique en blouse blanche vous demande d'administrer un choc électrique à un volontaire qui vous supplie de ne pas le faire ? Si vous êtes comme la plupart des Américains (ou même comme la plupart des Allemands, des Jordaniens et des Australiens, comme le montrèrent des études ultérieures), vous continuerez à déclencher les décharges tandis que votre victime se tordra de douleur[2].

Et que se passe-t-il quand de gentils garçons de classe moyenne venus d'une petite ville paisible sont divisés en deux groupes qu'on met en concurrence pour la nourriture et le bois de chauffage ? En quelques jours, ils forment un lien étroit avec les membres de leur groupe, et développent une haine farouche envers les autres[3].

Comme l'ont prouvé encore et encore les psychologues des années 1950 et 1960, il est terriblement facile d'attiser la haine entre humains quand on les divise. Mais, à mesure que s'accumulaient les preuves de la perversion humaine, non seulement sur les champs de bataille de la Seconde Guerre mondiale mais jusque dans les laboratoires immaculés des universités d'élite, la frustration de Tajfel montait, car les sciences sociales ne comprenaient toujours pas *pourquoi* les groupes ont tendance à commettre de telles horreurs envers ceux qui ne leur appartiennent pas. Que faut-il pour constituer un groupe et, cela fait, qu'est-ce qui dans ce groupe rendra les gens capables de cette cruauté sans bornes ?

Voilà l'énigme que Tajfel, qui occupait à ce moment la prestigieuse chaire de psychologie sociale à l'université de Bristol, s'était juré de résoudre[4].

Pour trouver une réponse, Tajfel imagina une expérience brillamment contre-intuitive. Il allait créer des groupes si dénués de sens qu'aucun de leurs membres n'aurait l'idée de favoriser les siens. Puis, pensait Tajfel, il ajouterait petit à petit des traits à ces groupes et observerait le moment où serait franchi le seuil magique au-delà duquel les membres de l'un se mettraient à discriminer ceux des autres.

En 1970, Tajfel rassembla soixante-quatre adolescents issus d'une école de banlieue chic. Une fois les cobayes installés dans une jolie salle de conférences, il leur donna l'exercice le plus arbitraire qui soit : ses assistants faisaient clignoter des points devant leurs yeux et ils leur demandaient combien de points ils voyaient sur chaque image.

Certaines personnes, leur dit-il, tendent à surestimer le nombre de points. D'autres le sous-estiment. Aucun de ces deux groupes ne s'approche davantage que l'autre du résultat correct.

Pour la deuxième étape de l'expérience, Tajfel divisa les garçons entre « surestimateurs » et « sous-estimateurs[5] », avant de leur demander d'assigner des points à leurs camarades, que ces derniers pourraient convertir en argent à la fin de l'expérience. Il leur proposa ainsi d'attribuer des récompenses différentes au « membre n° 1 de [leur] groupe » (l'endogroupe) et au « membre n° 1 de l'autre groupe » (l'exogroupe), sans connaître le moins du monde l'identité exacte des membres concernés.

Puisque les garçons « étaient divisés en groupes définis selon des critères flous et sans importance », écrivit plus tard Tajfel dans un article qui transforma de larges pans des sciences sociales, il ne s'attendait pas à ce que les sujets discriminent en faveur de leur groupe. Cela aurait eu peu de sens.

Tous ou presque le firent pourtant.

La différence de traitement entre sous-estimateurs et surestimateurs selon les groupes était frappante. Quand ils devaient allouer de l'argent entre différents membres de leur groupe, ils optaient pour deux parts égales. Mais dès qu'ils devaient choisir entre un membre de leur groupe et un membre de l'autre groupe, ils favorisaient le leur. « La seule chose nécessaire à l'obtention de ce résultat, déclarait Tajfel, était d'associer leur estimation du nombre de points avec le terme “votre groupe”. »

Époustouflé par cette découverte, Tajfel réessaya, sur des critères tout aussi arbitraires. Lors de l'un de ces essais, il présenta aux garçons des peintures de Paul Klee et Vassily Kandinsky en leur demandant de choisir entre les deux. Il observa alors, avec consternation, le « groupe Klee » se mettre à rapidement discriminer le « groupe Kandinsky », et vice-versa.

Bien des chercheurs ont reproduit les résultats de Tajfel au cours des années qui suivirent. Ils sont parvenus à créer des discriminations sur des bases aussi idiotes que la couleur du T-shirt assigné d'office ou la réponse à la question « Un hot-dog est-il un sandwich[6] ? ».

« La discrimination contre l'exogroupe est extraordinairement facile à déclencher[7] », conclut Tajfel.

Pour ceux d'entre nous qui avons eu la chance de grandir dans des sociétés relativement paisibles et tolérantes, il serait tentant de considérer les rivalités tribales et les haines ethniques comme des aberrations. Loin d'être naturelle, pensais-je autrefois, la tendance à former des groupes est certainement inculquée. Si seulement nous pouvions résister aux conditionnements passés, ainsi qu'aux éditorialistes cyniques et aux politiciens opportunistes qui attisent nos passions violentes, nous pourrions vivre en harmonie.

Les recherches de Tajfel infirment cette hypothèse rassurante. Comme il l'a démontré, la tendance à former des groupes et à discriminer ceux qui n'y appartiennent pas existe en chacun de nous.

Même les gens très éduqués ayant grandi dans des conditions confortables sont câblés pour former des groupes. Nous pouvons bien nous voir comme des individualistes impartiaux, en réalité, nous sommes enclins à favoriser les sous-estimateurs contre les surestimateurs, comme à combattre aux côtés des Klee dans leur lutte contre les Kandinsky.

Le « paradigme du groupe minimal » de Tajfel nous fournit un éclairage précieux. Malheureusement, les cent années qui viennent de s'écouler regorgent d'assassinats commis en raison de différences perçues bien plus significatives que celles que Tajfel avait créées en laboratoire.

Lors de la Première et de la Seconde Guerre mondiale, la distinction première dans ces conflits parmi les plus meurtriers de l'histoire était la nationalité. Dans les combats violents entre musulmans modérés et terroristes islamistes, dans l'extermination de masse des « ennemis de classe » par des gouvernements communistes, la distinction première était la religion ou l'idéologie. Et dans les charniers du Rwanda comme sur les collines meurtrières de Sarajevo, la distinction première était la race ou l'ethnie.

Les conflits meurtriers tirent-ils leur origine de regroupements aussi arbitraires que ceux de Tajfel, ou sont-ils plutôt mus par des différences réelles et durables ?

Ni naturelles ni arbitraires

Pour de nombreuses personnes dans la vie réelle, les groupes qui comptent le plus ont une signification solide qui recouvre des distinctions naturelles, biologiques ou ancrées dans l'histoire.

Les élèves de France entendent parler de « [leurs] ancêtres les Gaulois[8] ». Les Chinois surnomment leur nation le « pays du milieu[9] ». Les Maoris se proclament « fils de la terre[10] ». Tous ces mythes contiennent deux déclarations quant à la nature du groupe décrit : il s'agit d'une unité naturelle, dont l'origine remonte à l'aube des temps. Dans le langage des sciences sociales, ces histoires que se racontent les groupes sur eux-mêmes sont appelées des « récits originels ».

La vision originelle des groupes sociaux trouve une partie de son fondement dans la réalité. Comme chacun sait, il existe des différences physiques frappantes entre groupes ethniques. Dans la plupart des cas, il ne nous faut qu'une fraction de seconde pour déceler chez quelqu'un des ancêtres d'Europe, d'Asie ou d'Afrique. Si vous connaissez suffisamment bien une culture ou un continent, peut-être pourrez-vous détecter aussi les différences entre un Italien et un Espagnol, un Kényan et un Nigérien, un Bengali et un Bihari ou encore un Japonais et un Coréen.

Dans bien des cas, les membres d'un même groupe ethnique partagent aussi des ancêtres communs. Selon nos connaissances actuelles, par exemple, les Juifs et les zoroastriens descendraient bien des petites peuplades qui, les premières, ont revendiqué cette identité voici des milliers d'années[11]. Et si vous envoyez une petite éprouvette avec votre salive et 99 dollars aux sympathiques personnes qui gèrent 23andMe, elles vous composeront un joli graphique qui vous informera que vous êtes, par exemple, d'Afrique de l'Ouest à 75 %, d'Asie du Sud-Est à 10 %, d'Océanie à 10 % et d'Europe du Sud pour les 5 % qui restent. (Elles vous indiqueront même si vous êtes à 100 % *Homo sapiens* ou si au contraire un peu de sang néandertalien coule dans vos veines.)

Les différences génétiques entre groupes ethniques ont parfois leur importance en médecine. Avec les années, les scientifiques se sont rendu compte qu'un grand nombre d'Asiatiques ne fabriquaient pas cette enzyme qui permet à d'autres de mieux digérer l'alcool[12]. Les Africains ont plus de chances de souffrir d'anémie falciforme[13]. Les femmes ashkénazes ont plus de chances de mourir d'un cancer du sein[14].

Nous pouvons bien vouloir qu'il en soit autrement, cela ne fera pas disparaître les différences réelles entre groupes ethniques. Cependant, bien que nombre d'entre eux soient issus d'une histoire ou d'ancêtres communs, ces groupes sont aussi, en un autre sens, bien plus fluides que beaucoup voudraient le croire.

De nombreuses affirmations quant aux différences moyennes entre membres de groupes ethniques distincts sont très exagérées, voire fausses. Notre façon de tracer les limites entre les groupes dépend fortement des batailles politiques du passé et autres circonstances historiques. Par ailleurs, comme affecter tout le monde à tel ou tel groupe n'est pas toujours facile, notre manière d'attribuer l'appartenance est parfois très arbitraire, comme l'a démontré cette histoire d'une femme prise dans les méandres de la bureaucratie brésilienne pour avoir cherché à déterminer les frontières entre une race et une autre.

Comme c'est le cas pour des millions de Brésiliens, les origines de Maíra Mutti Araújo sont très diverses*. Parmi

* Mon résumé de l'histoire de Maíra Mutti Araújo se fonde sur l'excellent article de *Foreign Policy Magazine* écrit par Cleuci de Oliveria (« One Woman's Fight to Claim Her "Blackness" in Brazil », *Foreign Policy*, juillet-août 2017.)

ses ancêtres devaient probablement se trouver des indigènes qui vivaient là depuis des siècles, des esclaves africains amenés aux fers dans le pays pour cultiver le sucre ou le café et des colons portugais débarqués là pour y chercher gloire et richesse.

Les premiers temps, la jeune avocate s'identifiait comme *pardo*, terme brésilien pour désigner toute personne dont la couleur de peau n'est ni blanche ni noire. Comme elle avait la peau plus sombre que d'autres membres de sa famille, ses parents la surnommaient tendrement *pretinha*, terme affectueux désignant les filles à la peau sombre.

Aussi, quand l'État de Bahia a introduit un système de quota pour s'assurer qu'une portion significative des postes de fonctionnaires serait occupée par des *pretos* ou des *pardos*, et que la ville de Salvador publia une annonce pour une prestigieuse place de procureur, Araújo écouta les conseils de ses amis et postula.

Araújo se soumit à trois concours épuisants au bout desquels elle se classa troisième sur mille. Son rêve paraissait à portée de main. Alors commença ce qu'Araújo appellerait plus tard, devant la journaliste Cleuci de Oliveira, le « soap opera racial » dans lequel elle tiendrait le rôle de la méchante.

Lors de la deuxième phase du processus de recrutement, le comité de sélection chercha à évaluer si les candidats étaient éligibles à ce poste réservé aux Brésiliens noirs ou métis. Ils demandèrent à Araújo de leur envoyer une photo et de répondre à des questions sur son identité raciale. Avait-elle des idoles noires ou métisses ? demandait l'une. Entretenait-elle actuellement une liaison amoureuse avec une personne noire ou métisse ? s'interrogeait l'autre.

« J'ai jugé ces questions insultantes, avouerait Araújo à Oliveira. Je pense qu'elles n'avaient aucun rapport avec la manière dont quelqu'un définit son identité raciale. » Mais comme elle ne voulait pas obérer ses chances, elle répondit consciencieusement.

Après analyse de sa photo et de son questionnaire rempli, le comité décida de disqualifier Araújo. Elle avait beau s'être identifiée comme une *pardo* toute sa vie, elle ne présentait pas le « phénotype requis de descendante d'Africains ».

Araújo se défendit en contentieux pour réintégrer le processus. Elle n'eut gain de cause que pour se voir précipitée dans une nouvelle phase humiliante de cette sélection : la vérification de visu de son curriculum racial.

Comme des douzaines d'autres candidats, Araújo dut s'embarquer sur-le-champ pour Salvador. Elle se rendit dans le bâtiment officiel où cinq experts perchés sur une estrade scrutaient un défilé de postulants. Elle transmit sa carte d'identité à l'un d'eux qui lui demanda de s'asseoir afin qu'on puisse l'inspecter en silence durant trois minutes.

« Je me suis sentie comme un animal au zoo », dirait-elle.

Quelques semaines plus tard, Araújo découvrit que la commission l'avait définitivement disqualifiée. Enfin, en un retournement de situation final dont n'importe quel scénariste de sitcom aurait tiré fierté, le bureau du procureur où elle postulait décida de lancer contre elle une enquête pour « fraude raciale ».

Comparé à bien d'autres anciennes colonies, le Brésil a toujours eu des lois très floues sur le métissage[15]. Faute de disposer d'assez d'épouses blanches potentielles, les colons mâles épousaient souvent des esclaves ou des femmes indigènes. Les enfants n'étaient pas alors considérés comme totalement noirs, mais répartis dans un ensemble très compliqué de catégories[16].

Avec le temps, ces catégories sont devenues de plus en plus ingérables. Les membres des différents groupes se sont mélangés sur des générations et la plupart des Brésiliens sont venus habiter en ville plutôt que dans les petits villages où tout le monde connaissait tout le monde, si bien qu'il est devenu presque impossible de savoir si quelqu'un était plutôt *cafuzo*, *caboclo* ou *juçare*, par exemple. L'appartenance à tel ou tel groupe racial en est venue à dépendre tout simplement de l'apparence, ce qui signifiait que des frères et sœurs de mêmes parents mais de nuances de peau différentes étaient vus comme appartenant à des groupes raciaux distincts[17].

Aux États-Unis, au contraire, l'identité noire a longtemps été gouvernée par la règle « une goutte de sang suffit » (*one-drop rule*[18]). Dans les autres pays du globe, les colons étaient en majorité des hommes mais, aux États-Unis, il y avait aussi beaucoup de femmes et d'enfants. Comme il n'y avait pas besoin d'aller chercher chaussure à son pied ailleurs, les colons américains ont développé un ensemble complexe de lois et de conventions sociales conçues pour cantonner les esclaves et leurs descendants dans une catégorie sociale inférieure. Et comme les enfants métis auraient pu mettre en danger cette société strictement divisée en Blancs dominants d'un côté et Noirs subordonnés de l'autre, les colons ont adopté une solution simple : les enfants comportant le moindre ancêtre noir dans leur généalogie seraient traités comme des Noirs.

Des Américains ont depuis longtemps mis en avant l'étrangeté de la règle. *L'Octoroon*, l'une des pièces de théâtre les plus célèbres du XIXe siècle, raconte l'amour impossible entre le propriétaire d'une plantation et sa cousine qui a un huitième de sang noir[19].

Malgré ses origines troubles, la règle de la goutte de sang domine toujours la perception des races dans l'Amérique d'aujourd'hui, chez les Blancs comme chez les Noirs. La peau de Barack Obama n'est pas bien plus foncée que celle de Maíra Mutti Araújo. Néanmoins, là où, au Brésil, Araújo se retrouve dans le collimateur du bureau du procureur parce qu'elle n'est « pas assez noire », aux États-Unis seuls les plus excentriques et les plus extrémistes oseraient douter qu'Obama a été le premier président noir de l'histoire du pays[20].

Les méthodes de catégorisation raciale qui paraissent naturelles dans une culture peuvent être vues comme étranges ou illogiques à qui aura grandi ailleurs. Même au sein d'un pays particulier il se trouvera de nombreux cas limites qui révéleront des désaccords dans les assignations identitaires.

Prenez les États-Unis. Les Américains d'origine espagnole doivent-ils compter parmi les Latinos ? (Selon le recensement officiel, la réponse est oui[21].)

Est-ce que, pour être un « Américain natif », il suffit d'avoir des ancêtres qui l'ont été, ou faut-il en plus être reconnu officiellement par la tribu concernée ? (Beaucoup d'Américains natifs ont protesté quand Elizabeth Warren a considéré que la première définition était suffisante[22].)

Les enfants des immigrés africains arrivés récemment sont-ils éligibles aux programmes de discrimination positive dont l'un des objectifs est de corriger les injustices persistantes héritées de l'esclavage ? (Un groupe militant récemment créé, « Les Américains descendants d'esclaves », estime que non[23].)

Les catégories raciales spécifiques qui animent nos débats politiques contemporains n'ont rien de naturel. Comme l'ont noté Barbara et Karen Fields, elles sont fondées sur une sorte de « racisanat » (*racecraft*) : en « déguisant des pratiques collectives en traits individuels innés », affirment-elles, nous transformons le « racisme en race[24] ».

Cependant, dire que les races sont, dans une certaine mesure, des constructions sociales ne signifie pas qu'elles n'ont aucun fondement réel. Nous aimons beaucoup parler de race et d'ethnie comme s'il s'agissait de purs produits de notre imagination ou comme si la classification particulière que chaque société avait adoptée était la seule option possible, celle qui correspondrait à la réalité. Ces deux attitudes sont trop simplistes.

Paradoxalement, l'identité ethnique est à la fois très réelle et très malléable. Les groupes auxquels les humains donnent le plus de signification correspondent à une réalité de grande importance pour leurs membres respectifs. Si tant de gens sont si attachés à leur classe ou à leur ethnie, leur nation ou leur religion, c'est qu'il y a une raison. Ce n'est pas non plus une surprise si, dans le monde réel, il y a plus de gens susceptibles de donner leur vie pour que les luttes politiques du prolétariat aboutissent, que la supériorité des Hans soit démontrée, que les aspirations légitimes de l'Ukraine soient entendues ou que l'hindouisme soit protégé, que de volontaires pour partir en guerre contre les hérétiques qui considèrent le hot-dog comme un sandwich.

Toutefois, ces identités auxquelles les humains tiennent le plus, celles pour lesquelles ils sont le plus susceptibles de risquer leur vie ou d'avoir recours à la violence, ont certes des fondements bien ancrés dans la réalité, mais le rôle qu'elles jouent, lui, est surtout affaire de circonstances. Il n'y a rien d'inhérent dans la domination d'un groupe sur un autre en une période donnée, pas plus que dans l'attitude de deux groupes l'un envers l'autre. Ce qui nous laisse avec cette question : dans quelles circonstances des gens aux identités différentes en viennent-ils aux mains, et quand parviennent-ils au contraire à coexister pacifiquement ?

Amis et ennemis

Entre les Chewas et les Tumbukas, deux tribus du sud-est de l'Afrique, la rivalité est ancienne. Quand Daniel Posner, jeune doctorant de Harvard, s'est rendu au Malawi pour leur parler de leur attitude les uns envers les autres, ils ont été d'une surprenante franchise pour exprimer leurs griefs.

Les Tumbukas, lui ont répondu des villageois chewas qu'il interrogeait, ont des pratiques culturelles étranges. Ils dansent n'importe comment. Les dots qu'ils demandent sont exorbitantes. Les jeunes époux sont dans l'obligation d'habiter tout près de la famille du marié. Ainsi, la majorité des villageois interrogés n'ont eu aucun scrupule à admettre qu'ils ne voteraient jamais pour un candidat tumbuka à l'élection présidentielle, pas plus qu'ils n'épouseraient un ou une Tumbuka.

Les Tumbukas en pensaient-ils autant des Chewas ? Pour le savoir, Posner a parcouru quelques douzaines de kilomètres vers le nord. Bien évidemment, ses interlocuteurs là-bas ont exprimé des reproches tout à fait similaires.

Les danses traditionnelles des Chewas, c'est n'importe quoi, lui ont expliqué les Tumbukas. Leurs dots sont ridiculement faibles. Les jeunes époux sont dans l'obligation d'habiter tout près de la famille de la mariée. Et la majorité a exprimé sans fard son refus de voter pour un candidat chewa à l'élection présidentielle comme d'épouser une ou un Chewa.

Si Posner avait arrêté son enquête après ces deux villages, il aurait pu conclure que l'antipathie réciproque entre Chewas et Tumbukas était originelle, une de ces « haines ancestrales » dont les reporters adorent parler dès qu'une nouvelle guerre civile éclate en Afrique, aux Balkans ou au Proche-Orient. « Les Chewas ont toujours détesté les Tumbukas. Les Tumbukas ont toujours détesté les Chewas, aurait-il pu écrire. Qu'y peut-on ? » Seulement, plutôt que de se jeter sur cette conclusion, Posner a parcouru quelques douzaines de kilomètres vers l'ouest, franchissant la frontière qui sépare le Malawi de la Zambie.

Dessinée à la suite d'une dispute entre puissances coloniales (Belgique, Allemagne, France et Angleterre) en 1884, la frontière ne respecte aucune logique historique ni géographique[25]. Chewas comme Tumbukas vivent des deux côtés, ils parlent les mêmes dialectes et suivent les mêmes coutumes, que leur passeport soit malawi ou zambien.

Ainsi, au premier abord, Posner a été surpris de trouver une situation très semblable en Zambie. Les routes étaient tout aussi mauvaises. Les villages présentaient la même architecture et le même développement économique.

Puis il s'est mis à parler aux gens.

Quand Posner a demandé aux Tumbukas de Zambie ce qu'ils pensaient des Chewas, leurs réponses ont été bien plus positives. Il s'attendait à la litanie des complaintes habituelles entendues chez les Malawis, mais ces Tumbukas-là ne tarissaient pas d'éloges sur les Chewas. Bien peu ont indiqué qu'ils ne pourraient pas épouser de Chewas. Moins encore qu'ils ne voteraient pas pour un Chewa qui se présenterait à l'élection présidentielle.

Ce sentiment était partagé. Le même esprit de tolérance était sensible quand il a posé ces questions aux habitants du village chewa tout proche.

Au Malawi, Chewas et Tumbukas se détestent. De l'autre côté de la frontière arbitraire, en Zambie, Chewas et Tumbukas se font confiance et se respectent. Pourquoi ?

La raison, comme l'a démontré Posner en éliminant après une étude consciencieuse toutes les autres explications, est politique[26].

Au Malawi, Chewas et Tumbukas représentent chacun une grosse partie de la population totale. Les deux ethnies ont de bonnes chances de placer l'un des leurs à la présidence et de faire voter des lois qui les favoriseront. Cela fait d'eux des adversaires politiques et nourrit les ressentiments.

La Zambie, de l'autre côté, abrite une diversité ethnique bien supérieure. Ni les Chewas ni les Tumbukas ne représentent une partie significative de la population. Aucune des deux ethnies ne dispose de réelles chances de placer l'un des siens à la présidence. Afin de s'assurer que leurs candidats battent ceux de Zambie occidentale, dont les différences culturelles sont encore plus prononcées, ils soutiennent souvent les mêmes candidats. La plupart du temps, ce sont des alliés politiques, et leurs attitudes respectives sont bien plus amicales.

Ce qui paraît au premier abord une haine ancestrale est en réalité profondément influencé par les circonstances actuelles. Si Chewas et Tumbukas sont capables de s'allier d'un côté de la frontière et de se tirer dans les jambes de l'autre, un changement de circonstances pourrait entraîner la même transformation des relations entre d'autres groupes historiquement ennemis. Aussi étrange que soit l'histoire des Chewas et des Tumbukas, elle recèle sur la nature de l'identité des leçons d'une grande importance, qui portent bien au-delà du sud-est de l'Afrique.

Ces dernières décennies, les politologues ont trouvé des dizaines d'exemples du même genre. Partout dans le monde, l'importance comme l'influence des identités paraissent dépendre des incitations produites par les conditions locales.

Les immigrés chinois de Jamaïque ont, avec le temps, fait évoluer les critères qui gouvernent l'appartenance à leur communauté, à mesure qu'évoluait leur situation économique[27]. Les politiques de pays tels que l'Ouganda et le Nigeria ont exacerbé les tensions entre groupes tribaux afin d'augmenter leurs chances de remporter des élections[28]. La détérioration des relations entre Serbes et Croates a découlé, en partie, des besoins sécuritaires de ces communautés, eux-mêmes fonction des aspects géographiques de la décomposition de la fédération de Yougoslavie[29].

Cela ne revient pas à dire que ces regroupements sont arbitraires. Les différences culturelles entre Chewas et Tumbukas, les différences ethniques entre les Jamaïcains noirs et chinois, et les différences religieuses entre Serbes et Croates ne sont ni nouvelles ni immatérielles. C'est la manière précise dont ces communautés se forment et le degré auquel elles considèrent les autres communautés comme des alliées ou des ennemies qui dépendent de circonstances particulières et des incitations qu'elles produisent.

Ces incitations ne se contentent pas de déterminer les relations entre communautés : dans les nombreux cas où des individus pourraient revendiquer plusieurs identités, elles servent aussi à déterminer lesquelles seront le plus saillantes.

Aux États-Unis, la race est le premier marqueur identitaire. En Inde, la caste conserve une importance énorme. En Afrique subsaharienne, les conflits les plus sanglants impliquent le plus souvent des tribus concurrentes. Au Proche-Orient, les différends religieux entre chiites et sunnites sont les plus vifs. Et presque partout, les différences de classe et de genre structurent les lignes de divergence politique à des degrés élevés.

Au sein d'un même pays, l'importance relative de ces catégories peut varier subitement. Mes grands-parents, par exemple, se sont vus toute leur vie comme des prolétaires engagés dans une lutte pour une société plus égalitaire aux côtés de leurs camarades goys du Parti communiste polonais. Quand les leaders du parti ont décidé de raviver les flammes de l'antisémitisme à la fin des années 1960, mes grands-parents ont tout à coup découvert qu'ils étaient vus avant tout comme des Juifs.

L'antisémitisme était très répandu en Pologne avant 1968. Une forme de solidarité de classe a persisté, même au plus haut de la campagne du gouvernement pour chasser du pays les quelques Juifs qui restaient[30]. Cependant, la frontière communautaire qu'on considérait comme la plus tangible s'est déplacée avec une rapidité sidérante. Pour les malchanceux tombés du mauvais côté dans cette partition nouvelle, les conséquences ont été aussi terribles qu'immédiates. Une année, mes grands-parents occupaient des postes prestigieux et vivaient confortablement. La suivante, le gouvernement les considérait comme appartenant à un exogroupe qu'il pouvait légitimement persécuter. Ils ont été licenciés, puis expulsés.

*

À la différence de l'expérience en laboratoire de Tajfel, les conflits dans le monde réel trouvent leur origine dans des distinctions aux significations anciennes et profondes[31]. Les formes spécifiques que prennent ces conflits varient beaucoup selon les lieux. Mais ce n'est pas une coïncidence si les plus violents tournent toujours autour des quatre mêmes identités : classe, race, religion, nation*.

En même temps, le rôle que jouent ces distinctions dans des contextes précis est éminemment dépendant des circonstances. Qu'un conflit se résorbe ou s'intensifie dépend des choix des puissants, des institutions contre

---

* Le genre est une autre source importante de conflits et d'identité. Les tâches et les responsabilités qu'une société donnée prescrit aux hommes et aux femmes varient souvent beaucoup. Les femmes ont été confinées durant des siècles à la « sphère privée », ce qui restreignait drastiquement leur liberté de poursuivre une vie choisie. Sans surprise, les injustices inhérentes produites par de telles dispositions sont devenues et demeurent un sujet de contestation politique fondamental.

Mais, là où de nombreuses sociétés se sont divisées selon la race, la religion, la classe ou la nation, hommes et femmes ont presque partout cohabité au sein des mêmes familles, des mêmes tribus, des mêmes communautés. Le genre n'a que rarement constitué l'identité sociale première des combattants lors de conflits à grande échelle, peut-être pour cette raison.

lesquelles ils doivent lutter et de la capacité des individus ordinaires à bâtir des relations de confiance et de coopération.

Dans certains pays, la population est incitée à exagérer l'importance d'une identité fondamentale. Les membres de l'une de ces communautés structurantes interagissent à peine avec ceux des autres communautés qui constituent cette partition. Comme ils se connaissent à peine, ils demeurent dans l'ignorance de leurs intérêts partagés. Et comme le contrôle de l'appareil d'État leur apporterait des gains fabuleux et que, à l'inverse, elles auraient beaucoup à perdre en le laissant aux mains de leur némésis, les communautés rivales sont le plus souvent disposées à entrer en compétition, ce qui entraînera souvent des conflits violents.

Dans d'autres pays, les circonstances contribuent à désamorcer les conflits. Des gens dont les identités diffèrent sur des aspects importants, tels que la race, peuvent par exemple partager une identité fondamentale tierce, comme la religion. Ils passent beaucoup de temps ensemble et adoptent ainsi une vision plus claire de leurs intérêts partagés, se montrent plus sceptiques face aux agitateurs et aux petits commerces de haine politique qui voudraient les disposer au pire les uns envers les autres. Dans le meilleur des cas, les institutions politiques les aident à apaiser les tensions en assurant que tous les citoyens seront traités avec justice même quand le président ou le Premier ministre n'appartiendra pas à leur communauté.

Tous les recoins du monde ou presque doivent naviguer entre les tensions et les inimitiés anciennes qui animent leurs communautés. Les différences ne sont pas toujours que de façade. Seulement, si les démocraties multiethniques veulent préserver la paix et favoriser la coopération, cela ne dépendra pas (que) des événements passés, mais (aussi) des actes présents.

Quand je passe en revue les nombreuses tensions et les injustices qui minent les démocraties multiethniques, du Brésil à la Zambie, de l'Inde aux États-Unis, je perds souvent patience. Pourquoi ne parviennent-ils pas à vivre selon les idéaux cosmopolites que nous partagions ma mère et moi durant mon enfance ? Ne pourrait-on pas tous nous entendre ?

Plus j'étudie l'histoire, la science politique comparée, la psychologie sociale, plus ces questions me paraissent naïves. Les êtres humains ont une forte tendance à former des groupes. Ce qui est surprenant, ce n'est pas que des sociétés qui comprennent des millions de personnes extrêmement différentes en viennent parfois aux mains, c'est qu'il y en ait tant qui soient capables de maintenir une coopération pacifique à très grande échelle la plupart du temps.

Tout cela n'est pas un plaidoyer pour le quiétisme. Tous les éléments dont nous disposons pointent la possibilité toujours existante, même dans les plus paisibles des démocraties multiethniques, d'une explosion de la méfiance mutuelle, d'une persistance des oppressions ou de l'éclatement d'une guerre civile.

Mais de l'histoire et des sciences sociales nous pouvons également tirer les outils qui nous permettront d'échapper à ces conflits. Il n'y a rien d'inévitable dans l'attribution des identités, pas plus que dans le choix de recourir à des moyens violents pour gérer nos différends. Tout indique que notre capacité à préserver des démocraties paisibles et florissantes tient, pour une large part, à la manière dont on décidera de gérer ce puissant instinct qui nous pousse au tribalisme.

Quelles leçons tirer de tout cela ? Quelles actions entreprendre, quelles institutions choisir pour éviter – ou pour exacerber – les conflits ?

J'aimerais beaucoup répondre à ces questions en vous proposant un petit tour de toutes les démocraties multiethniques qui ont parfaitement réussi à résoudre ces problèmes et bâti des sociétés admirables et justes. Malheureusement, de tels pays n'existent pas. Le mieux que je puisse faire, pour l'instant, est de proposer un chemin imparfait : pour savoir comment faire les choses correctement, nous devons d'abord observer les cas dans lesquels elles ont très mal tourné, afin d'en tirer les leçons qui nous permettront d'éviter les mêmes pièges à l'avenir.

Chapitre 2

Les trois écueils des sociétés multiethniques

« Toutes les familles heureuses se ressemblent, mais chaque famille malheureuse l'est à sa façon », a écrit Tolstoï. Il y a beaucoup de vérité là-dedans. Malgré tout, les psychologues sont parvenus à identifier des schémas récurrents.

Certaines familles sont malheureuses parce qu'elles sont extrêmement pauvres, d'autres parce que les parents se détestent, et d'autres encore parce que l'un de leurs membres inflige de la souffrance mentale, physique ou sexuelle à ses proches.

Il en va de même des démocraties multiethniques. Des centaines de livres ont été écrits sur les pays qui ploient sous les luttes ethniques, la ségrégation raciale, voire le poids d'un génocide. Chacun a son histoire et mérite d'être compris comme un cas à part. Pourtant, nous avons beaucoup à gagner à discerner les points communs dans les exemples historiques de sociétés multiethniques qui se sont déchirées.

Dans ce chapitre, j'expliquerai les trois plus importants : l'anarchie, la domination et la fragmentation.

Anarchie

Thomas Hobbes, philosophe anglais du XVIIe siècle, a été le premier grand théoricien des dangers de l'anarchie.

« La nature a fait les hommes si égaux quant aux facultés du corps et de l'esprit, écrit-il dans *Léviathan*, son œuvre majeure, que bien qu'on puisse parfois trouver un homme manifestement plus fort, corporellement, ou d'un esprit plus prompt qu'un autre, néanmoins, tout bien considéré, la différence d'un homme à un autre n'est pas si considérable qu'un homme puisse de ce chef réclamer pour lui-même un avantage auquel un autre ne puisse prétendre aussi bien que lui[1]. »

Loin de trouver du réconfort dans cette égalité, Hobbes en juge terrifiantes les implications. Comme les humains sont tous relativement égaux dans leurs capacités, ils sont enclins à rechercher les mêmes biens et les mêmes honneurs. Et comme même une personne faible et chétive pourra faire usage de son astuce pour blesser ou tuer plus fort que lui, chacun dispose d'une bonne raison de se méfier de tout le monde, tout le temps. Encerclés de rivaux potentiels, jamais certains de survivre à une attaque concertée, même les plus pacifiques sont tentés d'attaquer les premiers.

De ces prémisses, en l'absence d'autorité centrale, Hobbes déduit que la « guerre de tous contre tous » éclaterait bientôt. Ses conséquences seraient catastrophiques. Dans ce qu'il appelait l'« état de nature », il n'y a « pas de place pour une activité industrieuse, parce que le fruit n'est pas assuré : et conséquemment, il ne s'y trouve ni agriculture, ni navigation, ni usage des richesses qui peuvent être importées par mer. [...] Pas d'arts ; pas de lettres ; pas de société ; et ce qui est le pire de tout, la crainte et le risque continuels d'une mort violente ; la vie de l'homme est alors solitaire, besogneuse, pénible, quasi animale, et brève[2] ».

Selon Hobbes, les dangers de l'état de nature demeurent jusque dans le confort de la civilisation. Évoluant dans une période de conquêtes, de révolutions et de guerres civiles, Hobbes craignait que l'autorité de l'État soit malmenée au point qu'à tout moment puissent resurgir les démons de l'état de nature, ce qui le conduisait à désirer la préservation de l'ordre politique à tout prix.

La nature exacte des règles que nous impose l'État, selon lui, importait moins que leur existence pure et simple. Mieux valait vivre sous le joug d'un monarque égoïste et immoral que dans le chaos et l'anarchie. Quand l'État est absent, tout le monde souffre.

Depuis la publication du *Léviathan*, philosophes et sociologues n'ont cessé de débattre pour déterminer si l'absence d'un État entraînerait réellement le désastre que prévoyait Hobbes. Les preuves accumulées sont si contradictoires que le verdict définitif demeure en suspens.

Dans les sociétés où le monarque hobbesien manque à l'appel, la vie ne paraît pas si dure qu'il le craignait. Même en l'absence d'État officiel, les sociétés traditionnelles conservent des normes solides. Quand les règles universelles imposées par les gouvernements modernes font défaut, ce sont les liens familiaux, les traditions culturelles et les rites religieux qui édictent le droit.

Chez les Inuits de la côte arctique du Canada, par exemple, les conflits sont arbitrés lors de « duels de chant ». L'anthropologue Jean Briggs nous indique ainsi qu'en cas de désaccord les parties prenantes règlent leurs différends en interprétant des chansons vengeresses devant un public ravi. Le conflit s'achève avec la déclaration du vainqueur par la communauté, qui juge tout aussi bien sur le mérite artistique des chansons produites que sur l'affaire proprement dite[3].

En étudiant des tribus lointaines, des montagnes africaines aux forêts tropicales d'Amazonie, les anthropologues sont parvenus à la même conclusion. Bien avant la création de l'État moderne, les humains ont mis au point des systèmes pour organiser le chaos. Plutôt que de devenir victime de l'anarchie comme Hobbes le craignait, nos ancêtres se trouvaient pour la plupart contraints par une « cage des normes* » qui régulait leur comportement jusque dans les moindres détails.

Dans le même temps, les chercheurs sont aussi tombés sur de nombreux cas suggérant que les humains paient cher l'absence de coordination centralisée autour d'une puissance supérieure autorisée à fixer les règles et à punir ceux qui les enfreignent. Selon des études approfondies menées sur les squelettes retrouvés lors de fouilles archéologiques, par exemple, il semblerait que les sociétés préhistoriques et les premières colonies humaines aient

---

* J'expliquerai plus en détail les cages de norme au chapitre 4.

souffert d'un taux de morts violentes énorme[4]. Mais dès que les rois ont engrangé suffisamment de pouvoir pour faire régner leur loi, le niveau des violences s'est effondré. « Entre le XXe siècle et le Moyen Âge, écrit Steven Pinker dans *The Better Angels of Our Nature*, le taux d'homicide des pays d'Europe est dix à cinquante fois plus faible[5]. »

Aujourd'hui encore, les niveaux de violence sont bien plus élevés dans les États faibles que dans les États forts. Singapour, où l'État est très développé, affiche un taux d'homicide de 0,2 pour 100 000 habitants. Aux États-Unis, où le nombre de crimes violents a toujours été anormalement élevé pour une démocratie riche, ce taux est de 5 pour 100 000 habitants. Au Salvador, où l'État est faible et le gouvernement gangrené par une corruption endémique, il atteint le seuil effrayant de 62 pour 100 000 habitants[6]. Les endroits les plus dangereux du monde, comme le Yémen ou la République centrafricaine, sont des pays où le gouvernement central n'exerce plus aucune autorité sur des régions entières de son territoire théorique, voire n'existe plus du tout[7].

Comment se fait-il que certains groupes parviennent à maintenir la paix civile sans l'aide d'aucune autorité centrale alors que d'autres sociétés, faute d'un État fort, voient proliférer le meurtre, la violence et la guerre civile ?

La réponse est que la tendance humaine au grégarisme contribue à la fois à maintenir la paix *au sein* du groupe et à attiser les conflits *entre* groupes.

Quand Hobbes a écrit sur l'état de nature, il s'imaginait des individus isolés incapables de coopération à long terme. Sa vision de la guerre de tous contre tous correspondait à une *anarchie atomisée*.

En réalité, l'être humain s'organise depuis des centaines de milliers d'années en familles, en clans ou en tribus. Au sein de ces groupes, les règles informelles et les affections durables aident le plus souvent leurs membres à maintenir un degré significatif de coopération.

Seulement, si les humains en petits groupes trouvent les moyens d'éviter la guerre de tous contre tous, la cage des normes n'est plus suffisante pour préserver la paix quand deux groupes se rencontrent. Les membres de ces groupes différents ne partagent ni les liens familiaux ni le patrimoine culturel qui apaiseraient la défiance mutuelle, si bien que, en l'absence d'une autorité supérieure, cette tendance à la méfiance prolifère. Quand deux clans de chasseurs-cueilleurs se rencontrent, quand deux villages se disputent l'accès à une ressource essentielle, quand deux tribus rivalisent pour le contrôle d'un appareil d'État capital, faute de disposer de leviers susceptibles d'atténuer la peur réciproque leurs relations s'enveniment.

Au sein des groupes, tout n'a jamais été si noir que Hobbes le prédisait. Entre groupes, l'absence d'autorité centrale signifie souvent la multiplication des morts arbitraires et des tortures atroces. En l'absence d'un État fort, l'humain ne risque pas d'entrer dans un état d'anarchie atomisée, celui de la guerre de tous contre tous, mais dans une lutte destructrice entre factions rivales que je propose d'appeler l'« anarchie structurée ».

Dans bien des parties du monde, l'anarchie structurée menace et frappe encore aujourd'hui.

Le coût prohibitif de l'anarchie structurée

Le 12 mai 2020, un groupe de jeunes hommes fusils à l'épaule et grenades à la main forcèrent l'entrée de l'hôpital Dasht-e-Barchi, à l'ouest de Kaboul. Ils se frayèrent un chemin jusqu'à la maternité, mirent en joue infirmières, femmes enceintes et nouveau-nés, puis tirèrent.

Plusieurs jeunes mères réussirent à fuir les assaillants. Quelques femmes très enceintes se barricadèrent dans une salle, derrière une lourde porte. L'une d'elles accoucha dans cette cachette, aidée d'une sage-femme sans matériel qui emmaillota l'enfant dans son foulard.

Toutes n'eurent pas cette chance. Quand les forces gouvernementales réussirent finalement à repousser les terroristes, quatre heures après le début du cauchemar, la majorité des femmes et un grand nombre de nouveaux nés avaient été tués. En tout, on déplora vingt-quatre morts.

Durant l'attaque, l'hôpital prit des allures de film d'horreur, une scène de carnage chaotique et dénuée de sens. Avec le recul, il apparaît clairement que les terroristes savaient ce qu'ils faisaient.

Les assaillants sunnites avaient probablement choisi de frapper cet hôpital parce qu'il est situé dans un quartier habité par des Hazaras chiites. Ils ont traversé plusieurs services avant de s'arrêter à la maternité, ce qui n'était pas un hasard non plus. Comme l'a dit Frédéric Bonnot, qui travaille pour Médecins sans frontières, l'organisation qui gère l'hôpital, « ils sont venus pour tuer les mères[8] ».

Dans les jours qui ont suivi l'attaque, l'identité des coupables a été source d'une grande confusion. Un porte-parole du gouvernement américain a accusé l'État islamique. Ashraf Ghani, alors encore président de l'Afghanistan, a fait porter le blâme sur les talibans. Ces deux groupes ont nié toute responsabilité[9]. Ce qui est certain, c'est que cet attentat à fort retentissement médiatique fomenté par l'un des nombreux groupes d'insurgés du pays visait à mettre en exergue une fois de plus la faiblesse du gouvernement central de Kaboul, qui s'effondrerait l'été suivant.

Jusque dans les régions les plus rurales et les plus reculées d'Afghanistan, on peut trouver un artisanat superbe, une riche culture culinaire et un savoir traditionnel étendu. Loin d'être plongées dans une guerre chaotique de tous contre tous, ces régions bénéficient souvent d'une organisation très hiérarchisée où les anciens exercent une influence déterminante sur les membres de leur clan[10]. Ce pays n'a jamais ressemblé à l'« état de nature ».

Les dirigeants de ces différentes factions se connaissent bien. Chaque chef tribal, chaque chef de guerre sait estimer ses ressources politiques, matérielles et militaires, et connaît donc le prix de son soutien au sein d'alliances politiques (souvent fragiles) qu'il négociera, soit avec le gouvernement théorique du pays, soit avec les insurgés qui cherchent à renverser ce dernier sans relâche depuis cinquante ans[11].

Pourtant, en Afghanistan, l'absence d'une autorité centrale capable de s'attribuer le monopole de la violence légitime, désamorcer les conflits entre communautés et fournir à la population les services publics indispensables pose problème depuis longtemps.

Le pays lui-même est divisé entre quatorze groupes ethniques principaux, dont les Pachtounes, les Tajiks, les Hazaras et les Ouzbeks[12]. Les Pachtounes, à leur tour, sont grossièrement divisés en quatre tribus principales, les Bettani, les Gharghashti, les Karlani et les Sarbani. Les Bettani, à leur tour, sont divisés en plus de vingt sous-tribus, dont chacune compte des douzaines de clans séparés.

La vie d'un habitant lambda dans un petit village de l'Afghanistan rural est soumise à cette architecture du pouvoir, à un point que ceux d'entre nous suffisamment chanceux pour vivre dans une démocratie fonctionnelle n'envisageons même pas. L'accès de ce villageois aux terres arables, sa capacité de se défendre contre ses ennemis, ses rites religieux et ses choix matrimoniaux sont encadrés jusque dans le moindre détail[13]. Les femmes, soumises à des normes profondément patriarcales, ont encore moins de latitude que leur père et leur mari[14].

Au sein de chacun de ces clans, ces coutumes et cette architecture du pouvoir permettent d'éviter la guerre de tous contre tous. Mais comme nombre de ces groupes se méfient profondément des autres, le pays a sombré depuis longtemps dans la violence. Au mieux, ses citoyens ne conçoivent qu'une allégeance hautement abstraite envers une quelconque identité afghane partagée[15].

C'est ce qui nous aide à comprendre la difficulté des gouvernements élus en Afghanistan pour exercer le moindre contrôle sur leur territoire. Dans de larges pans de celui-ci, les talibans sont toujours restés maîtres. Dans d'autres, les délégués gouvernementaux n'exerçaient guère plus qu'une influence limitée grâce à la coopération sous condition des chefs de guerre locaux. Même à Kaboul et dans son voisinage, les gouvernements ne se sont jamais montrés capables d'empêcher les attentats sanglants commis par une grande diversité de forces insurgées.

Comme le gouvernement central était incapable d'imposer sa loi partout, il a connu de grandes difficultés pour se financer par l'impôt. Maintenir des services publics à grande échelle était pour cette raison impossible. La qualité des écoles afghanes est aujourd'hui encore extrêmement basse[16]. Les aides sociales aux plus démunis sont minimales[17]. Même avant que frappe la Covid, le système de santé publique était constamment au bord de l'effondrement[18]. Dans des régions entières, les routes ne sont pas bitumées, les écoles publiques sont rares et les médecins absents[19].

L'impact catastrophique de tout cela sur la qualité de vie des Afghans saute aux yeux dans n'importe quelle comparaison internationale. Seuls 43 % des Afghans sont alphabétisés[20]. 60 enfants sur 1 000 mourront avant l'âge de 5 ans[21]. En 2018, l'espérance de vie moyenne était de 66 ans pour les femmes et 63 ans pour les hommes, presque vingt ans plus bas que dans les démocraties développées[22].

En août 2021, la conquête de Kaboul par les talibans a unifié, pour un temps, l'Afghanistan sous leur règne théocratique. Il est loin d'être certain que les conflits ethniques et religieux depuis si longtemps parties de l'histoire du pays cesseront pour autant. Les chefs de guerre aujourd'hui alliés aux talibans demanderont probablement de fortes récompenses pour prix de leur soutien, et s'ils se sentent floués se retourneront contre ce gouvernement nouveau à la première occasion. Enfin, comme la base traditionnelle des talibans se recrute chez les Pachtounes, les membres des autres groupes ethniques renâcleront sûrement devant cette domination de leurs rivaux d'antan. Le règne des talibans ne sera pas seulement terriblement cruel envers les femmes et les groupes minoritaires ; il se pourrait aussi qu'il soit moins stable que ne le suggèrent les premières images de leur triomphe.

Hobbes avait tort d'imaginer qu'un pays comme l'Afghanistan se trouverait plongé dans l'anarchie atomisée. Il avait raison de croire que l'absence d'une autorité centrale capable d'imposer l'ordre et de résoudre les problèmes collectifs se paierait cher. Tant que certaines parties du monde se caractériseront par un état d'anarchie structurée, leurs habitants souffriront faute d'accès aux services publics indispensables.

Le prix de l'anarchie structurée est élevé. Mais ce n'est pas le seul écueil que doivent éviter les sociétés multiethniques.

Dans certaines régions du monde, à certaines époques, un groupe a pu exercer une domination sans partage sur tous ses rivaux. Comparée à celle des États faillis, comme la Somalie ou l'Afghanistan, cette situation a de nombreux avantages. Même un État très oppressif peut se révéler capable de mettre un terme à un conflit endémique. Bien qu'elle puisse favoriser un groupe au détriment des autres de manière parfaitement injuste, la présence d'une autorité centrale bien financée aide à maintenir les services publics essentiels, tels que des routes bitumées et l'eau courante.

Les pays où règne l'anarchie structurée sont presque toujours très pauvres. En revanche, de nombreux pays dans lesquels s'exerce la domination sans partage d'un groupe sur les autres donnent accès à une bonne qualité de vie. La présence effective d'un État peut faire la différence entre la vie et la mort, de faim ou de maladie. Seulement, pour les membres des minorités dominées, ces bénéfices sont souvent abstraits et leur coût intolérable.

Domination

Anthony Burns naquit esclave en Virginie, dans le comté de Stafford, à la fin du printemps 1834[23]. Déterminé à gagner sa liberté dès le plus jeune âge, il apprit à lire et à écrire avec l'aide d'un enfant de ses maîtres[24] et dirigea en secret une école pour esclaves[25].

Burns fut emmené travailler à Richmond peu avant ses 20 ans[26]. Bien qu'il fût toujours obligé de reverser une grosse portion de ses salaires à son maître, il y jouissait d'une liberté de déplacement plus grande que jamais. Prenant conscience qu'une telle opportunité ne se représenterait peut-être plus, il se lia d'amitié avec des marins du port et conçut un audacieux plan d'évasion.

Par un froid matin de février 1854, un ami l'aida à s'introduire dans un minuscule compartiment à bord d'un navire en partance pour Boston[27]. Le voyage fut un calvaire. Contraint à une immobilité presque totale, il avait à peine de quoi boire et manger et souffrit beaucoup du mal de mer. Mais quand il toucha terre après trois semaines de voyage, il se sentit un homme libre pour la première fois de sa vie.

Prenant soin de ne pas révéler ses origines, Burns trouva du travail dans un magasin de vêtements de Brattle Street, la rue commerçante de la ville. Malheureusement, il écrivit à l'un de ses frères pour l'informer de sa nouvelle vie et sa lettre fut découverte, son ancien maître mis au courant de ses déplacements.

Déterminé à retrouver la jouissance de sa « propriété », Charles F. Suttle tenta d'obtenir un mandat pour procéder à l'arrestation de Burns. Sur la base du Fugitive Slave Act (loi des esclaves fugitifs), qui avait été voté au Congrès quatre ans auparavant, un juge d'Alexandria émit un mandat exigeant des US Marshals (police fédérale chargée, entre autres, de la protection des prisons et des transferts de prisonniers) qu'ils appréhendent Burns et le ramènent en Virginie[28]. Quelques semaines plus tard, un célèbre chasseur d'esclaves nommé Asa O. Butman le captura dans le centre de Boston[29].

Les autorités locales tentèrent de le juger aussi rapidement et discrètement que possible, mais la rumeur enfla dans la ville et un fervent réseau d'abolitionnistes se mobilisa. Richard Henry Dana Jr., héritier d'une famille patricienne du Massachusetts et avocat parti en croisade contre l'esclavage[30], proposa de le représenter durant son procès. Des milliers de manifestants se rassemblèrent devant le Faneuil Hall pour exiger sa libération. Wendell

Phillips, figure centrale du mouvement abolitionniste, rappela devant cette foule à majorité blanche que « Anthony Burns n'avait d'autre maître que Dieu ».

À la tombée de la nuit, les manifestants toujours plus nombreux tentèrent de libérer Burns. La garde les repoussa par des tirs de sommation[31]. Le président d'alors, Franklin Pierce, donna l'ordre à une compagnie de marines de protéger le tribunal pour la durée du procès[32].

Dans son verdict, le juge Edward Loring déclara Burns coupable. « Tandis qu'un contingent de marines escortait Burns à la sortie du tribunal vers le navire qui devait le ramener en Virginie et en esclavage, cinquante mille personnes se trouvaient postées dans les rues qui menaient au quai, écrit l'historien Joshua D. Rothman. Elles avaient hissé des drapeaux américains à l'envers pour exprimer leur détresse et pavoisé de noir leurs fenêtres, comme pour une procession funéraire[33]. »

Burns fut embarqué vers la Virginie et retrouva la captivité[34].

Même au regard des normes cruelles de l'histoire humaine, l'esclavage américain était d'une brutalité rare. Et même selon les normes brutales de l'esclavage américain, l'histoire d'Anthony Burns est particulièrement tragique.

En un sens, cette histoire n'est pas si atypique. Beaucoup, peut-être même la plupart des démocraties multiethniques, ont géré leur diversité de la façon la plus simple qui soit : elles ont permis à un groupe de dominer tous les autres. Des monarchies prémodernes du sud de l'Asie aux démocraties du XXe siècle en Europe, la diversité est souvent allée de pair avec une structure de domination quelconque.

Trois de ces structures ont été particulièrement employées. Dans les formes dures de domination, la majorité s'arroge explicitement le droit de dominer les minorités. Dans les formes douces, la majorité prétend garantir l'égalité des citoyens, mais, dans les faits, elle prive de droits ou marginalise une grande partie de la population. Enfin, dans une structure de domination par une minorité, ce n'est pas la majorité qui fait sa loi, mais une minorité qui impose la sienne au reste de la population.

La domination forte

Les sociétés de colons, comme le Canada ou l'Australie, ont été fondées sur des terres supposément vierges où habitaient en réalité de larges populations d'indigènes. De leur côté, des pays comme le Brésil ou la Jamaïque ont rapidement ajouté à la diversité locale qu'assuraient déjà les populations natives en important des millions d'esclaves d'Afrique. En général, la hiérarchie résultante était à la fois abrupte et rigide. Un groupe y dominait explicitement et ouvertement tous les autres.

Aux yeux de nombreux colons, les indigènes avaient perdu leur droit à la terre en ne semant ni ne labourant les champs. Les campagnes génocidaires qui suivirent étaient ainsi sanctifiées, selon eux, en vertu d'un impératif religieux, « l'homme sème ce qu'il récoltera ». Les Noirs, quant à eux, étaient décrits comme moralement et mentalement inférieurs. Les défenseurs de l'esclavage le jugeaient comme un état de choses naturel, qui bénéficiait à ceux qu'il entravait.

Les États-Unis mélangeaient ces deux systèmes de « domination forte ». Dans les premières décennies après l'indépendance, le pays s'est rapidement étendu vers l'ouest, repoussant de plus en plus d'Américains natifs hors de leurs terres et les tuant par milliers au cours des combats. Par ailleurs, dans les quelque quatre-vingts années qui séparent la création des États-Unis de la proclamation de l'émancipation par Abraham Lincoln, les États du Sud ont importé environ trois cent mille esclaves[35].

Dans ses jeunes années, la République américaine a pratiqué l'une des formes de domination les plus extrêmes de l'ère moderne. Toutefois, les principes qui la fondaient donnaient aux victimes de cette organisation hiérarchique, et à leurs alliés blancs, les outils nécessaires pour changer le système.

Un ensemble de règles contient généralement deux éléments clés. Le premier indique la population concernée. Le second spécifie les droits et les devoirs de cette population. C'est ce qui explique à la fois les failles et les victoires des textes fondateurs des États-Unis.

Les principes inscrits dans la Déclaration d'indépendance et la Bill of Rights ont créé une structure morale et politique qui a permis que perdure la démocratie et que s'épanouisse la liberté durant deux cent cinquante ans. L'idée que « tous les hommes sont égaux » reste tout aussi noble et stimulante aujourd'hui qu'elle l'était au XVIIIe siècle.

Mais, bien que les droits et les devoirs ainsi exposés dans les textes conservent toute leur pertinence, l'histoire du pays a été marquée par l'exclusion brutale de certains groupes clés du champ de leur application. Les populations natives et les esclaves, en particulier, ne figuraient pas parmi ces hommes tous égaux entre eux, et ce jusqu'à une date tristement récente.

L'histoire américaine se résume ainsi dans ses grandes lignes à un combat pour l'inclusion de ceux qu'on avait exclus de la jouissance des libertés que les textes fondateurs leur promettaient pourtant. Il serait difficile de parler de progrès continus sur ce point pour décrire ces deux cent cinquante années passées, cependant le contingent de citoyens membres de ce club des égaux a beaucoup augmenté. Lentement, mais sûrement, les impératifs moraux de l'émancipation des esclaves, de l'autonomie politique des tribus d'Américains natifs encore présentes et de la fin de la ségrégation dans le sud du pays ont triomphé.

L'exemple américain, aussi extrême soit-il, nous montre qu'un pays peut trouver dans ses traditions généreuses le moyen d'affaiblir les hiérarchies raciales, même les plus rigides. Dans toutes les démocraties développées, les handicaps légaux explicites, tels que celui qui renvoya Anthony Burns en esclavage, sont aujourd'hui abolis. Il serait grossier de minimiser l'importance de ces changements, de balayer d'un revers de la main l'énorme différence que représentent ces abrogations pour les populations concernées. Affirmer, comme c'est aujourd'hui la mode, qu'un pays comme les États-Unis n'aurait accompli aucun progrès substantiel vers l'égalité est une insulte à la mémoire des victimes de cette forme extrême d'injustice raciale aujourd'hui révolue.

Cependant, il apparaît clairement, aux États-Unis comme ailleurs, que les victimes de ces structures de domination connaissent encore aujourd'hui de graves difficultés socio-économiques, bien après l'abolition des handicaps légaux explicites auxquels ils ont été soumis. Les Noirs américains[36], les Aborigènes d'Australie[37], les membres des castes inférieures en Inde[38] et beaucoup d'autres communautés dans le monde sont encore aujourd'hui significativement plus pauvres et moins bien éduqués que les membres des groupes historiquement favorisés dans leur pays.

Ce constat est tragique : les problèmes qu'engendre une longue domination persistent bien après l'abolition de l'injustice originelle.

La domination douce

La domination forte est parfaitement détestable. Tout pays qui, sur son propre territoire, prive explicitement de droits une partie de sa population en raison de sa couleur de peau ou de ses origines ne peut prétendre au titre de démocratie. Il existe toutefois d'autres formes de domination tout aussi pernicieuses, quoique parfois plus difficiles à identifier.

Bien des démocraties fondées au XXe siècle ont affirmé dès leurs origines qu'elles garantiraient des droits égaux pour tous sur leur territoire et fièrement rejeté tout handicap légal explicite dirigé contre une minorité défavorisée, tel qu'on en trouvait aux États-Unis.

Cependant, dans de nombreux cas, ces démocraties n'ont pu se dire égalitaires qu'en raison d'une histoire sanglante qui les a rendues très homogènes. C'est ce qui a permis à la majorité, ethnique ou culturelle, d'imposer ses préférences sans avoir recours à des privations de droits explicites dirigées contre les minorités défavorisées. Les racines de leur domination ont ainsi pu rester confortablement enfouies.

À mesure que la diversité s'accroît, il devient de plus en plus difficile d'ignorer le legs de ces « dominations douces ». Les règles qui fonctionnaient dans des sociétés très homogènes ne conviennent plus aujourd'hui à une partie de plus en plus importante de la population. Le principal problème des pays tels que les États-Unis est de devoir gérer aujourd'hui les conséquences de la domination forte d'hier ; le problème des pays comme l'Allemagne ou l'Italie est de reconnaître et d'abolir les formes de domination douce qui aujourd'hui encore confèrent des avantages indus à leurs citoyens ayant la chance d'appartenir à la majorité historique.

Afin de comprendre le défi qu'elles doivent relever, il nous faut d'abord comprendre l'origine de ces démocraties.

Dans l'Europe médiévale, les infidèles étaient régulièrement poussés à l'exil et les hérétiques brûlés sur le bûcher. Quand les chrétiens ont gagné le contrôle de la péninsule

Ibérique durant la *Reconquista*, ils ont donné aux Juifs le choix entre la conversion et la fuite[39]. Jusqu'au XVIIe siècle, une grande partie de l'Europe fonctionnait sous la devise *Cujus regio, ejus religio* (« Tel prince, telle religion ») ; la population d'un territoire devait adopter la religion de son souverain[40].

Toutefois, au cours des millénaires, alors que la monarchie était la forme de gouvernement dominante à peu près partout dans le monde, il a existé quelques sociétés plus tolérantes. À Bagdad au IXe siècle, à Istanbul au XVIIe, à Vienne au XIXe, les minorités disposaient de privilèges dont elles n'auraient pu jouir nulle part ailleurs. Elles avaient le droit d'exercer leur religion, de participer au commerce sans difficultés majeures et d'accumuler les richesses. Les résultats ont été remarquables. Chacune de ces sociétés a connu des niveaux de prospérité très élevés pour son époque. Les arts y fleurissaient. Elles ont aussi obtenu des progrès très significatifs dans le domaine des sciences*.

Ce n'est qu'ensuite que ces empires multiethniques se sont effondrés.

---

* Ces temps n'étaient pas pour autant des modèles de justice et d'harmonie, bien sûr. À Bagdad au IXe siècle, par exemple, les minorités religieuses pâtissaient de nombreux désavantages. Elles étaient exclues des postes à responsabilité dans l'appareil d'État, devaient s'acquitter d'un impôt prohibitif et s'habiller d'une certaine manière. Les minorités d'Istanbul et de Vienne subissaient le même genre de traitement. Mais, comparés aux standards de l'époque, ces empires multiethniques étaient incroyablement tolérants. Durant le millénaire et demi qui sépare le sac de Rome de l'apparition des États-nations modernes, ils ont été les meilleurs ambassadeurs des sociétés multiethniques et de leurs promesses.

Pendant des siècles, les empires multiethniques ont toléré la diversité, sans essayer d'homogénéiser leur population, pas plus que d'accorder des droits véritablement égaux aux minorités. À l'âge de l'alphabétisation de masse et de l'industrialisation galopante, cela les a laissés vulnérables à la propagation rapide des idées nationalistes. Ni les Serbes ni les Hongrois, ni les Grecs ni les Arméniens n'avaient envie d'être les sujets d'un souverain qui ne partageait pas leur culture, leur langue ou leur religion. Tous aspiraient à l'autodétermination nationale.

Lentement, puis soudain, les empires multiethniques se sont effondrés. La plupart ont été remplacés par des États-nations qui n'ont évité le problème de la domination qu'en mesure de leur capacité à assurer leur homogénéité.

La première moitié du XXe siècle, en particulier, peut se résumer en un gigantesque processus de nettoyage ethnique. Des violences indicibles ont transformé des territoires dans lesquels des peuples de culture, de foi et de religion différentes vivaient côte à côte depuis des siècles en un ensemble d'États-nations monochromes, à un degré étourdissant. En Europe occidentale surtout, où les groupes minoritaires ont été expulsés ou tués en grande partie, les habitants à présent presque homogènes des démocraties reconstruites sur les ruines du fascisme ont ainsi pu nourrir l'illusion d'avoir su éluder le problème de la domination.

Fondées sur l'idée que les entités culturelles homogènes devraient se gouverner elles-mêmes, bien des démocraties européennes ont promptement marginalisé les rares minorités encore présentes sur leur sol. Elles auront au cours des décennies suivantes bien des difficultés à intégrer les millions d'immigrés qui y débarqueront. Nombre d'entre elles entretiennent encore aujourd'hui un système de domination douce.

L'hypothèse d'homogénéité qui a présidé à leur création ne s'y applique plus. Bien qu'elles ne soient pas nécessairement conçues au départ pour exclure les minorités, leur conception traditionnelle de l'appartenance réelle à la nation comme les lois écrites qui régissent la citoyenneté des nouveaux venus imposent de fait un statut d'étranger à bien des membres de ces minorités aujourd'hui présentes sur leur sol, au point que de nombreux immigrés et descendants d'immigrés se sentent définitivement exclus de l'appartenance pleine et entière à ce pays supposément leur.

Dans les années à venir, ces pays devront déterminer s'ils sont capables d'élargir suffisamment leur conception d'eux-mêmes pour éviter que ne se calcifient les hiérarchies informelles qui les ont caractérisés par le passé. S'ils parviennent à dépasser cet héritage de domination douce, ils sauront traiter leurs minorités avec justice et intégrer pleinement les descendants d'immigrés. Dans le cas contraire, ils finiront par se fracturer en petites nations composées de blocs de population mutuellement hostiles, ou finiront par abandonner leur système de handicaps implicites imposés à certaines minorités pour un autre, qui accordera à la majorité traditionnelle une domination explicite.

La domination par une minorité

Quand on évoque les problèmes de domination, on imagine souvent une majorité opprimant une minorité. Mais dans certains pays, de l'Irak au Rwanda et de la Syrie au Guatemala[41], l'élite dirigeante est traditionnellement recrutée parmi les membres d'une puissante minorité[42].

Dans la plupart des cas, quand une minorité gouverne, c'est qu'il ne s'agit pas d'une démocratie. Sachant qu'il est à peu près certain qu'un vote populaire les désavouera, les puissants s'accrochent à une vieille monarchie ou soutiennent un dictateur à poigne. La démocratie s'accommode mal de la domination d'une minorité.

Il y a toutefois d'importantes exceptions, de l'Athènes du Ve siècle avant J.-C. à la Grande-Bretagne du XVIIIe siècle de notre ère. La plus frappante d'entre elles est certainement l'Afrique du Sud. Les colons hollandais qui ont colonisé la pointe méridionale du continent africain depuis le XVIIe siècle ont apporté avec eux les aspirations à l'autodétermination issues de la culture de plus en plus démocratique de leurs ancêtres. Ils savaient aussi qu'ils représentaient une petite minorité de la population sud-africaine. S'ils avaient autorisé la majorité noire à voter, plutôt que perpétuer leur domination, les colons blancs auraient eu bien du mal à engranger les fortunes qu'ils ont su amasser.

Leur solution a été aussi cruelle qu'ingénieuse. Dans ce que le politologue Pierre L. Van den Berghe a appelé la « démocratie de la race supérieure » (*herrenvolk*), les colons hollandais ont réservé le droit de vote aux Blancs[43].

C'est ce qui a permis au petit groupe d'« Afrikaaners » d'avoir à la fois le beurre et l'argent du beurre, bien que taché de sang. Ils ont maintenu les institutions démocratiques traditionnelles, telles qu'un Parlement élu. Ils organisaient des élections libres et équitables. Ils accordaient même aux citoyens de plein droit une certaine liberté de parole et d'association. Mais ces règles ne s'appliquaient qu'à une petite minorité de la population. La grande majorité n'avait pas le droit de vote, était privée de droits civiques et souffrait sous le joug indigne d'un apartheid racial au quotidien[44].

Les groupes minoritaires qui ont exercé une domination historique se trouvent face à un terrible dilemme dès lors que leur pouvoir est contesté.

Quand, sous la pression, les groupes majoritaires doivent partager le pouvoir, ils restent relativement assurés que le coût de leur consentement restera limité. Leurs voix pèseront toujours très lourd dans la balance démocratique et ils le savent bien.

Les groupes minoritaires n'ont pas cette garantie. S'ils consentent à des procédures démocratiques justes, il y a fort à parier qu'ils perdront les votes à tous les coups. Alors, plutôt que d'accepter l'érosion graduelle de leur pouvoir, ces groupes tendent à s'accrocher à leur domination par tous les moyens. C'est ce qui les rend particulièrement enclins à recourir à des mesures brutales envers la majorité dominée, et ainsi à créer les conditions d'un violent retour de bâton quand ils lâcheront enfin les rênes du pouvoir.

L'absence de toute analyse lucide de ce genre de dynamique compte parmi les nombreuses raisons du terrible échec de la guerre en Irak. Pendant des décennies, le pays avait subi la loi d'un dictateur fasciste qui dissimulait son règne cruel sous un mince vernis de valeurs laïques de gauche. En vérité, Saddam Hussein, sunnite dans un pays à majorité chiite, n'avait jamais cessé d'être aussi sectaire qu'il était idéologue.

Après l'invasion de l'Irak, les forces d'occupation ont voulu logiquement s'assurer qu'aucun membre du parti baasiste de Saddam Hussein ne resterait au pouvoir. Mais comme elles ne percevaient pas suffisamment bien la dimension communautaire du conflit dans ce pays, elles n'ont pas anticipé que les chiites se saisiraient de l'occasion pour assouvir leur soif de vengeance après des années d'oppression. En quelques mois, même les sunnites qui n'avaient jamais porté Saddam Hussein dans leur cœur avaient de bonnes raisons de craindre qu'ils tomberaient bientôt sous le joug d'une domination tout aussi cruelle que la sienne[45].

Avec un État central affaibli et des forces d'occupation incapables de faire naître la confiance entre des groupes historiquement rivaux, l'Irak s'est rapidement enfoncé dans le chaos de l'anarchie structurée. Entre les tentatives chiites pour monopoliser l'appareil d'État et la résistance sunnite face à la perte de leur pouvoir, le pays a sombré dans la guerre civile[46].

Qu'elle adopte la forme de la domination forte, douce ou par une minorité, la domination est toujours un danger pour les démocraties multiethniques. De l'esclavage aux génocides, l'idée qu'une communauté particulière serait d'une valeur supérieure est responsable de certains des chapitres les plus sanglants de l'histoire.

Comparée aux dangers de la domination, une société dans laquelle les différents groupes trouveraient le moyen de se partager le pouvoir et vivraient chacun reclus dans sa communauté, selon ses propres règles, tout en étant tous citoyens du même État, paraît bien plus engageante. C'est bien pourquoi de nombreux pays, au lendemain de violences interethniques ou d'une guerre civile, ont adopté des systèmes de partage du pouvoir censés permettre à des communautés différentes de vivre en paix sur le même territoire.

En général, ces solutions n'ont pas tenu leurs promesses. Les sociétés qu'elles ont produites souffrent du troisième danger majeur auquel s'exposent les démocraties multiethniques : la fragmentation.

Fragmentation

Au début du XXe siècle, quelques petits pays placés sur la pointe nord-ouest de la masse continentale eurasienne gouvernaient presque le monde entier. Jamais dans l'histoire de l'humanité une si petite partie du globe avait atteint une telle puissance.

À la fin de la Seconde Guerre mondiale pourtant, même parmi les vainqueurs théoriques du conflit, les nations reconnurent qu'elles n'avaient plus la force de maintenir leurs empires. Certaines, du Portugal à la Grande-Bretagne, continuèrent bien à mener ce combat d'arrière-garde des décennies durant, mais il était devenu évident que l'âge du colonialisme s'était achevé.

Des nationalistes tels que le Mahatma Gandhi en Inde et Jomo Kenyatta au Kenya atteignirent enfin leur but si longtemps espéré et bâtirent des nations indépendantes. Cependant, il apparut bien vite qu'assurer la paix à l'intérieur de leurs frontières était plus difficile encore que de remporter la victoire contre les puissances coloniales.

Avant la colonisation, il y avait bien peu d'États-nations modernes dans ces parties du monde. Dans certaines régions, des empereurs avaient commandé de vastes étendues aux populations très bigarrées. Dans d'autres, on ne pouvait guère parler d'État « centralisé ». Le pouvoir y était aux mains de potentats locaux et de chefs tribaux. Les fondateurs du Kenya et de l'Inde, de la Côte d'Ivoire et de la Guinée-Bissau se trouvaient face à un nouveau défi : fondre une grande diversité de populations au sein de frontières souvent arbitraires dans le creuset d'un État-nation fonctionnel.

La déception fut souvent grande. Dans les années 1950 et 1960, des douzaines de nouveaux États indépendants bâtirent des institutions démocratiques. La plupart de ces tentatives aboutirent à des guerres civiles ou à des régimes autoritaires aux mains de dictateurs s'appuyant sur la loyauté d'une tribu ou d'un ensemble de fidèles pour conserver le pouvoir.

En Europe et aux États-Unis, quelques sommités idéalistes du domaine des sciences sociales observaient le processus de décolonisation avec beaucoup d'espoir. Quand des pays arrachaient leur indépendance, en Asie ou en Afrique, ils s'attendaient à être les témoins de la naissance de démocraties florissantes. Mais les pays tombaient les uns après les autres dans la tyrannie ou la guerre civile, si bien qu'ils se demandèrent comment les autres démocraties multiethniques pourraient éviter ce sombre destin. C'est le jeune politologue Arend Lijphart qui formula la réponse la plus retentissante.

Les Pays-Bas, où Lijphart avait grandi avant d'émigrer aux États-Unis, étaient depuis longtemps une société très divisée. Catholiques, protestants et socialistes avaient chacun leurs écoles, leurs journaux et, bien sûr, leurs partis politiques. Même des institutions telles que les hôpitaux et les organisations de bienfaisance suivaient ces lignes de séparation[47].

Si on en croyait la plupart des théories de science politique, la « fragmentation » du pays aurait dû aboutir à l'effondrement des institutions démocratiques. Il y avait si peu de contacts entre les groupes ! Catholiques, protestants et socialistes auraient dû juger toute coopération impossible au sein d'un gouvernement efficace. Et pourtant, les Pays-Bas étaient, comme l'a dit Lijphart dans un entretien récent, un « pays stable et très bien gouverné[48] ».

Comment était-ce possible, se demandait-il ? Certains de ces pays nouveaux qui sombraient rapidement dans la dictature ou la guerre civile pourraient-ils imiter la recette d'un tel succès[49] ?

Le partage du pouvoir comme remède à la fragmentation

Dans une démocratie, c'est habituellement la majorité qui décide.

Tous les citoyens ont de bonnes raisons de s'accorder sur un mécanisme impartial qui permettra de choisir celui qui les gouvernera. Même s'il est toujours difficile de perdre, la défaite paraît plus acceptable quand on sait qu'il suffira de rallier ses compatriotes à ses idéaux pour remporter la prochaine élection. Tant que les électeurs entretiendront l'espoir raisonnable que leur parti préféré pourra gagner une élection de temps en temps, laisser la majorité gouverner est un bon moyen de désamorcer les conflits.

Cependant, dans les sociétés profondément fragmentées où l'immense majorité vote uniquement en fonction de son appartenance ethnique ou religieuse, le fait majoritaire démocratique pose instantanément un gros problème. Dans ces pays, une bonne partie de la population forme une minorité permanente. Même si les élections sont libres et équilibrées, les membres de cette minorité resteront toujours dans l'opposition. Définitivement exclus du pouvoir, ils ne disposent d'aucun moyen de s'assurer que les routes et les écoles de leurs quartiers seront bien entretenues.

Si « la majorité et la minorité sont fixes plutôt que fluides, car chacune se pense comme un groupe défini par la naissance dont les intérêts comme les affinités leur sont propres, nous a prévenu le politologue Donald L. Horowitz voici trente ans, les élections deviendront tribales[50]. » Quand chaque parti politique représente les intérêts d'une communauté identitaire, avec peu d'alternance du pouvoir, nous sommes face « à l'exemple classique où la règle démocratique majoritaire tourne rapidement à l'exclusion injustifiable de la minorité[51] ».

Cela nous aide à expliquer pourquoi la fragmentation ethnique ou religieuse pose si souvent problème pour la stabilité des institutions démocratiques. Puisque leurs ennemis pourraient s'approprier les puissantes institutions du pays, certains groupes refusent de contribuer à la construction d'un État fort ou tentent d'accaparer les institutions à leur profit. Dans le premier cas, ils se retrouvent coincés dans une anarchie structurée, et dans le second ils versent dans la domination brutale.

Selon Lijphart, les Pays-Bas pouvaient servir de modèle pour éviter ces écueils. À l'époque, les décisions clés sur l'avenir du pays étaient souvent prises par un Conseil économique et social composé de membres représentant les trois « piliers » de la société hollandaise[52]. Plutôt que de donner au vainqueur de l'élection le pouvoir de tout décider pour quatre ou cinq ans, les institutions du pays garantissaient que tout le monde, minorité comprise, conserverait une place à la table des décisions[53].

Bien des pays européens, dont l'Autriche et la Belgique, font usage d'un tel « partage du pouvoir » arrangé à leur manière. La Suisse a même invité au gouvernement tous les partis ayant gagné un certain nombre de sièges à l'Assemblée fédérale. Plutôt qu'en reléguer certains sur les bancs de l'opposition, tous les chefs de parti partagent ainsi les responsabilités dans la conduite du pays.

Lijphart a ensuite découvert avec grand intérêt que certains pays au sortir d'un conflit s'étaient dotés d'institutions de ce genre pour apaiser les tensions et consolider la paix. Le Liban, par exemple, était divisé de longue date entre chrétiens, sunnites et chiites pour ne citer que ces communautés. Quand le pays a gagné son indépendance, en 1943, les chefs des factions les plus populeuses ont passé un marché pour partager le pouvoir. Plutôt que de laisser le vainqueur d'une élection diriger le navire, ils ont décidé que chaque groupe serait représenté au gouvernement. Le président de la République serait toujours chrétien maronite, le Premier ministre sunnite et le président de l'Assemblée chiite[54].

Afin de réduire encore les enjeux de politique nationale, la Constitution du pays a également garanti aux groupes reconnus le droit de légiférer sur leurs affaires internes. Plutôt que d'établir des lois uniformes sur les mariages et le divorce, l'éducation et l'héritage, le gouvernement libanais a délégué ce pouvoir aux clergés chiite, sunnite et chrétien. Ainsi, les lois qui concernent au premier chef les citoyens sont écrites par leur propre communauté, si bien que, en théorie, ils ont moins de raisons de se battre pour le contrôle total du gouvernement.

Plutôt que de chercher à dépasser les divisions du pays, les fondateurs du Liban ont décidé d'en embrasser la fragmentation. Cet arrangement, écrit Lijphart à la fin des années 1960, a contribué à la stabilité du système démocratique. « L'équilibre multiple du pouvoir » a été l'élément principal « de la réussite[55] ».

Les livres et les articles de Lijphart ont connu un grand retentissement. Ce qu'il appelait le « consociationalisme », ou « démocratie de concordance », ajoutait une arme à l'arsenal des politologues : la possibilité de produire des conseils pratiques susceptibles de hâter l'avènement d'une démocratie, voire d'éviter l'explosion d'une guerre civile. Les consultants européens et américains s'envolèrent, la bibliographie toujours grandissante de Lijphart et ses disciples sous les bras, vers tous les pays gangrenés de conflits pour leur conseiller d'adopter une forme de partage du pouvoir.

Quand Lijphart a présenté sa théorie pour la première fois[56], en 1968, seule une poignée de pays auraient pu être dits consociationalistes. En 1990, après que de nombreuses démocraties nouvelles avaient consulté des politologues pour rédiger leur Constitution tandis que Lijphart occupait la présidence de l'American Political Science Association[57], ils étaient très nombreux à avoir fait le pari de la démocratie de concordance. (Il est difficile de déterminer si l'influence de Lijphart a été réellement décisive ou si d'autres facteurs ont poussé tous ces pays dans la même direction.)

Cependant, les résultats n'ont pas été à la hauteur des espérances. Dans la plupart de ces pays, les nouvelles institutions ont abouti à des blocages ou n'ont tout simplement pas été utilisées. Beaucoup d'entre eux ont rapidement replongé dans l'autocratie ou la guerre civile. Leur fragmentation s'est accentuée.

Ce n'était peut-être pas une surprise. Après tout, le pays sur lequel Lijphart se fondait pour déclarer que les institutions qui fonctionnaient si bien aux Pays-Bas pouvaient être importées ailleurs a lui aussi fortement dérapé dans les années qui ont suivi la rédaction de ce livre.

Alors que Lijphart mettait le point final à son premier grand livre, *Democracy in Plural Societies*[58], le Liban plongeait dans une guerre civile complexe et sanglante[59]. Entre 1975 et 1990, plus de cent mille personnes ont été tuées et bien plus encore blessées ou déplacées. Dans le pays qu'on prenait en exemple pour illustrer ses promesses, le partage du pouvoir avait failli[60].

Le partage du pouvoir comme accélérateur de la fragmentation

J'ai rencontré Abdallah Salam, un grand bavard au visage d'enfant et aux yeux curieux, il y a une douzaine d'années durant une université d'été à Cortone. Avec vingt autres étudiants et professeurs, nous avons passé deux semaines idylliques à parler de religion et d'identité dans un monastère abandonné perché sur une colline de Toscane. Je me rappelle avec émotion ces semaines, j'y repense de temps en temps, mais j'avais à peu près oublié Abdallah avant de revoir sa figure, à peine plus âgée, qui me dévisageait depuis une page du *Guardian*[61].

Sur la photo, Abdallah portait un smoking et tenait la main d'une belle femme en robe de mariée. Une centaine d'invités applaudissaient le jeune couple dans un jardin somptueux. Mais, malgré l'impression d'harmonie que dégageait cette photographie glamour, le mariage d'Abdallah et de Marie-Joe Abi-Nassif provoquait un beau scandale dans son pays d'origine.

Abdallah est un musulman sunnite. Marie-Joe est chrétienne. Encore aujourd'hui, les mariages interreligieux, même entre deux courants divergents d'une même religion, restent rares au Liban[62]. Quand ils ont tout de même lieu, de terribles difficultés attendent les jeunes mariés sur le chemin de la reconnaissance officielle de leur lien matrimonial. Les mariages étant en général prononcés et enregistrés par les principales organisations religieuses du pays, les couples qui ne partagent pas la même foi ne rentrent pas dans les cases prévues.

Avec les années, les quelques couples qui ont dû affronter ce problème se sont résignés à adopter une stratégie de contournement, rarement satisfaisante. Plutôt qu'au Liban, la cérémonie se tient à Chypre, juste à côté. Les jeunes mariés subiront bien quelques tracas à leur retour, mais l'État civil reconnaîtra le plus souvent leur mariage « étranger ».

Abdallah et Marie-Joe n'ont jamais voulu avoir recours à cette solution. Déterminés à vaincre la division sectaire qui avait déchiré le pays sous leurs yeux, ils voulaient se battre pour un vrai changement. « Nous n'existons pas en tant que citoyens, nous ne sommes que les membres d'une communauté. Comme si l'État avait complètement délégué sa souveraineté[63] », disait Marie-Joe.

Leur mariage, espéraient-ils, serait leur maigre contribution pour que les gens de leur génération puissent vivre plus librement, selon leurs propres choix. « Nous voulons que le Liban soit un pays d'égalité pour tous devant la loi, libéré des lois confessionnelles archaïques et des tribunaux religieux d'aujourd'hui[64] », ajouta-t-elle. Plusieurs mois après le mariage, toutefois, les autorités libanaises n'avaient toujours pas reconnu leur statut de mariés.

Les difficultés que connaissent Abdallah et Marie-Joe illustrent bien que les démocraties de concordance exacerbent autant qu'elles pallient la fragmentation des pays très divisés.

Les institutions de partage du pouvoir font souvent l'impasse sur une promesse clé des démocraties : laisser les citoyens libres de leur destin. Si tous les grands partis sont représentés au gouvernement, les élections n'ont pas de conséquences claires et les élites politiques risquent de trouver le moyen de détourner le système à leur profit, ce qui privera les citoyens ordinaires de toute possibilité de contester les lois, combattre la corruption ou punir un gouvernement qui échouerait régulièrement à lui garantir les services publics essentiels.

Ce déficit démocratique apparaît au grand jour dès qu'un individu cherche à s'extraire des traditions de sa propre communauté. Au Liban, ce qui correspondrait au Code civil fait l'objet d'un traitement à part. Un sunnite qui demande le divorce se voit soumis aux règles sunnites devant des juges sunnites[65]. S'il veut changer ces règles, il pourra bien sûr publier son opinion ou organiser une manifestation, mais la décision finale reviendra toujours à des autorités religieuses non élues[66].

Les démocraties consociationalistes privent le plus souvent les citoyens de tout contrôle sur les lois qui régissent leur vie au premier chef. Ainsi, dans de larges pans des politiques publiques, elles ne méritent plus le nom de démocraties.

Les vraies solutions aux problèmes de l'Inde ou du Liban seront celles qui réduiront leur fragmentation avec le temps. Tout ensemble d'institutions qui atténuerait véritablement la probabilité d'un conflit renforcerait la confiance et les liens entre les communautés[67].

Les institutions de partage du pouvoir font le contraire. Par construction, elles disposent d'énormes barrières sur la route de qui voudrait tisser des liens étroits avec un autre groupe que le sien. Elles glorifient et renforcent les identités existantes et ainsi repoussent l'émergence d'un sentiment de citoyenneté partagé.

Les démocraties consociationalistes poussent les individus à se considérer avant tout comme les membres du groupe identitaire qui les a vus naître. Pourtant, certains cherchent à se définir comme libanais, plutôt que comme sunnite, chiite ou chrétien. D'autres tirent fierté de leurs talents particuliers ou de leur réussite professionnelle, plutôt que d'un lien du sang ou d'une foi partagée. D'autres encore tombent amoureux hors de leur communauté. Cependant, dès lors qu'on s'égare loin des sentiers communautaires prédéterminés que les démocraties consociationalistes avaient figé une bonne fois pour toutes, on s'expose à des obstacles énormes et à des injustices kafkaïennes.

De façon remarquable, Lijphart a prédit depuis le début, et même loué, ces défauts de la fragmentation. Comme il l'écrit dans son tout premier essai sur le consociationalisme, le système ne peut fonctionner que si les membres des différentes communautés n'ont que très peu de contacts entre eux. « Des lignes claires entre les sous-cultures », disait-il, sont une condition essentielle à la démocratie de concordance, car des « appartenances communautaires superposées » brideraient la capacité des élites à gouverner leur propre sous-culture. C'était donc précisément cette compartimentation rigide *entre* les groupes, concluait-il, qui créerait la « cohésion politique interne », *au sein* des groupes, cohésion nécessaire au fonctionnement de tout le système[68].

Les conséquences d'un tel système auraient dû être envisagées depuis le début. Soigner une société fragmentée avec des institutions de partage du pouvoir, c'est un peu comme traiter les symptômes de sevrage d'un toxicomane en le bourrant de cette drogue qui lui manque tant. À court terme, on évite les convulsions violentes. À long terme, on ne fait qu'aggraver les choses.

Des leçons de nos échecs

Les sociétés multiethniques ont rencontré au moins trois écueils sérieux : la domination, l'anarchie et la fragmentation. Chacun d'eux correspond à un danger qui reste d'actualité même dans les démocraties les plus développées du monde.

Ces démocraties ont été pour la plupart bâties sur le socle de la domination. Dans les pays européens, celle-ci a longtemps été invisible. Très homogènes du temps de leur création, ils ont pu prétendre à la tolérance sans vraiment devenir accueillants. Dans d'autres démocraties, comme les États-Unis, la domination était bien plus explicite. Durant les premières décennies, voire les premiers siècles de leur existence, ils n'ont pu escamoter la contradiction entre leurs aspirations démocratiques et la domination exercée sur les Noirs et les indigènes qu'en les excluant ouvertement des droits qu'auraient dû leur conférer les nobles documents tels que la Bill of Rights.

Ces deux ensembles de démocraties ont significativement gagné en ouverture depuis quelque temps. L'Allemagne, l'Uruguay et le Japon ont, pour la première fois, accordé aux immigrés et à leurs descendants un chemin vers la citoyenneté[69]. Les États-Unis ont rétabli les droits civils des minorités et promulgué des lois ambitieuses pour les protéger de toute discrimination[70].

Dans toutes les démocraties multiethniques, la majorité de la population a adopté des attitudes bien plus tolérantes à l'égard des immigrés et des minorités. Ces groupes, de leur côté, n'ont pas tardé à saisir les nouvelles opportunités qui s'ouvraient à eux. Ces dernières années, ils ont fait des progrès rapides sur plusieurs des indicateurs clés du succès, dont le revenu et l'éducation*.

Pourtant, ces progrès encourageants n'ont pas été suffisants pour compenser les effets durables des dominations

* Je décris ces progrès bien plus en détail dans le chapitre 8.

passées. L'écart entre les groupes s'est significativement réduit, mais les groupes dominants conservent un avantage socio-économique important. La conception majoritaire de la citoyenneté est aujourd'hui bien plus inclusive, mais beaucoup d'immigrés et de membres des minorités ethniques se sentent encore traités en intrus.

Le grand risque qui menace les démocraties multiethniques dans les décennies à venir serait ainsi d'échouer à dissiper les conséquences néfastes des dominations passées. Égalitaires sur le papier, ces sociétés fonctionnent parfois, en pratique, selon une logique de castes, avec la majorité ethnique au sommet et tous les autres groupes en bas de la pyramide.

L'anarchie structurée est un autre piège dangereux pour les sociétés multiethniques. Dans de nombreuses régions du monde, les groupes en présence se font si peu confiance qu'ils refusent de coopérer pour construire un État digne de ce nom.

On pourrait juger au premier abord que ce n'est pas un problème dans les actuelles démocraties développées. Celles-ci disposent de budgets gigantesques, elles emploient des légions de fonctionnaires et dirigent de grandes armées. Certaines ont le pouvoir de détruire le monde plusieurs fois d'affilée. La faillite de l'État n'est pas une hypothèse très crédible s'agissant de la France, du Royaume-Uni ou des États-Unis.

De récentes recherches suggèrent pourtant que même ces pays très puissants risquent de voir diminuer leur capacité à assurer les services publics essentiels au cours des prochaines années. En Amérique du Nord comme en Europe occidentale, la diversité démographique grandissante a été fortement corrélée au déclin du soutien populaire à un État-providence[71]. Tant que les citoyens pensent que leurs impôts vont à des gens « comme eux », ils sont plus enclins à voter pour de grosses primes de précarité ou de grandes dépenses pour le système de santé. C'est bien moins le cas quand ils craignent que ces impôts aillent à des gens qui ne partagent pas leur identité.

Le deuxième écueil qui guette les démocraties multiethniques est ainsi la diminution de leur capacité à assurer des services publics essentiels et un destin commun à leur population dont la diversité va croissante. Pour conserver les bénéfices d'un État efficace, les démocraties multiethniques doivent s'arranger pour que les membres de chacun des groupes qui les composent demeurent persuadés que les institutions servent le bien commun.

Il reste un écueil que les démocraties multiethniques devront surveiller : la fragmentation. Certaines régions du monde ont réglé le problème de la différence, temporairement du moins, par une sorte de cessez-le-feu. Des pays comme le Liban ont à peu près abandonné l'idée de faire naître un sentiment d'identité partagé chez tous leurs citoyens. Plutôt que de cimenter la confiance et de multiplier les contacts entre les groupes qu'elles représentent, les élites politiques se sont arrangées entre elles.

Des règles détaillées sont à présent là pour garantir que chaque groupe disposera d'une portion significative du pouvoir (et que les élites le garderont[72]).

Le coût de cet accord pour la population est très élevé. Sans citoyenneté partagée, les Libanais ordinaires sont démunis face à la corruption des élites[73]. Comme toutes leurs institutions les encouragent à renforcer leur identité particulière, la fragmentation de la société montre bien peu de signes de guérison de génération en génération. Les institutions censées garantir la paix ne font plus que retarder l'explosion de la guerre civile.

Les citoyens de la plupart des démocraties développées du monde partagent heureusement une identité commune bien plus forte. Les Blancs et les Noirs des États-Unis comme les chrétiens et les musulmans de France se sentent bien plus citoyens de leur pays que les chiites, les sunnites et les maronites du Liban.

Cependant, la fragmentation ethnique aux États-Unis et en France pourrait ralentir, voire annuler, les progrès récents. Partout, dans le monde démocratique d'aujourd'hui, des marchands de haine encouragent les majorités ethniques en recul à se réveiller « avant qu'il ne soit trop tard ». Pendant ce temps, les cercles académiques et intellectuels, qui autrefois défendaient l'universalisme, estiment de plus en plus que le renforcement du sentiment d'appartenance ethnique ou religieuse au sein des groupes historiquement défavorisés (parfois même au sein des groupes historiquement dominants, comme c'est le cas pour les Blancs aux États-Unis) constitue le seul chemin réaliste vers l'égalité.

Tous ces éléments convergent pour accroître l'importance de ce type de groupes qui, partout dans le monde, a déchiré les sociétés multiethniques. La majorité des citoyens a beau adopter une vision plus fluide de l'identité, les institutions d'élite et les politiques publiques récentes les incitent à renforcer encore leurs identités raciales et religieuses.

Si elles comptent préserver sur leur sol le sentiment d'identité partagée et la solidarité mutuelle, les démocraties multiethniques doivent inventer les moyens de combattre les conséquences présentes des dominations passées, sans encourager leurs citoyens à accorder plus d'importance à leurs différences qu'à leurs points communs. Le troisième écueil qui les guette, au cours des années qui viennent, est de se fragmenter en groupes de plus en plus hermétiques et de plus en plus hostiles.

Chapitre 3

Comment préserver la paix

Le 6 décembre 1992, 150 000 hindous[1] venus de toute l'Inde s'étaient rassemblés devant la mosquée de Babri, dans la ville d'Ayodhya[2]. Agitant des emblèmes religieux et chantant des slogans politiques, ils revendiquaient le contrôle de cette zone où, croyaient-ils, s'élevait autrefois un temple hindou glorifiant la naissance de Rama[3].

La journée avança et bientôt se joignirent les politiciens alliés au parti Bharatiya Janata (BJP) – le parti nationaliste aujourd'hui dirigé par le Premier ministre, Narendra Modi –, qui entonnèrent des slogans haineux[4]. La foule continuait d'enfler, de même que la rage. Autour de midi, un jeune dévot se faufila derrière les barricades et escalada la façade de la mosquée avant d'agiter triomphalement son drapeau safran[5].

La pression de la foule s'accentuait. Complètement débordée, la police abandonna la mosquée aux marteaux et aux haches de la meute victorieuse. Quelques heures lui suffirent pour raser ce bâtiment multiséculaire[6].

Dans les jours qui suivirent la destruction de la mosquée de Babri, l'ange de la mort visita bien des villes et des villages de l'Inde. Plus de deux mille personnes périrent dans des affrontements violents[7].

Aligarh, dans le nord du pays, fit partie des villes qui connurent des émeutes sanglantes. Même avant la destruction de la mosquée, les tensions y étaient vives. Deux des plus gros journaux locaux avaient faussement prétendu que des médecins et des infirmiers musulmans avaient assassiné des patients hindous. Les militants criaient vengeance. Un gang stoppa un train avant son arrivée en gare, en extirpa les passagers musulmans et les massacra en plein jour. Quand la tuerie cessa, quelques jours plus tard, plus de soixante-dix personnes étaient mortes, hindoues ou musulmanes[8].

Un peu partout dans le pays se produisent des drames semblables[9], ceux que journaux et politiciens qualifient par euphémisme de « violences communautaires[10] ». Bizarrement, certaines villes en furent plutôt préservées[11].

Kozhikode, dans le sud du pays, a pourtant de nombreux points communs avec Aligarh. Les deux villes sont de taille moyenne[12]. Un peu moins de deux tiers des habitants y sont hindous, un peu plus d'un tiers sont musulmans. Dans les deux villes, de fausses rumeurs de massacres supposés avaient circulé au fil des tensions autour de la mosquée de Babri[13]. Et pourtant, Kozhikode a jusqu'ici été épargnée par la violence qui coûta tant de vies à Aligarh[14].

« Aligarh figure dans la liste des huit villes indiennes les plus promptes aux émeutes », note le politologue Ashutosh Varshney. Kozhikode, quant à elle, « n'a connu aucune émeute au cours du XXe siècle[15] ».

Qu'est-ce qui pourrait expliquer cette différence ? La réponse nous aiderait-elle à élaborer des stratégies que les démocraties multiethniques pourraient adopter afin de mieux naviguer entre les écueils de la domination, de l'anarchie et de la fragmentation ?

Étrangement, la réponse à ces questions réside en grande partie dans les travaux d'un psychologue né, non pas en Inde, mais en Indiana.

Quand les contacts entre groupes hostiles créent de la tolérance (et quand ils n'en créent pas)

Gordon W. Allport est né juste avant le tournant du XXe siècle à Montezuma, dans l'Indiana, patelin à mi-chemin entre Decatur et Indianapolis[16]. Élevé par un père dévot dont le seul titre de gloire était d'apparaître dans *The Great American Fraud*, recueil *best-seller* qui compilait les plus célèbres arnaqueurs, bonimenteurs et charlatans du pays[17], Gordon était un très bon élève qui, dès l'adolescence, avait fondé sa petite imprimerie. Après son passage à Harvard grâce à une bourse et un an passé à Hambourg et Berlin pour y étudier la psychologie avec les plus grands, il devint un professeur très influent dans le domaine nouveau de l'étude de la personnalité humaine[18].

Au cours des années suivantes, Allport observa de loin le Vieux Monde s'abîmer dans la barbarie. Après la guerre, il écrivit : « Les hommes civilisés maîtrisent à présent l'énergie, la matière et la nature inanimée, et ils sauront bientôt comment limiter la souffrance physique et empêcher toute mort prématurée. » Cependant, malgré les progrès technologiques ahurissants du début du XXe siècle, « il semblerait que nous vivions à l'âge de la pierre en ce qui concerne les relations humaines. [...] Tous les recoins du globe traînent leurs propres fardeaux d'animosité[19] ».

Si les humains parvenaient à réduire d'une manière ou d'une autre l'étendue de leurs préjugés, pensait Allport, ils pourraient enfin progresser un peu sur la voie de la morale. Aussi décida-t-il d'identifier les institutions sociales et politiques qui contribueraient à dompter ce dangereux instinct de notre psychologie.

Ce sont ses propres idées fausses sur les gens qui lui donnèrent un jour une idée clé. Durant son temps libre, Allport participait parfois en bénévole à une organisation d'aide aux réfugiés. Au début, il se méfiait un peu de certains des groupes qu'il rencontrait par ce biais. Mais plus il passait de temps en leur présence, plus ses préjugés se dissipaient. Peut-être que mon expérience n'est pas unique, pensa-t-il, et que la multiplication des contacts entre deux groupes historiquement mal disposés pourrait aider à lever leurs réserves ?

L'ambitieux programme de recherche qu'il poursuivit des décennies durant sur ce thème confirma son intuition. Analysant une grande variété de situations dans lesquelles des groupes aux rancunes tenaces avaient été forcés d'interagir, les psychologues découvrirent les preuves de l'action salutaire des « contacts intergroupes » dans toutes les sphères de la vie sociale et professionnelle[20].

Les soldats américains qui avaient entretenu des contacts fréquents avec des civils allemands étaient bien mieux disposés à leur égard que les autres[21]. Les soldats blancs dans des bataillons mixtes de l'armée américaine bien plus favorables que leurs camarades des bataillons ségrégués à une plus grande intégration des Noirs dans les unités de combat[22]. Parmi les civils, les Blancs qui vivaient dans des quartiers mixtes étaient bien plus prompts à déclarer que les Afro-Américains étaient « à peu près comme eux » que ceux vivant dans des quartiers purement blancs[23].

L'intuition d'Allport éclairait la possibilité d'un avenir plus heureux. Tant qu'on donnerait aux différents groupes la possibilité d'interagir, les préjugés qu'ils entretiennent les uns envers les autres devraient régresser petit à petit.

Cette idée seule est peut-être, dans le champ de la psychologie sociale, celle que les chercheurs ont passé le plus de temps à confirmer ou à infirmer depuis soixante-quinze ans. Leurs conclusions générales valident ce qu'on appelle aujourd'hui l'« hypothèse du contact intergroupe ».

Au prix d'un travail méticuleux, les chercheurs ont répertorié des centaines d'exemples, partout dans le monde, de cas où la fréquentation d'étrangers a véritablement rendu les gens plus tolérants envers des groupes dont ils se méfiaient auparavant, voire qu'ils méprisaient[24]. Mais ils ont aussi confirmé le doute qui rongeait Allport depuis le début : le contact intergroupe ne fonctionne plus quand les conditions de départ de l'interaction prédisposent les groupes à se détester ou à se mépriser.

Des indices pointant cette fausse note étaient présents depuis le début. Dans une étude, 64 % des Blancs qui avaient travaillé avec des Afro-Américains chargés de tâches complexes ou de métiers spécialisés en avaient une impression favorable, tandis que seuls 5 % des Blancs les ayant côtoyés dans des rôles subalternes et des métiers non qualifiés les appréciaient[25].

À partir d'autres études qui tiraient des conclusions similaires, Allport formula quatre conditions[26] à remplir pour qu'un contact intergroupe ait l'effet désiré :

- *Statut égal*. Même si les deux groupes ne jouissent pas d'une égalité parfaite dans la société au sens large, il faut qu'ils aient à peu près le même statut dans le contexte de leur interaction. Une relation de collègue à collègue fonctionne, pas une relation de chef à subordonné.
- *Buts communs*. Les membres des deux groupes doivent travailler ensemble à la poursuite d'un même objectif. Tenter de remporter le championnat en tant que coéquipiers fonctionne, mais pas en tant qu'adversaires.
- *Coopération*. Les membres des deux groupes doivent être incités à coopérer. Dans l'idéal, ils doivent travailler à la résolution du même problème, chaque membre apportant une contribution évidente à l'effort commun[27].
- *Soutien des autorités et des coutumes*. Les figures d'autorité doivent encourager la compréhension intergroupe. Si cette compréhension mutuelle va à l'encontre des lois ou si elle risque de fâcher votre patron, elle aura bien moins de chances de fonctionner.

Les travaux ultérieurs tendent à lui donner raison[28]. Comme l'a conclu Allport dans son essai retentissant de 1954, les préjugés « peuvent être combattus grâce à un contact à statut égal pour la poursuite d'un objectif commun entre des groupes majoritaires et minoritaires ». Mais les bénéfices s'accroîtront encore si ce contact « aboutit à l'identification d'intérêts communs et d'une humanité partagée entre les membres des deux groupes[29] ».

Les psychologues étudient des individus. Les politologues, eux, s'intéressent à des entités plus grandes, telles que les États. Cependant, sans avoir prêté une très grande attention aux découvertes d'Allport, ils sont tombés sur des hypothèses remarquablement compatibles avec les siennes au cours des dernières décennies.

Selon les érudits de la science politique comme Robert Putnam, un réseau dense d'associations dans une ville ou une région est un bon prédicteur de meilleures institutions démocratiques et d'une croissance économique accélérée durant les années qui suivront. Plus il y a d'associations bénévoles, de chorales d'amateurs et de ligues de bowling quelque part, plus riche l'avenir y sera[30].

Toutefois, de même que le contact intergroupe ne présentera d'aspects positifs que sous certaines conditions, en y regardant de plus près, la nature exacte du « capital social » sera déterminante pour sa capacité à désamorcer les conflits. Quand une région dispose surtout d'un capital social « pair à pair » (*bonding*), qui lie entre eux les membres d'un groupe particulier, il ne fait pas grand-chose pour diminuer l'hostilité entre groupes. Mais quand elle dispose aussi d'un capital social « transversal » (*bridging*), qui lie entre eux les membres de groupes différents, la société a bien de plus de chances de voir fleurir la collaboration sur les sujets centraux des politiques publiques tels que les aides sociales[31].

Pour contribuer à l'avènement d'une coopération paisible dans les démocraties multiethniques, les chorales de quartier et les ligues de bowling doivent intégrer plusieurs strates de la société.

Tout cela constitue les intuitions centrales issues des sciences sociales sur lesquelles Ashutosh Varshney s'est appuyé pour comprendre le contraste saisissant entre la paix à Kozhikode et les violences communautaires d'Aligarh[32].

La manière dont hindous et musulmans se côtoient volontairement dans les deux villes est profondément différente. « Selon les résultats de mon étude, écrit Varshney, presque 83 % des hindous et des musulmans de Kozhikode mangent souvent ensemble, contre 54 % à Aligarh. Environ 90 % des familles hindoues et musulmanes de Kozhikode déclarent que leurs enfants jouent ensemble, contre seulement 42 % à Aligarh[33]. »

Les habitants d'Aligarh comme ceux de Kozhikode ont de nombreux contacts intergroupes[34]. Mais il n'y a qu'à Kozhikode que ces rencontres se produisent d'égal à égal.

La vie associative est aussi très différente d'une ville à l'autre. Il y a beaucoup d'associations à Aligarh, religieuses ou de bienfaisance. Mais la plupart s'intéressent avant tout à une communauté, hindoue ou musulmane[35]. Le capital social de la ville est avant tout « pair à pair ».

À Kozhikode, au contraire, les associations créent entre hindous et musulmans beaucoup d'occasions de poursuivre des intérêts communs ou de coopérer dans un but partagé. Il y a des associations commerciales intégrées, des syndicats, des ligues sportives et des sociétés artistiques, des associations de tireurs de pousse-pousse et des clubs de lecture[36]. « À la manière de l'Amérique de Tocqueville, a découvert Varshney, Kozhikode est un lieu "transversal[37]". »

Dans les crises comme celle de la mosquée de Babri, ces liens entre groupes font toute la différence entre la vie et la mort. À Aligarh, où les relations s'arrêtent pour la plupart à la frontière des communautés, le capital social a servi à mieux propager les rumeurs et à attiser la colère. À Kozhikode, où des liens sociaux unissent depuis longtemps les différentes communautés, le capital social a contribué à dissiper les rumeurs infondées et à préserver l'empathie[38].

Les « contacts intergroupes » et le « capital social transversal » ne sont pas que des concepts abstraits concoctés par les psychologues et les politologues ; ce sont des outils concrets qui servent, même dans les périodes de tension extrême, à maintenir la paix dans les démocraties multiethniques.

Ce qu'il nous reste à parcourir

Quand j'étais plus jeune, je jugeais artificielle la tendance humaine à former des groupes et à discriminer les étrangers. S'il n'y avait pas de préjugés, de contentieux historiques, de politiciens haineux et de démagogues cyniques, tout le monde s'entendrait.

Je ne crois plus qu'il s'agisse là d'une vision réaliste du monde. La tendance à favoriser nos semblables nous vient naturellement.

En certaines régions, à certaines époques, cette tendance nous a poussés à des violences terribles. Des minorités ont été brutalement persécutées sur de très longues périodes. Dans certaines parties du monde, les conflits entre groupes demeurent endémiques et, faute de disposer des services publics essentiels administrés par un État puissant, les gens vivent dans une pauvreté sans issue. Enfin, les sociétés multiethniques risquent dans un avenir proche de subir une fragmentation telle que leur population ne partagera plus qu'une citoyenneté de façade et aucun objectif commun. Il n'y aura plus de destinée partagée.

Dans les annales de l'histoire, les relations entre groupes ont rarement été empreintes de justice et d'harmonie. Pour autant, rien ne servirait de désespérer.

Les humains ont une tendance naturelle à former des groupes, certes, mais la nature et les dispositions de ces groupes divergent beaucoup selon les circonstances. Les distinctions de race et de religion sont bien réelles. Mais, malgré leurs différences, un chrétien blanc de Boston, un hindou d'origine indienne de Chicago et un musulman noir de Los Angeles pourront très bien encourager la même équipe aux Jeux olympiques.

De même, les différences les plus flagrantes entre les groupes feront toujours planer le spectre de la méfiance mutuelle ou du conflit. Mais on connaît bien des groupes qui, ennemis mortels par le passé, en un temps et un lieu bien précis, se sont très bien entendus ailleurs, en d'autres temps et d'autres lieux. Ils ont même pu en venir à se considérer comme membres à parts égales d'un groupe encore plus grand. Allemands et Français, pas plus que Chewas et Tumbukas ou chiites et sunnites, ne sont destinés à se haïr à tout jamais.

Dans les bonnes conditions, des gens issus de différentes cultures, de différentes religions, de différentes ethnies sont capables d'entreprendre d'incroyables efforts de collaboration. La question est donc de savoir comment créer ces conditions et quel genre de sociétés viser. C'est ce à quoi je m'attèlerai dans la suite de l'ouvrage.

Dans la première partie, j'ai essayé de décrire le monde tel qu'il est aujourd'hui, en me concentrant sur les échecs et les injustices si souvent constatées dans les sociétés multiethniques, partout dans le monde ; c'était un développement « empirique ». Dans la deuxième partie, je m'attacherai à déterminer comment l'améliorer ; dans les prochains chapitres, l'argument sera surtout « normatif » : quel genre de démocraties devrait-on s'attacher à produire ?

La réponse dépend en partie des contraintes réelles propres à chaque société. Comme ces contraintes sont très différentes dans les démocraties riches et stables d'une part, et les sociétés pauvres et instables d'autre part, la focale géographique des prochains chapitres sera plus resserrée. Les analyses empiriques contenues dans les premiers chapitres voyageaient de l'Afghanistan à la Zambie. Dans ceux qui suivent, elles se concentreront sur les citoyens des démocraties développées, de la France au Japon en passant par les États-Unis.

La nature humaine constitue une autre contrainte forte[39]. Comme je ne crois pas tout le monde capable ou désireux de s'affranchir totalement de ses affiliations tribales, ce qui m'intéresse surtout est de savoir éviter que les instincts de favoritisme envers l'endogroupe nous entraînent jusqu'à la violence. Plutôt que d'imaginer un monde sans groupes ni nations, je me demanderai comment nous pourrions structurer les relations entre groupes pour aboutir à moins de conflits et plus de coopération.

Comme nous l'ont enseigné les chapitres précédents, cela signifie qu'il nous faudra prêter grande attention à la manière dont les gens construisent leur identité, et aux circonstances dans lesquelles ils sont le plus enclins à reconnaître leurs points communs. Pour prospérer, les démocraties multiethniques doivent produire beaucoup de capital social transversal et encourager la bonne sorte de contacts intergroupes.

PARTIE II

DE L'AVENIR SOUHAITABLE DES DÉMOCRATIES MULTIETHNIQUES

Il est loin d'être certain que les démocraties multiethniques apparues aux quatre coins du globe ces dernières décennies seront à même de perdurer sans violence ni injustice terribles.

Étant donné l'absence de certitude quant à la réussite de la grande expérience, et les conséquences terrifiantes que son échec entraînerait, certains de ses défenseurs ont décidé de placer très bas la barre de nos objectifs communs. Quand ils imaginent à quoi ressembleront les démocraties multiethniques dans cinquante ou cent ans, ils songent à des sociétés où le pouvoir se serait rééquilibré en direction des groupes opprimés mais où perdureraient certains des problèmes les plus graves parmi ceux que nous affrontons aujourd'hui. Les membres de ces sociétés n'auront pas grand-chose en commun, et les principales lignes de front épouseront toujours les contours des communautés.

Dans cette vision pessimiste, les droits et les devoirs des habitants des démocraties multiethniques dépendront beaucoup de leur communauté de naissance. La plupart seront très attachés à leur groupe ethnique ou religieux et n'entretiendront qu'une relation distante avec le projet national commun. La société dans son ensemble consistera en une grande diversité de groupes, dont les membres n'auront que des contacts sporadiques hors de ceux-ci. Les règles informelles qui encadreront la vie de tous les jours seront fondées sur le socle de la race et de la religion comme attributs essentiels et perpétuels du citoyen.

Ainsi, quand on écoute le discours de certains défenseurs autoproclamés de la grande expérience, on peut se demander qui pourrait bien espérer qu'elle réussisse.

À la lumière des injustices qui définissent notre présent et des difficultés que nous rencontrons à bâtir des démocraties multiethniques, je comprends que certains placent la barre aussi bas. Je suis néanmoins convaincu que renoncer à construire un avenir meilleur serait une faute morale grave et une erreur stratégique.

Se contenter de si peu serait une faute morale car les démocraties multiethniques ne devraient pas se contenter de survivre, elles devraient s'épanouir. Le monde a beaucoup changé ces cinquante dernières années. Estimer qu'il ne pourrait pas se transformer de nouveau dans les cinquante années qui suivent, ce serait cruellement manquer d'imagination. La réussite des démocraties multiethniques est sans doute difficile, mais nous risquons trop gros pour nous contenter d'un deuxième ou d'un troisième choix.

Ce serait aussi une erreur stratégique. On peut passer pour sage en déclarant que le racisme et les préjugés sont inhérents à nos sociétés et que les identités attribuées détermineront pour toujours les discours politiques, et qu'ainsi le mieux que nous puissions espérer serait que les opprimés d'hier gagnent quelques batailles dans une guerre à somme nulle pour la domination. Cependant, la longue histoire des sociétés multiethniques nous enseigne que les pays profondément fragmentés sont aussi profondément dysfonctionnels la plupart du temps. Ils s'embrasent bien trop souvent dans des conflits violents.

C'est pourquoi, selon moi, se contenter de si peu ne serait pas tant sage que dangereusement naïf. Il y a de bonnes raisons morales de viser un futur dans lequel les citoyens des démocraties diverses issus de différentes communautés ethniques ou religieuses disposent malgré tout d'une identité en commun. Et pour ceux qui savent combien ces démocraties peuvent s'effondrer facilement, les raisons pratiques de viser plus haut sont plus impérieuses encore. Tant que les démocraties multiethniques consisteront en un assemblage de tribus mutuellement hostiles, le risque demeurera qu'elles s'abîment dans l'injustice et la violence.

À quoi ressemble une démocratie qui ne se contente pas de survivre mais s'épanouit ?

Les sociétés multiethniques se sont embarquées très récemment dans un périple sans précédent, et sans carte pour leur montrer la voie à suivre. Bien peu de voyageurs sont parvenus à destination avant elles, aucun GPS ne leur indique où tourner à chaque bifurcation.

Ainsi, le rôle primordial de ceux qui escomptent leur succès est de réfléchir aux règles et aux idéaux qui les aideront à s'orienter. À cette fin, il est essentiel de répondre à quatre questions fondamentales et très controversées :

- Quel rôle l'État doit-il jouer dans les démocraties multiethniques ?
- Les démocraties multiethniques doivent-elles se débarrasser du patriotisme ou lui ouvrir les bras ?
- Jusqu'à quel degré les immigrés et autres membres des communautés minoritaires doivent-ils « s'intégrer » dans la société au sens large ?
- Quel ensemble de règles informelles pour structurer la vie quotidienne ?

Voilà les questions auxquelles je m'efforcerai de répondre dans les prochains chapitres. Les démocraties multiethniques devraient garantir à leurs citoyens la sécurité face au danger de l'État oppresseur, la possibilité de rester fidèles à leur identité propre *et* la possibilité d'échapper à leur communauté si tel est leur choix, proposerai-je au chapitre 4. Dans le chapitre 5, j'avancerai que les démocraties multiethniques devraient encourager un patriotisme inclusif capable de générer une solidarité significative entre les membres de différents groupes par l'attrait de leurs idéaux civiques et l'amour de leur culture populaire. Elles devraient envisager le futur qu'elles bâtissent selon la métaphore du parc public, qui autorise tous les visiteurs à s'y occuper à leur guise et dont la beauté découle des amitiés nouvelles qui s'y forment. Elles devraient enfin, comme je le conclurai au chapitre 7, adopter les règles informelles qui encourageraient les citoyens d'origines diverses à l'empathie et à la solidarité mutuelles véritables.

Construire des démocraties multiethniques est difficile. Le plus probable est que, dans cinquante ou même cent ans, elles souffriront encore des maux qui les tourmentent aujourd'hui. Mais pour que la grande expérience ait la moindre chance (et pour que les sceptiques à son égard considèrent préférable de contribuer à sa réussite), nous devons proposer une vision d'avenir réaliste et désirable, dans laquelle des compatriotes issus de communautés ethniques et religieuses très différentes poursuivront une vie commune épanouie sans renoncer à ce qui les rend uniques.

Chapitre 4

Quel rôle pour l'État ?

Les États modernes disposent sur leurs citoyens d'un pouvoir énorme.

Ils disent à des millions de gens ce qu'ils ont le droit de faire et de ne pas faire. Ils prélèvent un pourcentage élevé de leurs revenus sous forme d'impôts. Ils régulent leur vie jusque dans des détails infimes, tels que les substances qu'ils ont le droit d'ingérer ou la couleur des murs de leur maison. Bien que les mécanismes de coercition soient souvent invisibles, leur puissance constitue la garantie ultime de leur application. Refusez catégoriquement de payer vos impôts et un employé de l'État viendra frapper à votre porte pour vous mettre en prison.

L'une des questions fondamentales à laquelle doit répondre tout État moderne qui voudrait être considéré comme légitime aux yeux de ses citoyens est de savoir ce qui peut justifier une telle coercition. Pourquoi quelques politiciens seraient-ils légitimes à déterminer le pourcentage de revenus que nous devrons reverser sous forme d'impôts, un maire légitime à nous imposer une amende pour avoir peint notre mur de la mauvaise couleur, un policier légitime à nous demander quelles drogues nous ingérons ?

Ces questions sont encore plus compliquées dans une démocratie multiethnique.

Les nations homogènes disposent de tout un répertoire de traditions anciennes pour asseoir leurs lois. Leurs citoyens auront de grandes chances de s'accorder au moins sur les grandes questions de religion ou de morale, telles que l'aspect des lieux de culte et la possibilité pour les commerces d'ouvrir le dimanche. Cela dit, même dans ce genre de sociétés, on trouva des objecteurs qui rejetteront les préférences de leurs compatriotes. Il y a cependant peu de chances qu'ils soient issus d'une communauté ethnique ou religieuse homogène souffrant de discriminations systémiques.

Le dilemme qui se pose aux démocraties multiethniques est plus difficile à trancher. Dans ces sociétés, les désaccords sur les questions de morale et de religion ont de bonnes chances d'être plus profonds. Elles auront beau avoir de longues traditions, celles-ci auront été créées par la majorité et pourraient ne pas correctement tenir compte des besoins et des préférences des minorités ethniques et religieuses. Pour ne rien arranger, ceux qui contestent les choix de la majorité dans les démocraties multiethniques ne seront plus des dissidents isolés qui entretiendraient une vision hétéroclite du monde mais les membres des communautés qui pourraient ressentir un manque de respect à l'égard de leurs croyances les plus chères, de leur identité même.

Tous ces facteurs compliquent la tâche des démocraties multiethniques, qui doivent pourtant, comme les autres, justifier la puissance de l'État. Ils aggravent aussi les conséquences d'un échec. Si certains groupes parviennent à la conclusion que le gouvernement est illégitime, les probabilités d'un conflit violent, d'une tentative de sécession ou même d'une guerre civile sont bien plus élevées.

Comment les démocraties multiethniques doivent-elles conceptualiser la relation entre l'État et le citoyen afin de préserver un minimum de légitimité ?

Dans la plupart des démocraties développées, la réponse à cette question a longtemps été puisée dans les préceptes du « libéralisme philosophique ».

Il y a de nombreuses façons d'exprimer le cœur de cette tradition. Disons que son idée phare est que tout État qui se voudra légitime devra protéger certaines libertés fondamentales de ses citoyens. Le gouvernement a le droit d'imposer des lois et de prélever des impôts, mais il n'a aucune autorité morale pour prescrire des façons de penser, de croire ou de mener sa vie. (Le libéralisme, sous cette forme philosophique, n'implique aucune position particulière sur l'axe gauche-droite. Dans le sens où je l'emploie ici, Willy Brandt et Helmut Kohl, Margaret Thatcher et Tony Blair, Ronald Reagan et Barack Obama sont tous libéraux.)

Les implications de ce principe sur toute une gamme de domaines sensibles sont loin d'être évidentes. Les philosophes libéraux ne sont pas d'accord entre eux sur des questions très importantes, qui vont de l'autorisation de l'instruction à domicile aux conditions dans lesquelles une ville pourra afficher des signes religieux ostensibles, en passant par les accommodements à l'égard du cadre général accordés aux citoyens en vertu de leurs convictions religieuses.

Malgré cela, la proposition centrale du libéralisme philosophique est très claire. Les libéraux estiment que l'autorité de l'État est limitée en vertu de l'obligation de respecter l'autonomie morale de ses citoyens. Cela signifie également que, même dans un pays aux multiples communautés religieuses, ethniques ou culturelles, c'est l'individu, et non sa communauté d'appartenance, qui constitue la particule élémentaire de la société.

Ce principe pourrait-il suffire à structurer des démocraties de plus en plus diverses ? Un nombre croissant de penseurs estiment que non.

Les critiques du libéralisme philosophique aiment à rappeler que se focaliser ainsi sur les droits et les devoirs des citoyens l'empêche de relever les défis des démocraties multiethniques.

Le libéralisme, selon eux, part d'une base erronée en supposant qu'on choisit librement, sans contrainte, sa morale et ses croyances religieuses, comme on choisirait un restaurant ou un pantalon. C'est ce qui le rend incapable, du moins si l'on croit les plus sophistiqués de ses contradicteurs, de mesurer l'importance fondamentale des communautés ethniques et religieuses dans la vie quotidienne des gens. Car, en réalité, tout le monde naît dans un réseau de relations qui créent d'emblée de nombreux liens d'affection très profonds.

« Les individus héritent d'une place particulière dans un ensemble emboîté de relations sociales, nous dit le philosophe Alasdair MacIntyre dans *After Virtue*. Se connaître en tant qu'être social [...] revient à se trouver placé en un certain point d'un chemin vers des buts donnés ; se déplacer dans la vie revient à progresser, ou à échouer à progresser, vers une fin donnée[1]. »

Les critiques du libéralisme ne s'accordent pas pour autant sur ce qui devrait le remplacer. Certains espèrent qu'une majorité ethnique ou religieuse homogène finira par imposer sa volonté au reste de la société. Pour eux, la bonne réponse à l'individualisme des sociétés libérales est l'affirmation collective d'une culture nationale. C'est par exemple ce que Viktor Orbán a en tête quand il défend explicitement le principe d'une « démocratie illibérale » et promet que, lui Premier ministre, il veillera à préserver les valeurs traditionnelles du pays[2].

Cependant, la tradition anti-libérale la plus influente dans les cercles intellectuels et politiques de la plupart des démocraties ne se retrouve pas dans le majoritarianisme d'Orbán, qui revient à imposer les choix du groupe majoritaire aux autres, mais dans une forme de relativisme moral, qui donne à chaque groupe le pouvoir de régenter ses membres autant que faire se peut. Inspirés par ces critiques du libéralisme, un large éventail de militants et d'universitaires ont essayé au cours des décennies de construire une vision « communautariste » des démocraties multiethniques. Plutôt que de considérer l'individu comme la particule élémentaire des États modernes, ils suggèrent de lui substituer le groupe ethnique ou religieux.

Selon le philosophe communautariste Chandran Kukathas, par exemple, les lois décidées par l'État ne sont pas plus légitimes que les normes qui encadrent les communautés ethniques et religieuses qui le constituent. Plutôt que de voir l'individu comme un détenteur de droits qui le protègent de l'État oppresseur, nous devrions selon lui prendre certaines de ses « associations » comme le véritable sujet de droit des sociétés diverses, l'État lui-même n'étant, dans cette optique, qu'une « association d'associations[3] ». En tant que tel, son droit d'ingérence dans les affaires internes des communautés devrait être extrêmement limité, voire inexistant.

Les conceptions communautaristes qui placent le groupe plutôt que l'individu au centre de la démocratie multiethnique pourraient-elles servir de fondation à une alternative au libéralisme ?

Afin de répondre, il nous faut définir ce que seraient les droits inaliénables des citoyens des démocraties multiethniques. Il y a selon moi deux libertés fondamentales impératives au moins à garantir pour que les citoyens jouissent d'une autonomie minimale.

- *La liberté face à la persécution*. Dans une démocratie multiethnique épanouie, les individus doivent être libres de toute persécution, qu'elle émane de l'État ou d'une majorité de leurs compatriotes. Cela signifie qu'ils doivent bénéficier de protections contre le pouvoir arbitraire de l'État, telles que la liberté d'expression et la liberté de réunion, mais aussi être certains que l'État les protègera activement de la vindicte éventuelle d'une majorité intolérante, qui désapprouverait leurs origines, leurs traditions culturelles ou leurs pratiques religieuses.

- *La liberté face à la coercition*. Dans une démocratie multiethnique épanouie, les individus doivent être préservés de toute forme de coercition que pourraient chercher à exercer sur eux leurs parents, les aînés du clan ou les prêtres de leur culte. Cela signifie qu'ils doivent avoir le droit de violer les normes de leur communauté, voire de la quitter s'ils le souhaitent.

Dans un deuxième temps, nous pourrons comparer le libéralisme et le communautarisme pour déterminer lequel serait le plus à même de garantir à ses citoyens ces deux protections indispensables pour rester fidèles à leur identité et mener une vie autonome. La réponse à laquelle je suis parvenue est sans équivoque. Les démocraties multiethniques seront bien plus susceptibles de respecter les convictions de tous leurs citoyens, qu'ils accordent ou non une importance capitale à leurs liens ethniques et religieux, en optant pour une conception libérale d'elle-même.

Les libertés fondamentales (et les menaces qui pèsent sur elles)

Le 20 août 2020, à 8 h 06, le vol S7 Airlines numéro 2614 a décollé de l'aéroport Tomsk-Bogashevo, en Sibérie, en direction de Moscou[4]. Les premières minutes du vol se sont passées sans incident. Puis, un passager s'est mis à gémir, à l'agonie. Sa plainte, aiguë et prolongée, s'est répandue dans toute la cabine. Dans un état de grande confusion, il s'est déplacé vers les toilettes et s'est effondré[5].

L'avion a effectué un atterrissage d'urgence. Des ambulanciers ont transporté le passager malade sur une civière[6]. Quand il est arrivé aux urgences de l'hôpital d'Omsk, Alexeï Navalny, le leader d'opposition le plus connu de Russie, avait sombré dans le coma[7].

Au cours des jours suivants, Navalny est devenu le hochet de différentes forces politiques. Alexander Murakhovsky, médecin-chef de l'hôpital, a catégoriquement réfuté l'hypothèse du poison dans une conférence de presse convoquée à la hâte[8]. Quand Ioulia, la femme de Navalny, est arrivée à l'hôpital, les autorités ont commencé par lui interdire l'accès à la chambre car elle n'avait pas sur elle son certificat de mariage[9].

Inquiète que les docteurs ne fassent pas tout leur possible pour sauver son mari, Ioulia a insisté pour qu'on le transfère à l'étranger. Au début, les autorités ont refusé de laisser partir Navalny. Grâce à une pression internationale immense, elles ont finalement cédé, et un vol charter l'a amené jusqu'à Berlin où il a été admis à l'hôpital de la Charité[10].

Les médecins allemands ont rapidement confirmé l'empoisonnement « au moyen d'une substance appartenant au groupe des inhibiteurs de la cholinestérase[11] ». Après un traitement médicamenteux pour contrer les effets des agents innervants, Navalny s'est totalement remis. Moins d'un mois après son coma, il a annoncé que sa femme et lui retourneraient en Russie malgré le risque évident[12].

Quand Navalny a été enfin prêt à repartir, en janvier 2021, la moitié de l'avion était occupée par des journalistes prêts à raconter son histoire de courage confinant à la témérité[13]. Citant un film culte des années 2000, Ioulia s'est tournée vers un steward et lui a demandé : « Garçon, apportez-nous de la vodka. Nous rentrons à la maison[14]. »

Comme on aurait pu s'y attendre, la joie du retour a été de courte durée. L'avion a été détourné pour empêcher une foule de militants de venir applaudir leur héros à l'aéroport. À peine posait-il le pied sur le sol russe qu'il était arrêté[15].

Quelques semaines plus tard, un tribunal de Moscou a condamné Navalny à plus de deux ans de prison[16]. En quittant la Russie pour être soigné en Allemagne, expliquait le juge dans un verdict dont la perversité se classe très haut dans les annales dictatoriales, Navalny avait enfreint les clauses de sa mise à l'épreuve, héritée d'un précédent jugement tout aussi douteux[17].

« Il s'agit d'intimider le maximum de gens, a déclaré Navalny dans la réponse pleine de défiance qu'il a faite au tribunal. Ils emprisonnent un homme pour en effrayer des millions[18]. » Ce qu'il a vécu, insistait-il, c'était l'essence même de la dictature. Au Kremlin, le pouvoir nu aime bien se déguiser de temps en temps avec des robes de juge, mais sa volonté d'enfermer ou de tuer ses opposants est l'exemple de « ce qui arrive quand l'absence de lois et la tyrannie occupent le cœur d'un système politique[19] ».

La liberté face à la persécution

L'histoire d'Alexeï Navalny n'a rien d'une aberration. Dans les heures les plus sombres de notre histoire, l'ange de la mort revêt souvent un costume officiel. En Allemagne dans les années 1930, en Union soviétique dans les années 1950, en Chine dans les années 1960 et au Brésil dans les années 1970, l'histoire du XXe siècle a été celle de l'État oppresseur.

Aujourd'hui encore, des régimes dictatoriaux comme celui de la Corée du Nord contrôlent la vie de leurs citoyens jusque dans les moindres détails[20]. Une parole dissidente, même prudente, murmurée à l'oreille de votre femme ou votre mari dans la sécurité de votre domicile pourra vous envoyer en prison ou vous faire exécuter. Ne pas mettre suffisamment d'entrain dans l'expression de votre loyauté provoquera les pires châtiments[21]. Des malheureux ont été envoyés dans des camps de travail dont l'horreur dépasse l'entendement pour n'avoir pas crié assez fort leur amour du régime ou n'avoir pas pleuré de larmes assez chaudes à l'annonce de la mort du « chef vénéré[22] ».

Heureusement, les régimes totalitaires se font rares. Au XXIe siècle, les dictateurs ont compris pour la plupart qu'il leur était inutile de politiser l'intégralité de la vie de leurs sujets. À la différence des habitants de Corée du Nord, les citoyens des dictatures « standard », en Russie, au Nicaragua, en Turquie ou au Zimbabwe, peuvent rester hors du champ politique[23]. S'ils mènent leur vie sans se plaindre du régime, sans enquêter sur la corruption ni aider l'opposition, ils pourront faire à peu près ce qu'ils voudront.

Mais dès qu'ils oseront parler de travers, exprimer une opinion hétérodoxe ou déranger les affaires des introduits en politique, l'État emploiera la force, sans modération. Si, pour des motifs rationnels ou irrationnels, l'État décide qu'untel est une menace, celui-ci fera bien vite connaissance avec son impressionnant arsenal oppressif. Il sera peut-être bientôt incapable de demander un prêt ou d'obtenir un visa. Peut-être qu'il perdra son emploi ou son appartement. Peut-être qu'il sera interrogé, emprisonné, exécuté ou assassiné dans la rue.

Même des pays dont les citoyens pouvaient jusque très récemment se féliciter de leur liberté glissent aujourd'hui vers l'absolutisme[24]. Comme l'a affirmé Larry Diamond, nous sommes en ce moment même plongés dans une dangereuse « récession démocratique[25] ». Au cours de chacune des quinze années qui viennent de s'écouler, on compte plus de pays à s'être éloignés des institutions politiques libres qu'à s'en être rapprochés[26]. Selon FreedomHouse, la proportion de la population mondiale vivant dans des pays libres est tombée, en 2020, au plus bas depuis vingt-cinq ans. Moins d'une personne sur cinq vit aujourd'hui dans un pays où il lui est possible de s'opposer au gouvernement sans craindre de sérieuses répercussions[27].

Toute démocratie digne de ce nom doit contrôler de près le pouvoir arbitraire de l'État. Ses citoyens doivent savoir que critiquer les puissants ou rejoindre l'opposition ne les transformera pas en cibles potentielles. Et dans les démocraties multiethniques, la protection des individus doit aller plus loin encore : afin de mener une vie digne et autonome, les citoyens doivent aussi savoir que ni l'État ni leurs compatriotes ne les persécuteront en raison de leur identité.

Du shérif chargé d'assurer la sécurité d'une vente d'esclaves aux soldats qui réalisent le « nettoyage ethnique » d'un village, des agents de la Gestapo pourchassant les Juifs aux Hutus en uniforme massacrant des Tutsis sans défense, le meurtre et la persécution des minorités ont souvent été orchestrés avec la bénédiction de l'État.

Même dans des démocraties supposées solides[28], il pèse sur les membres des minorités ethniques et religieuses un plus grand risque que sur leurs compatriotes de la majorité. Dans le monde occidental, les populistes d'extrême droite qui promettent de défendre leur pays contre le danger imminent que les étrangers sont censés représenter ont énormément gagné en influence. Dans bien des cas, ils ont incité à la haine contre les membres des groupes minoritaires ou même ordonné aux agents de l'État d'enfreindre leurs droits fondamentaux.

Par ailleurs, la menace de la persécution n'émane pas toujours directement de l'État. En Europe de l'Est, par exemple, de vastes pans de la population sont très hostiles aux gays et aux lesbiennes. Comme les autorités ne les protègent pas suffisamment, les citoyens notoirement homosexuels ou ceux qui osent participer aux *prides* craignent qu'on s'en prenne à eux. Un État peut faciliter la persécution des minorités, il lui suffit pour cela de regarder ailleurs quand s'exercera sur elles la tyrannie de la majorité[29].

Il est ainsi insuffisant, pour l'État, de se contenter de ne pas persécuter ses citoyens sur la base de leurs opinions politiques, de leurs convictions religieuses ou de leur orientation sexuelle. Il doit aussi prendre des mesures concrètes pour protéger les communautés minoritaires de toute oppression venue d'ailleurs que de lui-même. Dans une société libre, les membres de tous les groupes doivent pouvoir rester fidèles à leur identité sans craindre les persécutions, qu'elles viennent de l'État ou de leurs concitoyens.

Les citoyens des démocraties multiethniques ont néanmoins besoin de jouir d'une autre forme de liberté. Car, s'ils veulent être autonomes et conserver le contrôle leur propre vie, ils doivent dans le même temps être protégés de la coercition terrible que pourraient exercer sur eux les membres de leur communauté.

La liberté face à la coercition

À la fin de l'année 2017, à moins que ce ne soit au début de 2018, Saif Ali Khan, jeune homme de 22 ans qui vendait des fruits sur le marché de Bikaner, dans le nord-ouest pittoresque de l'Inde, a rencontré une jeune femme vivant dans le quartier voisin. Ils sont tombés amoureux, se voyaient dès qu'ils pouvaient et ont finalement décidé de se marier. C'est alors que la famille de la promise a découvert l'existence de Khan.

Horrifiés que leur fille hindoue puisse fricoter avec un musulman, les parents ont organisé à la hâte un mariage avec un époux plus « approprié » et envoyé leur fille à

Rampura Basti, où vivait une partie de la famille, à quelques kilomètres de là. Mais Khan n'était pas disposé à baisser les bras si facilement et à renoncer à la femme qu'il aimait. Dès qu'il a su où elle logeait, il est parti à sa recherche. Si son plan marchait, le couple pourrait convoler en justes noces avant qu'elle ne soit mariée contre sa volonté.

Son plan n'a pas marché. Dès que Khan s'est présenté à la maison, six hommes se sont jetés sur lui. Après l'avoir tabassé jusqu'à l'inconscience, les parents de son amoureuse, dont son père, ses frères et son cousin, l'ont amené jusque dans la zone industrielle de Karni, à la frontière de Birkaner, et jeté dans un bassin d'eaux usées. « Ils l'ont frappé sans merci et lui ont cassé les jambes, a raconté plus tard Asmal, le frère de Khan, à un journaliste local. Ils lui sont passés dessus en voiture et l'ont laissé dans un tuyau d'évacuation. »

Quand des ouvriers ont remarqué le corps de Khan quelques heures plus tard, il était encore vivant. Le lendemain, il avait succombé à ses blessures[30].

L'histoire sanglante du XXe siècle a focalisé les esprits des philosophes et des sociologues sur le pouvoir oppressif de l'État moderne. Cela risquerait de dissimuler un danger pour la liberté individuelle tout aussi grave, quoique plus ancien : la « cage de normes ».

Comme l'ont écrit Daron Acemoğlu et James Robinson dans *The Narrow Corridor*[31], l'absence d'un État n'aboutit pas forcément à une vie d'anarchie « pénible, quasi animale, et brève[32] ». Pour maintenir un semblant d'ordre social « dans les sociétés sans autorité centrale », des lois non écrites exercent souvent un « type de domination différent mais pas moins contraignant ». Elles édictent la bonne manière de prier et de s'habiller, ce qu'il faut dire et ce qu'il faut taire, quand avoir des relations sexuelles et avec qui.

Dans les sociétés traditionnelles, prêtres et parents, aînés et voisins punissent souvent sévèrement ceux qui cherchent à vivre loin de ces contraintes ou à fraterniser avec des membres d'un autre groupe. Cette cage de normes, minutieusement construite, peut aboutir à une stabilité accrue et à une situation plus pacifique que la guerre de tous contre tous qui terrifiait Hobbes[33]. Elle est toutefois profondément contraignante, hautement hiérarchique, et de temps en temps clairement pernicieuse.

Les démocraties développées ont heureusement aboli la plupart des pratiques qu'Acemoğlu et Robinson décrivent. Cependant, aujourd'hui encore, les membres des communautés très refermées sur elles-mêmes peuvent se retrouver victimes de la domination des aînés, comme l'ont été Saif Ali Khan et son amoureuse, avec les conséquences terribles qu'on a vues. Des chrétiens fondamentalistes de Topeka, au Kansas, forcés d'assister à des « thérapies de conversion » pour assagir leurs pulsions homosexuelles aux juifs orthodoxes de Brooklyn qui perdent le droit de voir leurs enfants s'ils quittent la communauté, des femmes d'origine somalienne excisées dans le nord de la Suède aux Berlinoises d'origine turque à la merci d'un « crime d'honneur », la cage des normes perdure, souvent de manière invisible et parfois violente, dans les démocraties multiethniques tout autour du monde[34].

Une société libre doit protéger ses citoyens des persécutions de l'État. Elle doit aussi enfoncer les lourdes portes qui ont si longtemps emprisonné la majorité de l'humanité dans une oppressante cage de normes. Pour mener une vie dégagée de toute coercition humiliante, les citoyens des démocraties multiethniques doivent pouvoir refuser les règles de leurs groupes d'appartenance, voire les quitter totalement s'ils le souhaitent.

Les démocraties multiethniques peuvent-elles protéger leurs citoyens de la persécution des autres groupes comme de la coercition exercée par les membres du leur ? Le libéralisme et son rival le communautarisme peuvent-ils nous éclairer sur un plan d'action pour y parvenir ?

Éloigner les persécutions

Heureusement, l'histoire de l'humanité et son long cortège de violences nous donnent beaucoup d'éléments pour éviter les pires formes de persécution.

Pendant des millénaires, la majeure partie de l'Europe et de l'Asie a été dirigée par des souverains aux pouvoirs illimités. Tant qu'un homme ou une femme disposait de ce monopole, l'injustice et l'oppression fleurissaient, comme l'a dit Lord Acton en 1887 quand il a résumé des siècles d'histoire européenne en cinq petits mots : « Le pouvoir absolu corrompt absolument[35]. »

Et comme le pouvoir absolu corrompt absolument, l'histoire de la liberté est en grande partie l'histoire des limites imposées à l'État. Au cours des siècles, trois types de limites au pouvoir étatique ont ainsi évolué : des limites contre les puissants qui voudraient se maintenir au pouvoir sans le consentement de leurs sujets, des restrictions sur le genre de décisions qu'ils peuvent prendre sans nécessiter la coopération de certaines institutions rivales, et des limites imposées aux domaines de compétence de l'État.

Avec le temps, ces limites sont devenues les piliers de la démocratie libérale, au point qu'il serait tentant de les tenir pour acquises dans toutes les sociétés libres. Il ne faut cependant pas perdre de vue leur principal objectif, et se rappeler la nécessité de leur présence simultanée pour éloigner efficacement le spectre des persécutions, exercées aussi bien contre des individus comme Alexeï Navalny que contre des communautés entières, telles que les Rohingyas.

Des élections régulières

Dans la plupart des sociétés de l'histoire, il n'existait aucun moyen de retirer le pouvoir aux puissants sans troubles ni violences immenses. Quand les gens ne voulaient plus de leur roi ou de leur chef, ils n'avaient que deux choix. Ils pouvaient attendre qu'il meure, dans le fol espoir que son successeur serait plus bienveillant. Ou ils pouvaient, pour reprendre les mots de John Locke, s'en remettre à un « appel au ciel[36] » et organiser une révolte qui aurait bien peu de chances d'aboutir mais qui répandrait le sang à coup sûr.

Heureusement, de nos jours, un autre choix est possible. Au cours des siècles, des États ont inventé et perfectionné des mécanismes qui permettent aux citoyens d'ôter le pouvoir à ceux qui en abusent. C'est le principe même des élections régulières.

Les élections donnent aux citoyens une façon d'influencer la décision des gouvernements. Comme le savent tous les citoyens des démocraties, les politiciens ne tiennent pas souvent les promesses prononcées pour se faire élire. Si les élections étaient un événement isolé transformant le vainqueur en monarque à vie, la démocratie ne serait guère différente de l'autocratie.

C'est pourquoi les puissants n'occupent les postes les plus élevés du pays que pour un temps limité. Après un nombre d'années fixé, les porteurs de mandats électifs doivent se représenter devant les électeurs[37]. Si l'électorat n'est plus convaincu qu'ils agissent dans son intérêt, il les renverra chez eux.

Une séparation des pouvoirs

Des élections régulières posent un problème évident : que se passe-t-il quand le titulaire d'un mandat de président ou de Premier ministre refuse de quitter son poste après une défaite électorale ? Ou s'il trafique les élections pour être sûr de ne pas les perdre ?

Cela n'a rien d'une crainte théorique. De Robert Mugabe au Zimbabwe à Hugo Chávez au Venezuela, de nombreux leaders politiques ont rapidement pris des mesures pour concentrer tous les pouvoirs entre leurs mains juste après leur élection démocratique. Ils ont écrasé la liberté de la presse, placé leurs fidèles dans les cours de justice et les commissions électorales et enfermé leurs opposants.

Cela fait, il devient rapidement impossible de déboulonner par des moyens démocratiques ces dirigeants démocratiquement élus. Mugabe, Chavez et des dizaines d'autres dictateurs avec eux ont bien pu continuer à prétendre qu'ils soutenaient les institutions démocratiques en organisant des parodies d'élections qui leur donnaient un vernis de légitimité populaire, il s'agissait en réalité de monarques à vie[38].

Un deuxième mécanisme est ainsi nécessaire pour garantir aux citoyens qu'ils conserveront la possibilité de priver de mandats les oppresseurs : le pouvoir de l'exécutif doit être limité, au moyen d'institutions rivales. Les partis d'opposition doivent pouvoir travailler même si cela déplaît au gouvernement. Les journalistes doivent pouvoir critiquer le président même s'il aimerait bien les jeter en prison. Et les juges doivent conserver leur indépendance politique afin de mettre en garde le président s'il outrepassait les frontières de son autorité légitime.

Tel est l'objectif de l'ensemble de règles et de lois à première vue paradoxales que les politologues appellent la « séparation des pouvoirs ». Un président ou un Premier ministre dirige l'exécutif, c'est-à-dire le gouvernement, la diplomatie et le bon fonctionnement des services de l'État. Mais ces pouvoirs ne sont pas illimités. Les lois sont écrites par le pouvoir législatif, qui peut se trouver en désaccord avec l'exécutif, voire (dans bien des pays) déchoir le président ou le Premier ministre de son mandat. Quant à l'interprétation des lois existantes ou encore au bon usage des pouvoirs présidentiels, c'est au judiciaire qu'il incombe de s'en charger, avec des juges indépendants protégeant la Constitution.

Des droits individuels

Des élections régulières permettent aux citoyens de déchoir les élus impopulaires. La séparation des pouvoirs garantit des élections libres et justes. Cependant, ces innovations institutionnelles ne sont pas encore suffisantes pour assurer aux citoyens une vie réellement libre, puisque dans l'hypothèse où une majorité de citoyens *voudraient* que l'État s'immisce dans la vie de leurs compatriotes, un gouvernement librement élu pourra très bien jouer le rôle de l'oppresseur.

Le danger de la tyrannie de la majorité est particulièrement présent dans les démocraties ethniquement ou religieusement divisées. Même quand un pays organise des élections régulières et maintient la séparation des pouvoirs, il se pourra que des minorités religieuses soient interdites d'exercer leur culte, que des minorités ethniques soient empêchées de préserver leur culture ou leur langue, ou encore que le gouvernement détourne les yeux tandis qu'une foule fanatisée les persécutera. Il manque donc encore quelque chose, quelque chose qui protégerait ces groupes minoritaires à la fois de l'État et de la tyrannie de la majorité.

Heureusement, un troisième mécanisme institutionnel est là pour permettre dans une large mesure à tous les citoyens de mener leur vie comme ils l'entendent : l'existence d'une sphère privée dans laquelle tout le monde est autorisé à faire ce que bon lui semble sans se préoccuper de l'opinion des autres.

La Bill of Rights (Déclaration des droits) des États-Unis comme la Déclaration des droits de l'homme et du citoyen en France reconnaissent le citoyen libre de prendre un grand nombre de décisions essentielles par lui-même. La majorité pourra profondément désavouer ce que vous choisissez de publier, les gens que vous invitez à dîner ou les pratiques religieuses que vous décidez de suivre, tant que l'État adoptera les principes libéraux fondamentaux de la liberté d'expression, du droit de réunion et du libre exercice des religions, et qu'il punira sans faillir ceux qui voudraient les limiter par la menace, tous les citoyens seront préservés de la persécution[39].

Pris ensemble, des élections régulières, la séparation des pouvoirs et les droits individuels garantissent aux citoyens des démocraties multiethniques les protections indispensables. Les institutions centrales de la démocratie libérale les autorisent-elles pour autant à axer leur vie autour des liens profonds qu'ils entretiennent avec leur communauté ? Les alternatives au libéralisme, telles que le communautarisme, sauraient-elles mieux que lui créer le bon équilibre entre la liberté individuelle et la place fondamentale que tant de citoyens accordent à leurs groupes culturels et religieux ?

Se libérer de la cage des normes

Les communautaristes estiment respecter davantage que les libéraux le rôle central des liens culturels dans la vie de bien des gens. Plutôt que de concevoir les démocraties multiethniques comme composées de citoyens individuels, les penseurs tels que Kukathas proposent de les conceptualiser comme des fédérations informelles de communautés ethniques ou religieuses.

Un régime qui choisirait le communautarisme remplirait très correctement l'un des objectifs des démocraties multiethniques : s'assurer que les communautés religieuses et culturelles puissent s'épanouir. En reconnaissant par exemple l'Église catholique, l'Église protestante unie de France et le Conseil français du culte musulman comme particules élémentaires de la société, ce régime communautariste leur accorderait de nombreux droits et privilèges. En principe, cela garantirait aux membres de ces communautés la possibilité de vivre une vie conforme à leur identité.

Cette proposition pose cependant de très sérieux problèmes. Le premier est la difficulté de décider des groupes qui bénéficieront de cette onction officielle et de tracer les frontières qui les séparent. Comment une démocratie multiethnique pourrait-elle bien s'y prendre pour distinguer les communautés importantes de celles, trop petites, trop jeunes ou trop frivoles pour constituer des particules élémentaires de la société[40] ? Comment pourrait-elle garantir que les chefs proclamés de chaque communauté parlent bien au nom de tous leurs membres ? Et qu'adviendra-t-il des citoyens qui ne rentrent pas confortablement dans une des cases ainsi délimitées ?

Un plus gros problème encore est qu'une telle organisation communautariste, même si elle protégerait en apparence les citoyens de la persécution et leur permettrait de vivre conformément à leur identité héritée, les empêcherait en réalité de suivre leur propre chemin de vie. Au sein du modèle de démocratie multiethnique de Kukathas et de ses alliés, les individus en désaccord avec les traditions de leur communauté de naissance demeureront opprimés dans une cage de normes.

Les États qui se voient comme une simple « association d'associations » n'ont aucune incitation évidente à s'immiscer dans les affaires « internes » des communautés. Ils n'interviendront pas si certaines ne tolèrent pas la dissension en leur sein, brident l'autonomie de leurs membres ou empêchent ceux qui le souhaitent de les quitter. Un homme gay né dans une communauté chrétienne qui juge l'homosexualité démoniaque ou un enfant curieux né dans une communauté hassidique qui réprouve l'éducation laïque devront s'habituer à vivre dans la cage de « leur » communauté[41].

Les communautaristes échouent à accorder aux citoyens des démocraties multiethniques le minimum de liberté nécessaire pour s'affranchir de la coercition que cherchera à exercer leur communauté de naissance. Cela seul devrait suffire à rejeter le futur que le communautarisme nous promet. Les libéraux font-ils mieux pour réconcilier le désir de vivre selon son identité et le besoin d'être libre de toute cage de normes ?

Je suis passionnément libéral sur le plan philosophique, il n'est donc guère surprenant que ma réponse à cette question soit un « oui » retentissant.

Du côté libéral de la barrière, les démocraties multiethniques sont constituées d'une grande variété d'individus, pas d'un ensemble de groupes. Elles doivent s'attacher à protéger les libertés fondamentales de ces individus. Il en découle naturellement qu'une démocratie juste dispose d'une raison légitime et même d'une obligation d'intervenir si un groupe religieux ou ethnique tentait d'exercer une forme de coercition sur ses membres[42].

Toutefois, en supposant que les démocraties libérales soient les mieux à même de garantir la liberté de leurs citoyens face aux cages de normes, comment s'y prendront-elles pour s'assurer que ceux de leurs citoyens qui accordent une grande importance à leurs attaches religieuses et culturelles pourront, s'ils le souhaitent, rester fidèles à leur identité ? Ne serait-ce pas une erreur, comme le suggère MacIntyre, de considérer l'intime conviction religieuse dans laquelle de nombreux citoyens des démocraties multiethniques sont élevés, et que bien peu abjureront, comme un simple « choix » ?

Cette objection ne tient pas compte de la nature du projet libéral. On dit souvent que l'approche individualiste des libéraux nous rend incapables d'apprécier à sa juste valeur le rôle que jouent les groupes dans nos vies. Nous sommes cependant très conscients de l'importance supérieure que bien des gens accordent à leur groupe, et du fait que bien peu souhaiteront s'en éloigner un tant soit peu. Les gens ne « choisissent » pas librement d'entretenir ou d'abandonner leurs attaches religieuses ou culturelles comme ils pourraient choisir librement entre plusieurs options pour le dîner sur leur appli de livraison.

Les philosophes libéraux ont un profond respect pour la famille, la religion et la tradition dans les sociétés contemporaines. Nous savons parfaitement qu'un grand nombre de nos concitoyens mènent leur vie selon des normes qu'ils considèrent comme des commandements de leur conscience. C'est précisément pour ça que nous sommes si pointilleux sur les garanties et les protections des libertés individuelles telles que la liberté d'expression et la liberté de culte, qui assurent aux citoyens que jamais personne ne pourra les forcer à abjurer leurs croyances fondamentales.

C'est aussi pourquoi les États libéraux, partout dans le monde, devraient (et c'est bien ce qu'ils font) permettre à leurs citoyens de structurer leur vie autour de leurs engagements culturels ou religieux, quand bien même serait-ce jusqu'à un point que la majorité réprouverait. Tant qu'elles fournissent aux écoliers une éducation laïque suffisante pour les rendre capables de choix de vie authentiques une fois adultes, les communautés religieuses peuvent fonder des écoles qui enseignent aux enfants les traditions et les préceptes de leur foi. Les citoyens qui s'estiment honnêtement objecteurs de conscience sont exemptés de service militaire. Et quand des communautés amish décident de vivre complètement isolées de la société et de ses coutumes, personne ne les force à utiliser les technologies modernes ou à faire la fête avec leurs voisins.

Mais, pour les libéraux, ce profond respect des particularités culturelles ou religieuses des communautés ne peut dériver que du consentement éclairé de leurs membres. Si nous respectons les églises baptistes, la foi musulmane ou les idéaux humanistes, ce n'est pas parce que nous considérons ces groupes comme des unités fondamentales de notre société, c'est en raison de leur importance dans l'esprit de millions de gens.

Pour être pleinement libres, les citoyens des démocraties multiethniques doivent savoir qu'ils n'encourront aucune hostilité ni aucune discrimination fondées sur la couleur de leur peau ; qu'ils peuvent exercer leur culte comme bon leur semble ; qu'ils sont, si tel est leur désir, libres de vivre leur vie au sein de la communauté ethnique ou religieuse qui les a vus naître. Mais ils doivent savoir aussi qu'ils sont libres de la quitter, libres de violer ses normes sans craindre l'expulsion, la violence ou la mort de la main de leurs aînés, libres de se définir eux-mêmes par les identités et les associations de leur choix.

Pour tenir cette promesse, les démocraties multiethniques doivent protéger activement les citoyens contre ce double danger. Ils doivent bénéficier de toutes les innovations institutionnelles que l'histoire a démontrées efficaces pour se préserver des tyrans, et savoir que leurs communautés d'appartenance pourront pratiquer leurs traditions en paix. Ils doivent aussi pouvoir compter sur l'aide de l'État face à tout groupe qui voudrait les enfermer dans une cage de normes contre leur gré. Seule une démocratie multiethnique fondée selon les principes du libéralisme philosophique est à même de protéger simultanément ces deux valeurs fondamentales.

*

Seuls des États suffisamment puissants pour protéger les individus face aux communautés qui les oppressent et, dans le même temps, suffisamment contraints pour ne pas devenir eux-mêmes les oppresseurs garantissent ces libertés jumelles auxquelles tout être humain a droit.

Une société où les citoyens jouissent de cette double liberté les protège de l'oppression autant qu'elle contribue à désamorcer les principales sources de conflits entre communautés. Toutefois, ce n'est pas assez pour constituer la base d'une démocratie multiethnique épanouie : pour que les citoyens de différentes ethnies et de religions différentes se sentent véritablement engagés dans une vie commune au sein d'un même État, il faut aussi qu'ils partagent un certain sentiment.

C'est traditionnellement le patriotisme ou le nationalisme qui a fourni cette colle aux citoyens des démocraties, qui leur a donné le sens du bien commun, les a fait se soucier du bien-être de gens qu'ils ne connaissaient pas. Seulement, beaucoup se méfient aujourd'hui de ces sentiments, pour de très bonnes raisons. Est-il possible, se demandent-ils, d'encourager un sain patriotisme sans ouvrir en grand les vannes de l'exclusion ethnique, de la discrimination raciale et des conflits mondiaux et meurtriers ?

C'est la question vers laquelle je me tourne à présent.

Chapitre 5

Le patriotisme peut-il agir pour le bien ?

Dans les mois les plus désespérants de la Seconde Guerre mondiale, quand les avions de la Wehrmacht faisaient pleuvoir les bombes sur Londres et que les nazis semblaient destinés à régner sur une bonne partie de l'Europe, George Orwell se mit à écrire sur un sujet surprenant : les vertus du patriotisme.

Orwell identifiait aussi bien que quiconque le potentiel destructeur du nationalisme. Quelques années plus tôt, il avait rejoint une bande d'idéalistes internationalistes pour défendre la Deuxième République espagnole contre les fascistes[1]. « L'énergie qui aujourd'hui modèle le monde », disait Orwell à ceux qui considéraient encore Hitler comme trop ridicule pour poser une menace sérieuse, « a sa source dans des sentiments – fierté raciale, le culte du chef, croyance religieuse, amour de la guerre – que les intellectuels de gauche s'obstinent mécaniquement à présenter comme anachroniques[2] ».

C'est précisément parce que Orwell savait la puissance de ces sentiments en politique, leur capacité de destruction quand ils dégénèrent en un nationalisme fétide, qu'il a défendu la nécessité d'un patriotisme constructif[3].

« Qu'est-ce qui a fait tenir l'Angleterre toute l'année passée ? » demande-t-il en pleine guerre mondiale. Principalement, répond-il, « l'émotion atavique du patriotisme [...]. Ces vingt dernières années, l'objectif principal des intellectuels de gauche en Angleterre a été de détruire ce sentiment. S'ils avaient réussi, nous pourrions voir en ce moment même les SS patrouiller les rues de Londres[4] ».

Pour Orwell, les conclusions à tirer étaient évidentes. Bien des militants et des intellectuels avaient réussi à éteindre en eux tout sens patriotique, « à tel point qu'ils en avaient perdu le pouvoir d'agir[5] ». La bonne manière de combattre le nationalisme meurtrier n'était pas d'élaborer une vision purement rationnelle de la politique qui repousserait fièrement tout attachement local, c'était de cultiver un patriotisme sain qui servirait de bouclier contre les pires manifestations du sentiment nationaliste.

Durant la première moitié du XXe siècle, le nationalisme était la force politique la plus puissante du monde. Au cours de la période relativement paisible qui suivit, bien des auteurs et des universitaires sont retombés dans le piège qu'avait identifié Orwell. C'est dans cette atmosphère intellectuelle que j'ai été élevé.

Là où nous avons grandi, en Allemagne, mes amis et moi parlions des nationalistes de droite comme des *Ewiggestrige*, ceux qui sont « à jamais d'hier ». Le futur résidait dans une tolérance accrue, plus de coopération internationale, plus d'intégration européenne. Le nationalisme, pensions-nous, n'était qu'un anachronisme, une forme de préjugé collectif propre aux crapules et aux démagogues, qui s'en allait tout droit vers les poubelles de l'histoire.

Et puis des nationalistes d'extrême droite tels que Narendra Modi en Inde, Jair Bolsonaro au Brésil et Donald Trump aux États-Unis se sont mis à gagner des élections. Pour qui a su porter un regard honnête sur ces changements, il est devenu évident que notre mépris n'avait été qu'un accès de pensée magique de plus. Tandis que nous écrivions nos articles très sophistiqués sur le futur postnational, des leaders politiques animés d'un nationalisme belliqueux conquéraient le monde.

Le nationalisme est de retour et il est parti pour conserver dans ce siècle l'influence qu'il a eue sur le précédent. Comment les défenseurs de la démocratie multiethnique doivent-ils réagir ?

Ils pourraient se lancer dans une énième tentative pour persuader tout le monde d'abandonner toute forme de sentiment national. La montée des nationalistes nocifs est peut-être une excellente raison d'accélérer la transformation vers un peuple « cosmopolite », attaché tout autant à ses voisins qu'aux inconnus de l'autre bout du monde[6]. Après tout, les philosophes n'ont pas tout à fait tort de se demander pourquoi porter une telle considération à nos concitoyens, qui ne le sont que par pur hasard, alors que des pays lointains auraient peut-être un plus urgent besoin de soutien[7].

Il y a de la vérité là-dedans. Nous avons indéniablement des obligations morales même envers ceux qui ne partagent pas notre ethnie, notre culture ou notre citoyenneté. Si nous prenions ces obligations plus au sérieux, le monde serait certainement plus vivable[8]. Les êtres rares qui savent se montrer capables d'une telle empathie ont toute mon admiration.

Mais, avec le temps, je suis aussi devenu (comme je l'explique dans la première partie) plutôt sceptique sur la capacité des gens à manifester sur la durée un altruisme de cet ordre. Les humains sont grégaires. Notre tendance à former des groupes et à discriminer ceux qui ne lui appartiennent pas est profonde.

C'est pourquoi je trouve naïf de supposer qu'une société qui découragerait complètement le sentiment national chez ses citoyens pourrait en revanche générer de la compassion véritable pour des pays plus distants. En pratique, une société sans patriotisme a moins de chances d'être constituée d'altruistes cosmopolites qui donnent tout leur argent aux enfants affamés des pays lointains que de tribus hostiles disparates en conflit ouvert pour la défense de leurs propres intérêts.

Ce point est encore plus important pour les démocraties multiethniques. Pour qu'elles s'épanouissent, des citoyens issus de groupes ethniques et religieux très différents devront ressentir une réelle solidarité les uns envers les autres. Une loyauté commune envers la nation pourrait atténuer les frictions entre groupes et instiller une vision partagée du bien commun.

Le patriotisme est en cela une bête curieuse, mi-sauvage mi-domestiquée. Si on laisse les pires personnes remuer ses pires instincts, elle causera de terribles désordres. Mais quand les honnêtes gens l'apprivoisent, elle acquiert la faculté extraordinaire de pousser les citoyens des États modernes à se soucier d'autrui[9].

Comment les démocraties multiethniques peuvent-elles s'y prendre pour apprivoiser la bête et faire du patriotisme une force utile plutôt que dangereuse ? Et qu'est-ce qui pourrait servir de base au patriotisme dans les sociétés dont la très grande diversité les prive de points communs évidents, tels que des pratiques religieuses partagées ?

Il y a trois réponses simples.

Selon la première, les démocraties devraient s'accrocher à un nationalisme ethnique, ancré dans l'histoire des peuples. Les pays comme le Japon ou l'Italie devraient ainsi continuer à accorder un statut spécial aux descendants des habitants de souche.

Ce genre de notion ethnique ne peut pas fonctionner dans les démocraties qui traitent équitablement chacun de leurs citoyens. Il n'y a rien de mal à rendre hommage au rôle particulier qu'un groupe spécifique a pu jouer dans l'histoire de la nation, mais les immigrés et leurs descendants devront jouir d'un statut égal à l'avenir.

La deuxième réponse voudrait que les démocraties se définissent par leur culture civique et leurs valeurs constitutionnelles. Fondés sur des idéaux, par exemple la liberté politique, des pays comme l'Inde ou les États-Unis ont depuis longtemps insisté sur leurs textes fondateurs comme source de leur identité partagée[10]. Même l'Allemagne, qui, pendant longtemps, s'est définie sur des critères ethniques bien plus explicites, se met à présent au diapason[11].

Le patriotisme civique peut aider les nations très diverses à fonctionner sur la base d'idéaux et d'aspirations partagés, qui peuvent jouer un rôle fondamental. Toutefois, je crois que l'image du patriotisme que de tels idéaux dessinent est incomplète. Ce patriotisme idéalisé n'est pas tout à fait le même que celui que ressentent en leur for intérieur les citoyens des démocraties contemporaines.

Nous reste la troisième réponse. Une des raisons principales pour lesquelles la plupart des citoyens des démocraties modernes sont très attachés à leur pays est tout simplement l'amour de leur culture. Même quand les problèmes de leur pays les dérangent profondément, même quand ils en haïssent les injustices, ils sont très attachés à ce qui, tous les jours, le définit à leurs yeux : sa langue, ses villes, ses célébrités, ses émissions de télé, ses automatismes et ses conventions sociales.

S'il veut résonner dans les cœurs, ce genre de patriotisme culturel doit se tourner vers l'avenir plutôt que de rester obsédé du passé. Et pour être inclusif, il doit laisser une place à tous les habitants du pays, plutôt que d'installer une seule communauté sur un piédestal. Compris correctement, ce patriotisme apportera une contribution décisive à l'élaboration d'une communauté de destin, un sentiment indispensable à toute démocratie multiethnique qui voudrait prospérer*.

La puissance et les dangers du nationalisme ethnique

En 451 avant J.-C., l'orateur le plus célèbre d'Athènes s'est levé de son siège pour s'adresser à ses compatriotes. Sa cité adorée, dit Périclès, était au bord du précipice[12]. Des immigrés et leurs descendants pourraient bientôt se mêler des affaires autrefois bien justement réservées à ceux dont les ancêtres habitaient la ville avant eux. Il était plus que temps de restreindre l'accès à la citoyenneté aux seuls Athéniens véritables.

* Certains auteurs apprécient beaucoup d'établir une distinction entre nationalisme et patriotisme. Le nationalisme, pensent-ils, est mauvais car il implique la supériorité d'un pays sur tous les autres. Le patriotisme au contraire consiste en l'amour de son pays, un amour dénué de jalousie envers les autres nations. Ces définitions sont un peu simplistes, j'en ai peur. Même dans ses pires incarnations, le nationalisme crée un but commun. Même à son meilleur, le patriotisme peut devenir une arme dangereuse. Bien sûr, je me considère bien plus proche des auteurs que l'histoire a classés parmi les patriotes que de ceux qui se déclaraient nationalistes, cependant je crains qu'une distinction trop tranchée entre ces deux concepts nous empêche de distinguer une réalité empirique capitale : patriotisme et nationalisme ne sont pas entièrement étrangers l'un à l'autre, ce sont les deux faces, l'une plutôt jolie, l'autre repoussante, de la même pièce. Comme cette distinction est malgré tout largement acceptée, je me plie à la convention en vigueur et décris les formes de fierté collective que je soutiens comme du « patriotisme » et celles dont je me méfie comme du « nationalisme » dans les pages suivantes.

Même avant cette proposition de réforme de Périclès, les lois qui gouvernaient la citoyenneté athénienne étaient très restrictives. Pour avoir le droit de parler sur l'agora, voter une loi, être membre d'un jury ou tout simplement propriétaire, un habitant d'Athènes devait faire remonter sa lignée paternelle jusqu'aux premiers fondateurs de la ville[13].

Avec cette loi dont Périclès s'était fait le champion, la ville veillerait à la « pureté » de ses citoyens avec une plus grande vigilance encore. Seuls les habitants descendant des premiers fondateurs par leurs deux lignées, paternelle et maternelle, disposeraient de la citoyenneté pleine et entière. Certains dramaturges, savants et philosophes parmi les plus associés à la gloire de la ville, Aristote, Diogène, Démocrite et Protagoras, sont restés pour cela toute leur vie des citoyens de seconde zone.

Dans la longue histoire de la démocratie, Athènes est plutôt la règle que l'exception. Durant les trois millénaires qui nous ont précédés, les citoyens des démocraties les plus révérées du monde tiraient beaucoup de fierté de leur pureté ethnique.

La République romaine, par exemple, s'est rapidement étendue. À la naissance de Jules César, ses frontières se situaient à des milliers de kilomètres des sept collines de la ville et plus d'un million de personnes jouissaient de la citoyenneté romaine. Quand ils ont cherché un modèle historique qui pourrait inspirer leur grande expérience d'autogouvernance, les Pères fondateurs de l'Amérique, près de deux mille ans plus tard, se tourneraient plutôt vers Rome que vers Athènes.

Cependant, la République romaine avait beau être bien plus diverse que la minuscule cité d'Athènes, elle stipulait aussi quelques critères ethniques pour y appartenir. Les habitants des territoires conquis de la péninsule Italienne, qu'on estimait descendre de la même tribu étendue, pouvaient gagner le droit de se dire Romains. Ceux des régions plus lointaines, qu'on considérait parfois comme appartenant à des ethnies différentes, demeuraient relégués à des statuts inférieurs[14].

À l'époque moderne, l'obsession des démocraties pour la pureté ethnique s'est intensifiée. Aux XVIIIe et XIXe siècles, les mouvements nationalistes européens se sont courageusement opposés aux monarchies sclérosées qui maintenaient des millions de paysans dans la servitude féodale et déniaient toute participation politique à tout le monde, exceptées elles-mêmes. Mais même aux grandes heures du progressisme nationaliste, les démocraties sont restées très attachées à l'ethnicité. Quand les patriotes allemands ou italiens ont combattu pour transformer des amalgames de royaumes épars en nations unifiées, ils le faisaient en supposant que tous les habitants de ces nations nouvelles partageraient la même langue, la même histoire, le même patrimoine.

Les mouvements nationalistes qui cherchaient à gagner leur indépendance au sein de grands royaumes multiethniques mettaient encore davantage l'accent sur le patrimoine. Les patriotes tchèques, polonais et roumains qui rejetaient la domination austro-hongroise, par exemple, souhaitaient fonder de nouveaux États qui n'accepteraient que ceux qui partageraient leurs traditions et leur culture. Au cours du siècle suivant, ils ont atteint leur objectif en grande partie par l'expulsion ou le rabotage des droits des minorités ethniques suffisamment malheureuses pour se trouver sur le territoire de la nouvelle nation indépendante.

Les États africains et asiatiques qui ont gagné leur indépendance contre les colons européens au cours du XXe siècle constituent une exception possible. Leurs frontières ayant été dessinées sans aucun égard pour la culture et la géographie locales, ils contiennent pour la plupart bien trop de communautés différentes pour qu'une subdivision en États monoethniques soit possible. Pourtant, leurs gouvernements sont promptement parvenus à identifier des étrangers à blâmer pour expliquer les problèmes de leurs nations nouvelles. Des hindous du Bangladesh aux immigrés d'Asie du Sud en Ouganda[15], la naissance des États postcoloniaux est souvent allée de pair avec une purge violente des groupes minoritaires[16].

Toute vision crédible du patriotisme aujourd'hui est tenue d'envisager les racines ethniques des nations modernes.

De l'Athènes antique à l'Ouganda actuel, les critères ethniques ont joué un rôle déterminant pour désigner ceux qui en sont, et ceux qui n'en sont pas. Il est ainsi toujours impossible de comprendre la nature du Danemark, de la Thaïlande ou du Rwanda si on se coupe de toute référence à la formation de ses nations par un ou plusieurs groupes ethnoculturels bien précis. Tous les amoureux de ces pays devraient abriter en leur cœur une part de respect pour les peuples qui les ont établis.

Dans le même temps, les changements de ce dernier demi-siècle, surtout dans les démocraties développées ayant connu une forte immigration, ont rendu caduque toute conception purement ou principalement ethnique du nationalisme.

Parmi les habitants qui vivent actuellement au Danemark et aiment ce pays, par exemple, beaucoup ne descendent pas des Vikings qui dominaient la région au Moyen Âge. Tout comme les Athéniens condamnèrent Aristote et Protagoras à rester des « métèques », interdits de participer aux débats politiques ou de se considérer comme les égaux de leurs contemporains[17], une conception purement ethnique du patriotisme danois assignerait pour l'éternité un statut de citoyen de seconde zone à presque un habitant sur cinq.

Par ailleurs, un nationalisme ethnique s'écarterait de plus en plus de la réalité vécue dans la plupart des démocraties modernes. Louer sans cesse les succès d'une fraction de sa population empêcherait le pays de reconnaître l'étendue des apports récents des immigrés et de leurs descendants. Les contributions des habitants issus d'un groupe minoritaire ne seraient jamais reconnues à leur juste valeur, nourrissant leur amertume et leur ressentiment.

Pour construire des démocraties multiethniques prospères qui traitent équitablement chacun de leurs citoyens, une nouvelle conception du patriotisme est nécessaire. Le nationalisme fondé sur les liens du sang ne convient plus. Quelle autre forme d'identité commune pourrait relier les compatriotes des grands pays très divers ?

Vive le patriotisme civique !

Par un beau matin du printemps 2017, je me suis rendu à la bibliothèque présidentielle John-F.-Kennedy, dans le sud de Boston. Je portais un costume bleu marine, une chemise blanche et un foulard bleu, blanc et rouge. Avec deux cents personnes venues du monde entier, je suis entré dans un auditorium inondé de lumière pour écouter les discours officiels.

Le directeur de la bibliothèque nous a parlé des ancêtres immigrés du trente-cinquième président des États-Unis, dont les arrière-grands-parents venus d'Irlande avaient débarqué à Boston. Un juge a versé une larme en évoquant la cérémonie de naturalisation, qu'il avait présidée, au cours de laquelle sa belle-fille avait acquis la nationalité américaine. Un homme nommé Mohamed Ali (le P-DG d'une entreprise technologique, pas le boxeur) s'est souvenu de son arrivée dans le pays, avec ses parents, qui n'avaient que quelques dollars en poche.

Le juge nous a demandé de nous lever. Je me tenais au côté d'un homme d'âge moyen, né en Chine, et d'une jeune femme qui était née au Maroc. J'ai juré que « je soutiendrai et défendrai la Constitution et les lois des États-Unis d'Amérique contre tout ennemi, extérieur ou intérieur ». À la fin de ce serment, nous sommes tous devenus citoyens américains.

La cérémonie de naturalisation illustre à merveille un élément clé de la conception que les États-Unis se font d'eux-mêmes. La plupart des pays se sont longtemps définis par leur ethnicité ; George Washington, Thomas Jefferson et Alexander Hamilton ont affirmé que la République américaine se fondait sur une idée. Ce qui séparait les Pères fondateurs de la monarchie britannique, dont ils ne toléraient plus les lois, ce n'était ni la langue ni le patrimoine, c'était l'engagement, aussi imparfait soit-il, en faveur de la liberté morale, de l'autodétermination politique et des principes inscrits dans la Déclaration d'indépendance.

Bien des philosophes regardent de haut le sentiment national sous toutes ses formes. Cependant, il existe une sorte de consensus quant à la forme sous laquelle ce sentiment, qu'ils considèrent pour la plupart comme primaire et trompeur, pourrait malgré tout être défendu. En partant de la fondation des États-Unis, estiment-ils, on pourrait en effet aboutir à un « patriotisme civique » plutôt positif. Être fier d'être américain, par exemple, revient à aimer les idéaux sur lesquels le pays s'est engagé au travers de sa Constitution[18].

Les racines modernes de cette conception reposent aux États-Unis mais, avec le temps, des rejetons ont poussé un peu partout dans le monde.

Quand les fondateurs de l'Inde ont tenté de donner une identité commune à ce nouveau pays énorme, de majorité hindoue mais comprenant de très nombreux musulmans, chrétiens, sikhs et parsis, le Mahatma Gandhi a proposé une version indienne du patriotisme civique. « Quand la république de l'Inde a été créée en 1950, ses citoyens recherchaient l'unité sur la base d'un ensemble d'idéaux, écrit l'historien indien Ramachandra Guha. La base de la citoyenneté était l'adhésion à ces valeurs, pas une foi ni un ennemi partagés[19]. »

Même des pays qui se sont longtemps définis sur des critères ethniques ont récemment essayé de se reconcevoir en termes civiques. Ainsi, après la Seconde Guerre mondiale, les intellectuels allemands se sont demandé comment leurs compatriotes pourraient développer une saine affection pour leur pays sans retomber dans les politiques raciales qui les avaient si tragiquement égarés. Selon des penseurs tels que Jürgen Habermas, les citoyens qui tirent fierté des institutions démocratiques de l'Allemagne d'après-guerre devraient considérer les lois fondamentales du pays comme l'objet réel de leur dévotion. La *Grundgesetz* devait devenir pour les Allemands ce que la Constitution des États-Unis était depuis longtemps pour les Américains[20].

Les avantages du patriotisme civique sont importants. À la différence du nationalisme ethnique, il inclut sous le même drapeau tous ceux disposés à adhérer à un ensemble d'idéaux partagés. Puisqu'un juif allemand, une jeune femme venue du Maroc et un homme venu de Chine peuvent chacun déclarer leur adhésion à la

Constitution, ils seront en théorie parfaitement capables de vivre ensemble, en paix, et de devenir aussi américains que les Wasps dont les ancêtres ont accosté sur ces terres des centaines d'années auparavant.

Il existe aussi des raisons de penser que le patriotisme civique est moins susceptible que les nationalismes ethniques d'entraîner des pays dans un conflit international. L'amour d'un pays, quand il se fonde sur la croyance en la supériorité de la race, fournit une excellente excuse à qui voudrait négliger les intérêts légitimes des pays voisins. Une nation fondée sur l'autodétermination devrait au contraire reconnaître aux autres pays le même droit légitime à s'autogouverner.

En conclusion, le patriotisme civique est préférable au nationalisme ethnique quand il s'agit d'accueillir les nouveaux venus en son sein et de s'engager dans la coopération internationale*.

L'idée du patriotisme civique me plaît énormément. Il définit les nations par leurs idéaux les plus élevés plutôt que leurs bas instincts. Il donne aux citoyens le moyen d'être fiers de leur pays sans sombrer dans le chauvinisme ou la xénophobie. Si je n'ai pas hésité à prononcer ce serment de citoyenneté en ce matin de mars 2017, c'est en partie parce que j'aime la Constitution des États-Unis et

* La réalité est comme toujours un peu plus compliquée que la théorie. Dans l'histoire américaine, des millions de gens se sont retrouvés exclus de la citoyenneté en raison de leur sexe ou de leurs origines ethniques. De même, les nations fondées sur le patriotisme civique ont fréquemment violé les droits des autres nations et déclaré des guerres injustifiables.

l'élan qu'elle a donné au patriotisme civique, ici comme ailleurs.

Cependant, je crains qu'il soit insuffisant. Il ne peut à lui seul fonder une identité nationale commune dans les démocraties multiethniques.

La plupart des Allemands acceptent aujourd'hui qu'un homme nommé Ali ou Moustafa soit membre à part entière de leur nation, par exemple. Mais quand on leur demande ce qui leur fait aimer leur pays, ils citeront des marqueurs culturels et linguistiques tels que la langue allemande et la *Currywurst* bien avant d'arriver à la *Grundgesetz*.

En Inde, le patriotisme civique est dans une situation bien plus périlleuse. Pour Narendra Modi, le puissant Premier ministre, l'Inde est une nation hindoue, et il fait voter en ce moment même un déluge de lois discriminatoires qui rapprochent toujours plus son désir de la réalité[21].

Même dans des pays où le patriotisme civique est très implanté, tels que les États-Unis, bien peu de gens s'intéressent d'assez près à l'histoire ou à la politique pour ressentir un attachement sincère à la Constitution ou s'aviser qu'un politicien lui nuit. La plupart savent qui a remporté le Super Bowl l'an passé et ont une opinion bien arrêtée sur la rappeuse Megan Thee Stallion. Beaucoup sont nettement en faveur d'un parti politique ou, plutôt, éprouvent un dédain prononcé pour l'autre[22]. Mais bien peu pourraient expliquer les trois branches du gouvernement ou se rappeler le sens du Premier Amendement[23].

Le patriotisme est l'un des sentiments les plus universels du monde moderne. Quasiment tous les citoyens des démocraties le ressentent à un degré ou à un autre. Mais l'intérêt porté aux textes fondateurs tels que la Constitution des États-Unis demeure l'apanage d'une petite minorité de gens passionnés de politique. Aussi noble l'idée soit-elle, le patriotisme civique ne décrira jamais totalement l'amour ou l'affection qu'on porte à son pays.

Le patriotisme civique n'est qu'une description très incomplète de cette affection particulière, pour encore une autre raison : la fierté nationale est par nature un attachement à un endroit *particulier*. Une patriote française n'a pas besoin de haïr ou mépriser d'autres pays, elle ressent tout simplement une pointe d'affection pour sa propre nation. Toute définition du patriotisme qui voudra rendre justice aux sentiments de cette femme devra donc expliquer pourquoi elle aime spécifiquement la France, et pas l'Allemagne ou les États-Unis.

Le patriotisme civique ne peut pas vraiment expliquer ça. Les valeurs des Constitutions française, allemande et américaine sont très similaires. Ces textes ont bien sûr des différences notables, mais elles ne sont pas de nature à expliquer pourquoi la plupart des citoyens français ressentent plus d'affection pour la France que pour l'Allemagne ou les États-Unis.

La notion du patriotisme civique place des principes abstraits au fondement de nos sentiments collectifs, ce qui est bien mal les décrire puisqu'ils sont liés à notre attachement pour des gens et des lieux bien réels, au moins autant que pour ces idées abstraites. Le patriotisme civique ne correspond tout simplement pas à ce dont les gens parlent quand ils disent « J'aime mon pays ».

Ce n'est pas une raison pour le balayer. La fidélité partagée envers leurs principes politiques fondamentaux peut vraiment aider les démocraties multiethniques à prospérer. Cependant, pour imaginer un patriotisme inclusif qui exprimera pleinement l'attachement que ressentent la plupart des citoyens envers leur nation, il nous faut lui ajouter une autre dimension : le patriotisme culturel.

Plaidoyer pour un patriotisme culturel

Le 22 avril 1993, John Major, Premier ministre du Royaume-Uni, tentait de persuader le pays qu'un resserrement des liens avec l'Europe n'altérerait pas son essence. Même si le Parlement allait ratifier le traité de Maastricht qui créerait l'Union européenne, le Royaume-Uni serait toujours selon lui « le pays des ombres allongées sur la campagne, de la bière tiède, des banlieues d'un vert invincible, des amoureux des chiens et des paris sportifs[24] ».

Ce discours a été beaucoup moqué. Dans un éditorial, *The Independant* s'est plaint que Major confondait « la Grande-Bretagne avec certaines régions de l'Angleterre[25] ». L'idée que la bière tiède et les paris sportifs[26] puissent durablement définir la Grande-Bretagne paraissait absurde à un grand nombre de ses compatriotes.

La bourde de Major n'était pas surprenante. À chaque fois que les politiciens essaient de définir ce qui fait l'essence de leur pays, leurs paroles sonnent mielleuses, datées, ou les deux. On pourrait être tenté de conclure que, si ces politiciens très intelligents et les auteurs grassement payés de leurs discours échouent systématiquement dans cet exercice, c'est qu'ils voudraient exprimer quelque chose qui en réalité n'existe pas. « Les caractères nationaux, écrit Orwell en 1941, ne sont pas chose aisée à définir, et une fois définis, ils se réduisent souvent à des banalités éculées ou des remarques apparemment incohérentes[27]. » Si tant de gens ont échoué à capturer par les mots l'essence de leur nation, serait-ce parce que les habitants très divers des pays modernes, répartis sur de vastes territoires, ne partagent en réalité aucun atavisme culturel ?

Je ne le crois pas. J'ai vécu dans cinq pays différents et passé beaucoup de temps dans une bonne dizaine d'autres et pas un jour ne passe sans que l'étendue des différences culturelles entre les nations me surprenne. Il est certainement difficile de les exprimer correctement, mais, néanmoins, ces particularités sont des traits fondamentaux de la vie quotidienne, comme vous le confirmeront tous ceux qui ont vécu une bonne partie de leur vie à l'étranger.

Il y a quelques années, j'ai embarqué à bord d'un train dans une petite ville allemande, au nord de Hambourg, passé quelques heures à déambuler à Offenbourg, dans le sud du pays, pour y attendre une correspondance, avant d'arriver enfin dans la ville de Strasbourg.

Hambourg et Offenbourg entretiennent des différences notables. L'une est une grande métropole, l'autre une ville moyenne. L'une est historiquement liée aux Pays-Bas, à la Suède, à la Russie et aux pays baltes[28]. L'autre a été très influencée par la France, qui l'a même occupée[29]. Plus de six cents kilomètres séparent les deux villes.

Cependant, à mon arrivée à Offenbourg, les nombreux points communs avec Hambourg m'ont sauté aux yeux. Les bâtiments des deux villes ont une architecture remarquablement semblable. On trouve les mêmes boutiques dans les rues autour de leur gare. Entrant dans une boulangerie à Offenbourg, j'ai repéré les mêmes *Butterbrezeln* (bretzels) et *Mohnschnecken* (roulés à la cannelle) dont j'avais fait provision au début de mon voyage.

Offenbourg et Strasbourg devraient, par comparaison, être encore plus semblables. Il y a moins de cent kilomètres entre les deux villes. Elles sont bien plus proches en taille, elles partagent le même climat, la même géographie. Strasbourg est aujourd'hui en France, mais elle a fait partie de l'empire allemand pendant de longues décennies.

Et pourtant, dès mon arrivée, les nombreuses différences avec Hambourg et Offenbourg m'ont sauté aux yeux. Le style architectural prédominant n'est pas du tout le même. Ce sont d'autres boutiques qu'on trouve dans les rues commerçantes. Et les boulangeries proposaient exactement les mêmes gâteaux délicieux, pains au chocolat, tartes au citron et autres, que ma pâtisserie parisienne favorite.

L'Allemagne et la France sont toutes les deux membres de l'Union européenne. Il n'y a presque plus aucune frontière réelle entre les deux pays. Pourtant, les cultures nationales française et allemande sont restées très distinctement différentes.

L'influence des nations modernes contribue également à former les habitudes, les jugements et les comportements qui structurent la vie quotidienne. C'est ce qui détermine en partie les « codes culturels » (*cultural scripts*), qui, selon les sociologues Cliff Goddard et Anna Wierzbicka, fournissent les « normes sous-jacentes, les schémas, guides et modèles pour nos façons de penser, d'agir, de ressentir et de parler[30] ».

Ces codes culturels n'ont pas besoin d'être les mêmes sur tout le territoire national. Ils changent beaucoup avec le temps. Ils ne sont pas non plus partagés ni appréciés par tous les habitants du pays. Mais, comme le disent Goddard et Wierzbicka, « même ceux qui ne s'identifient pas personnellement au contenu de l'un d'eux le connaissent bien [...]. Il forme une partie du fond d'interprétation de tout discours et de tout comportement social dans un contexte culturel particulier[31] ».

Tout cela suggère qu'existerait une troisième forme de patriotisme qui jouerait un rôle bien plus grand que ne l'ont reconnu politologues et philosophes dans le sentiment d'appartenance des citoyens d'une démocratie multiethnique. Aimer son pays ne se traduirait pas nécessairement par la glorification des liens ethniques unissant la majorité, pas plus que cela nécessiterait d'être très impliqué dans la politique et le droit constitutionnel national. Quand la plupart des habitants disent qu'ils aiment leur pays, ils expriment tout simplement leur affection pour les petites choses qui forment le quotidien des nations modernes : leurs champs et leurs villes, leur cuisine et leurs coutumes, leurs bâtiments et leurs codes culturels.

Les critiques pointeront que la célébration de ces particularismes confine à l'impérialisme culturel. Même si la plupart des habitants en partagent en effet certains, disent-elles, ces particularismes ne sont que le reflet de l'expérience des groupes dominants. Le patriotisme culturel, disent-elles encore, est condamné à se concentrer sur des aspects très stéréotypés de la culture, tels que les costumes folkloriques ou les victoires militaires du passé. Ce faisant, il privilégie les groupes historiquement dominants au détriment des immigrés plus récents. Il sera toujours statique, excluant ou nostalgique. Telle est la crainte de ces critiques.

Ce risque mérite d'être considéré. Pour les nationalistes qui voient la culture de manière exclusive, l'Italie cesserait d'être l'Italie si trop d'Italiens choisissaient de ne plus fêter Noël, et l'Inde cesserait d'être l'Inde si trop d'Indiens fêtaient Halloween. Les nationalistes bénéficient ainsi d'un chemin pour faire passer, grâce à la culture, les morts avant les vivants, la continuité avant le changement, la pureté avant l'inclusion.

Cependant, ce n'est pas là dans les faits ce qui confère son pouvoir au patriotisme culturel. Les politiciens peuvent bien invoquer tous les clichés historiques et les symboles qu'ils veulent dans leurs discours patriotiques, la voie qu'empruntera la majorité pour en venir au patriotisme culturel sera bien plus droite, bien moins prétentieuse. Leur amour du pays sera empreint des odeurs, des sons et des goûts de la vie quotidienne. Dans une démocratie multiethnique, cet amour-là sera l'apanage de nombreux groupes différents.

Quand on leur demande leur plat favori, les Allemands sont aujourd'hui plus susceptibles de citer un plat

« étranger », comme les spaghettis à la bolognaise ou le *döner* kebab, qu'un plat « local » comme le *Schweinshaxe*[32] (jambonneau rôti, typique de Bavière). Quand les Américains doivent choisir un plat qu'ils adorent, ils sont autant à opter pour la pizza et les tacos que pour le *meatloaf* (pain de viande) ou la tarte aux pommes[33].

Cette culture quotidienne vivante, vibrante, en changement permanent, n'est pas plus étrangère aux immigrés et autres minorités ethniques. Les groupes minoritaires conservent, certes, une certaine fierté à l'égard des éléments de leur culture ancestrale, mais la grande majorité est en même temps parfaitement à l'aise avec la culture majoritaire.

Dans la plupart des démocraties diverses, les membres des minorités ethniques et religieuses comptent parmi les plus grands fans des clubs sportifs locaux et des célébrités nationales. Ils célèbrent avec plaisir les fêtes laïques comme Thanksgiving et le Nouvel An. Dans certaines régions ils s'approprient même les aspects les plus traditionnels et les plus stéréotypés de la culture nationale : les Écossais d'origine indienne ont adopté le kilt en très grand nombre, par exemple, tandis que les Bavarois d'origine turque sont de plus en plus à porter les *lederhosen* (culottes de peau) pour se rendre à l'Oktoberfest[34].

J'adore New York.

Ça ne surprendra pas grand monde, sûrement. Pourtant, il est bien difficile d'expliquer ce que cette ville a de particulier. Bien sûr, on y mange bien, mais on mange aussi très bien à Paris ou à Tokyo. Bien sûr, c'est un endroit débordant d'énergie, mais c'est aussi le cas de Pékin et de Mexico.

Nous comprenons tous instinctivement la place particulière que la culture d'une ville peut prendre dans notre cœur alors même que bien d'autres partagent la plupart de ses attributs. Ce n'est pas parce que je pourrais manger des pizzas délicieuses ailleurs ou trouver des gratte-ciel un peu partout que je ne peux pas tout spécialement apprécier New York, son esprit, son histoire, son architecture et son mélange d'influences culturelles diverses.

Ce qui paraît évident pour les villes est souvent considéré étrange ou énigmatique dès qu'il s'agit de pays. Comment peut-on aimer la culture d'une nation particulière alors que toutes se ressemblent de plus en plus, que leur territoire est très hétérogène, qu'elles sont gangrenées par l'injustice ?

C'est mal comprendre la nature profonde de l'attachement qu'on porte à son propre pays. Quand quelqu'un dit qu'il aime le Brésil, l'Indonésie ou les États-Unis, il n'entend pas que leurs qualités sont uniques, qu'ils n'ont aucun défaut, ni que les autres pays sont nuls. Il exprime simplement une affection particulière pour ce qui est sien.

« Les nations existent-elles vraiment ? » a demandé Orwell dans sa défense du patriotisme. Sa réponse a été sans ambiguïté :

« Lorsque vous retournez en Angleterre après un séjour dans un quelconque pays étranger, vous avez instantanément la sensation de respirer un air différent. Dès les premières secondes, des dizaines de tout petits détails concourent à faire naître en vous ce sentiment. La bière est plus amère, les pièces de monnaie sont plus lourdes, l'herbe est plus verte, les réclames plus agressives. Les gens qu'on croise dans les grandes villes, avec leurs trognes avenantes, leurs dents gâtées et leurs manières affables, sont différents des foules européennes[35]. »

Orwell sait parfaitement que des dents gâtées et des réclames agressives n'ont rien d'objectivement désirable. Il n'estimait pas la culture de l'Angleterre supérieure à celle de l'Espagne. Et pourtant, il l'aimait profondément, car c'était la sienne.

Ce patriotisme culturel est une part importante et rarement considérée de l'amour qu'on porte à notre pays, ai-je fini par croire. Les démocraties multiethniques, qui ont un besoin désespéré de faire naître une solidarité spontanée entre leurs citoyens, devraient, sans l'imposer d'en haut ni le rendre exclusif, en faire un usage immodéré.

*

Patriotisme et nationalisme ont souvent été utilisés pour le pire. On les a enrôlés pour servir l'exclusion et la discrimination, les guerres et les nettoyages ethniques. C'est pourquoi de nombreux défenseurs sincères des démocraties multiethniques estiment aujourd'hui nécessaire que nous abandonnions toute velléité d'identité collective. Selon eux, la solution évidente face aux dangers que représenterait un abus de nationalisme est de se garder du patriotisme sous toutes ses formes.

En tant que Juif allemand dont les ancêtres ont péri dans l'Holocauste, je comprends très bien cette position. Ni le patriotisme ni le nationalisme ne me viennent très naturellement, pour dire le moins. Mais en tant que politologue qui tente de comprendre comment nous pourrions nous préserver de nos pires instincts, je suis revenu petit à petit sur cette répulsion initiale. Si nous voulons que réussisse la grande expérience, nous devons rallier le patriotisme à sa cause.

Le patriotisme ne sera jamais totalement purgé des dangers qu'il recèle. Il est néanmoins la fondation la plus solide qu'on puisse imaginer à la solidarité de ceux qui n'ont pas grand-chose en commun. Historiquement, il a joué un rôle important pour étendre le cercle de nos sympathies au-delà de la famille, du village et de la tribu. Il peut aujourd'hui servir de liant entre les citoyens des démocraties de très grande diversité et pousser un chrétien blanc du Tennessee à se sentir concerné par le sort d'un athée hispanique vivant à Los Angeles, et vice-versa.

Afin de s'épanouir, les démocraties multiethniques doivent disposer d'une identité commune que leurs citoyens partageront. Sans une forme ou une autre de patriotisme inclusif, ceux-ci seraient condamnés à se regarder à jamais comme des étrangers ou des adversaires.

Mais le patriotisme aussi partagé soit-il n'épuisera pas la question des modalités de leur vie commune. Les membres de groupes différents peuvent vivre mélangés ou habiter des quartiers bien distincts. Ils peuvent avoir des amis de partout ou rester bien sagement cloisonnés. On pourrait tout à fait imaginer un pays dans lequel beaucoup de citoyens seraient de fervents patriotes, mais où les différentes communautés ne se croiseraient presque jamais.

Une démocratie multiethnique épanouie se définirait dans ce cas non seulement par sa présence dans le cœur de chacun, mais aussi dans les relations quotidiennes de tous avec tous. Existe-t-il un moyen pour que les citoyens de ces démocraties restent authentiquement fidèles à eux-mêmes sans abandonner tout espoir de coopération sincère et de mélange enrichissant ?

C'est la prochaine question sur ma liste.

Chapitre 6

La diversité devrait-elle ne faire qu'un ?

Presque toutes les démocraties développées ont gagné en diversité durant le demi-siècle qui vient de s'écouler. Elles ont toutes les chances d'inclure un nombre encore plus grand de groupes ethniques et religieux dans les cinquante années à venir. Si ce fait démographique est à peu près certain, de grandes questions se posent sur la nature et l'impact exacts de cette diversité accrue sur la vie quotidienne.

Ces sociétés finiront-elles par imposer une culture dominante à leurs membres, poussant les immigrés et leurs enfants à abandonner les traits de leurs caractères qui les distinguent le plus ? Les démocraties multiethniques se fragmenteront-elles en une série de sociétés parallèles dans lesquelles les membres de communautés différentes se rencontreront rarement et travailleront moins encore à des projets communs ? À moins que n'existe une troisième voie, qui permettrait aux citoyens de rester fidèles à leur identité sans priver les démocraties multiethniques d'une culture partagée ni du sentiment bien ancré du bien commun ?

Durant ces dernières décennies, ces questions ont souvent trouvé réponse par le biais de métaphores, le *melting-pot* (le « creuset ») ou le *salad-bowl* (la « salade composée »). Les discussions visant à savoir laquelle serait préférable peuvent paraître académiques, au sens péjoratif : un paquet de professeurs débattant pour et contre des idéaux abstraits sans lien direct avec la réalité vécue. Néanmoins, choisir l'idéal vers lequel nos sociétés diverses devraient tendre demeure essentiel. Le choix d'une métaphore nous aidera à envisager un futur souhaitable, les objectifs que les institutions influentes que sont les écoles, les universités et les associations pourraient se fixer, et les attentes que les citoyens pourront nourrir les uns envers les autres.

C'est pourquoi il est particulièrement inquiétant que les deux métaphores les plus populaires de ces dernières décennies aient chacune à leur manière mené les démocraties multiethniques dans le mur. Selon la métaphore du melting-pot, les immigrés et les membres des minorités devraient s'assimiler à la société sans s'accrocher à leur culture ancestrale. C'est un idéal trop homogénéisant, qui ne respecte pas suffisamment les cultures traditionnelles de citoyens venus du monde entier. Le suivre, c'est contribuer à la création d'un monde dans lequel les membres des minorités ethniques, culturelles et religieuses se sentiront obligés de dissimuler leur identité réelle pour être pleinement acceptés.

Selon la métaphore du *salad-bowl*, en revanche, les citoyens de toutes origines devraient vivre côte à côte et préserver l'intégrité de leurs communautés. Les défenseurs de cette vision du monde abandonnent bien souvent l'espoir que ces citoyens aient quoi que ce soit d'important en commun. Finalement, les pratiques concrètes qui en découlent ont contribué à fragmenter, plutôt qu'à unifier, les sociétés.

Ni le melting-pot ni le *salad-bowl* ne proposent une vision séduisante de l'avenir. Si les démocraties multiethniques veulent prospérer, elles peuvent et doivent proposer mieux. C'est ce à quoi je m'efforcerai dans ce chapitre.

Le melting-pot : une vision trop noble

David Quixano, le protagoniste d'une célèbre pièce de théâtre d'une influence certaine sur les problématiques d'immigration et d'intégration, a fui les terribles pogroms russes au début du XXe siècle pour se réfugier à New York[1].

David est un garçon névrotique, sujet à de fréquents accès de rêverie et à des crises nerveuses occasionnelles. À la moindre occasion, il est saisi de visions terrifiantes du « visage du boucher » qui a assassiné sa famille au cours du massacre de Kishineff[2]. Aujourd'hui réfugié en Amérique, il est déterminé à faire usage de son don prodigieux pour la musique afin de rendre hommage à sa nouvelle patrie[3]. Son ambition est de composer la Grande Symphonie américaine, pas moins[4].

Cette symphonie, comme l'explique David à qui veut bien l'entendre, devra exprimer l'esprit de l'Américain nouveau. Quand les immigrants débarquent à Ellis Island, ils sont « cinquante groupes, avec cinquante langages et cinquante histoires, et leurs cinquante haines et leurs rivalités[5] ». David espère qu'ils « ne le resteront pas longtemps[6] ». Le creuset de l'Amérique sera, espère-t-il, « la cure de leur querelles et vendettas ! Allemands et Français, Irlandais et Anglais, Juifs et Russes, tous dans le creuset ! Dieu va vous fondre en Américains[7] ». La symphonie de David veut donner une voix à cet homme nouveau pour la première fois[8].

Seule une personne reconnaît son talent. Militante radicale ayant abandonné le confort de l'aristocratie russe pour se rendre en Amérique, Vera Revendal s'est entièrement dévouée au sort des immigrants pauvres[9]. Inspirée par la vision de David, elle trouve l'orchestre qui pourra jouer sa symphonie[10]. Évidemment, ils tombent amoureux, et leur amour est impossible.

« Il ne nous séparera pas ? » demande David, qui vient d'apprendre que le père de Vera est baron.

« Rien ne pourrait nous séparer[11] », le rassure-t-elle.

Ils passent un mois ainsi dans la félicité, puis le baron Revendal traverse l'Atlantique pour empêcher sa fille d'épouser un juif. Celle-ci le persuade de rencontrer David, qui, dès qu'il aperçoit le visage du baron, reconnaît celui qui a veillé au massacre de sa famille et hante aujourd'hui ses cauchemars[12].

Vera jure de couper tous les ponts avec son père, mais quand elle s'approche de David pour l'embrasser, il la repousse. « Tu ne peux venir à moi, lui dit-il. Une rivière de sang nous sépare[13]. »

Il rompt les fiançailles.

Quatre mois passent encore[14]. Le 4 juillet, la symphonie de David est jouée pour la première fois, devant un public composé majoritairement d'immigrés. C'est le premier triomphe d'une carrière que tous estiment prometteuse. Mais David est malheureux. Incapable de supporter les félicitations des auditeurs conquis, il s'enfuit jusqu'au toit de la salle de concert[15].

« Comment pourrais-je soutenir ces acclamations ? Je suis un désastre ! » se plaint-il à Vera quand celle-ci, à distance respectable pour ne pas l'effrayer, l'a rejoint là-haut.

« Un désastre[16] ? » s'étonne-t-elle.

« Je prêche le creuset de Dieu, ce continent si grand qu'il pourrait fondre toutes les races et toutes les rancœurs », explique David. Mais :

« Dieu m'a soumis à cette suprême épreuve. Il m'a conféré un héritage du Vieux Monde, la haine et la vengeance, le sang, puis Il m'a dit : “Jette tout dans Mon creuset.” Et j'ai répondu : “Même Ton creuset ne pourra fondre cette haine. Il ne pourra pas boire ce sang.” Aussi suis-je resté assis à chantonner un passé mort, à jubiler devant de vieilles taches de sang. Moi, l'apôtre de l'Amérique, le prophète du Dieu de nos enfants. Oh, comme ma musique s'est jouée de moi[17] ! »

Confuse, Vera se dirige vers la sortie. « Que puis-je faire ? » demande-t-elle malgré tout quand David paraît suggérer la possibilité d'une réconciliation. « L'ombre de Kishineff doit-elle s'étendre sur toutes tes années futures ? Devrais-je t'embrasser et déposer du sang sur tes lèvres, m'accrocher à toi et me voir repoussée par toutes ces mains froides comme la mort[18] ? »

« Oui, répond David, accroche-toi à moi, malgré eux tous, accroche-toi à moi jusqu'à ce que tous ces fantômes soient exorcisés, accroche-toi à moi jusqu'à ce que notre amour triomphe de la mort[19]. »

En s'embrassant pour la première fois depuis la rupture des fiançailles, les amants enfin réconciliés regardent se coucher le soleil sur New York. Tandis que tombe le rideau, David s'émerveille : « Le grand alchimiste fond et fusionne les citadins, Celtes et Latins, Grecs et Syriens, Noirs et Asiatiques, de sa flamme purificatrice[20]. »

Cette pièce d'Israel Zangwill, *Le Melting-pot*, a connu un succès instantané depuis sa première au Columbia Theatre de Washington DC, en 1908. La vision de l'Amérique qu'elle exprimait était à la fois noble et émouvante, d'autant que le pays ne se montrait à l'époque pas vraiment à la hauteur des idéaux du protagoniste[21]. Depuis sa création, la métaphore du melting-pot est intimement liée à une perception très fine des tragédies de l'histoire et des injustices que tant de gens ont connues en raison de leur race ou de leur religion. Loin de nier les dangers que cela représentait pour les démocraties multiethniques, il s'agissait au contraire d'une exhortation à les dépasser, au prix si nécessaire d'un sacrifice personnel énorme. David Quixano et Vera Revendal méritent toute notre admiration.

La puissance morale de cette vision est certainement ce qui explique qu'elle soit devenue la métaphore centrale de l'histoire de l'Amérique au cours du XXe siècle. Après que la Seconde Guerre mondiale avait poussé des millions d'Américains de toutes origines ethniques et culturelles à vivre dans une grande proximité, dans les casernes et sur les champs de bataille, les délires de David sont devenus prophétiques. Des distinctions autrefois fondamentales entre Irlandais et Italiens, catholiques et protestants, juifs et goys ont commencé à perdre de leur importance. Au cœur de la guerre froide, le melting-pot était devenu tout à la fois une description exacte de la vie réelle et un objectif naturel des institutions.

Beaucoup d'universitaires et de militants ne perçoivent pas ses attraits, peut-être parce que, malgré les nombreux sarcasmes qu'ils lui réservent, ils n'ont jamais lu la pièce de Zangwill[22]. Selon eux, les idéaux du melting-pot ne tiennent pas compte des conflits historiques entre cultures et entre religions. Pire, le melting-pot présume que les immigrés seront naturellement tentés de « s'assimiler » à une culture américaine préexistante. Ils en adopteront les normes et les valeurs, se transformant en une imitation imparfaite des Wasps qui ont si longtemps constitué l'aristocratie informelle du pays.

Il s'agit là d'une caricature peu charitable, qui ignore volontairement les raisons pour lesquelles l'idée du melting-pot a si longtemps régné dans l'imagination américaine. La symphonie de David devait faire entendre la voix de l'Américain nouveau, pas celle de l'habitant de Boston sur sept générations. Cependant, malgré ses outrances, la critique du melting-pot comme homogénéisation radicale nous aide à comprendre pourquoi les défenseurs de la grande expérience ne devraient pas tenter de voir l'avenir des démocraties multiethniques par ce prisme.

Cette métaphore laisse en effet entendre que les individus devraient abandonner leur culture ancestrale afin de devenir de vrais Américains (ou de vrais Italiens ou de vrais Australiens). La pièce de Zangwill, par exemple, va au-delà de la condamnation de ceux qui, tel le baron Revendal, empêchent leurs proches d'épouser le partenaire de leur choix : elle propose de dissoudre les cultures du Vieux Monde afin d'en créer une autre, homogène et nouvelle, qui s'y substituera. Tel serait le rôle véritable de l'Amérique. Ce serait trop demander à la plupart des gens et courir le risque d'appauvrir plutôt que d'enrichir la culture.

Les idéaux du melting-pot peuvent paraître abstraits, mais c'est véritablement ce qui a commencé à se passer en Amérique après la guerre. En raison des politiques anti-immigration du début du XXe siècle, la proportion d'habitants nés à l'étranger était au plus bas dans les années 1960[23]. La télévision se répandait et fournissait des références communes aux Américains. La culture du pays était plus homogène qu'à n'importe quel autre point de son histoire. Et, bien que l'Américain moyen eût déjà bien accepté le poulet *kung pao* et les spaghettis à la bolognaise, les enfants et petits-enfants des immigrés chinois et italiens étaient souvent moqués quand ils osaient apporter dans leur boîte à pique-nique des casse-croûtes plus « exotiques ».

En ces années, des millions d'Américains ont grandi dans la honte de leur héritage culturel. Beaucoup abandonnèrent la nourriture traditionnelle de leurs ancêtres au profit du burger et du plateau télé. Et certains observateurs contemporains en sont venus à utiliser la métaphore du melting-pot à la manière d'un marteau pour taper sur les immigrés qui refusaient de s'intégrer dans la culture majoritaire. Une faute indéniable.

Malgré tout, le parfait idéal pour guider une société d'immigrés doit conserver quelque chose de l'intuition de Zangwill : la faculté de forger un destin commun, en compatriotes, chez des personnes issues de cultures très différentes dont les ancêtres se sont détestés. La question est de savoir si les démocraties multiethniques peuvent atteindre ce noble but sans demander à leurs citoyens d'abandonner leur culture d'origine et leur identité, ce que suggère la métaphore du melting-pot.

La salade composée : un futur trop fragmenté

La pression de l'assimilation dans une société homogène a bientôt fait naître un contre-mouvement. Une nouvelle génération d'universitaires et de militants voyait comme une grave erreur d'insinuer que les immigrés et leurs descendants devaient dissoudre leurs cultures dans le melting-pot, que cela revenait à leur faire abandonner des parties essentielles de leur culture ancestrale. Elle proposait à la place une nouvelle vision des démocraties multiethniques, centrée sur le maintien et la glorification des communautés distinctes[24].

Le rejet de l'assimilation a vite entraîné une explosion des métaphores culinaires et artistiques. Certains proposaient de conceptualiser les sociétés diverses comme des « mosaïques » dont la beauté provenait de la séparation nette entre tous leurs éléments constitutifs. D'autres ont lancé l'image de la salade composée ; selon eux, un plat dont tous les ingrédients resteraient entiers serait bien plus savoureux que si on les passait au moulin pour obtenir un liquide uniforme[25].

Les images de la mosaïque et de la salade composée reflètent chacune un aspect important des villes qui m'attirent personnellement le plus. Une chose formidable à New York, par exemple, est qu'on peut y faire l'expérience de nombreuses cultures différentes le même jour. On peut, pour rester dans la métaphore culinaire, prendre le brunch à Harlem dans un restaurant de *soul food**, aller boire le café dans El Barrio avant un déjeuner tardif à Chinatown, puis se rendre à Bay Ridge dans un café géorgien pour finir par un dîner arrosé de vodka dans un restaurant russe de Brighton Beach.

S'inspirer des métaphores de la mosaïque ou de la salade composée pour construire une société « multiculturelle[26] » nous encourage à davantage célébrer les héritages des communautés immigrées. En Europe surtout, les pays ont longtemps prétendu que les immigrés n'étaient que de passage[27]. Et même une fois ce mythe complaisant battu en brèche, certains des politiciens les plus influents des années 1970 et du début des années 1980 ont continué à insister pour que les communautés s'assimilent, sans égard pour leur propre héritage culturel[28]. Ce n'est qu'au

* Tradition culinaire des Afro-Américains du sud des États-Unis. [NdT.]

cours des années 1980 et 1990 que le changement s'est enclenché.

Dans toute l'Europe, des salles des fêtes se sont mises à programmer des festivals de danse turque, de gastronomie algérienne ou de mode africaine[29]. En Allemagne, les Verts ont chanté les louanges du *Multikulti*, une vision de l'avenir qui mettait l'accent sur la contribution de toutes les différentes cultures composant la vie quotidienne du pays[30]. Au Royaume-Uni, la nostalgie de l'Empire et de la *Rule Britannia* a laissé place à la célébration joyeuse de l'hétérogénéité culturelle, la *Cool Britannia*[31].

L'idéal de la salade composée palliait le défaut principal de son prédécesseur. Elle a participé à une meilleure appréciation de la diversité culturelle dans la vie réelle. Il y a beaucoup à aimer là-dedans. Cependant, malgré ses vertus, les idéaux comme les pratiques qu'elle inspire ont leurs propres défauts.

Les champions de la salade composée ont modifié la conception des sociétés d'immigrés dans la culture populaire. Tant qu'elle consiste simplement en la célébration de la diversité, de toutes les cultures qui fleurissent sur son territoire, la société « multiculturelle » est en effet une amélioration significative par rapport au melting-pot.

Mais, en théorie comme en pratique, la salade composée est allée nettement plus loin. À l'image des communautaristes qui appellent de leurs vœux une « association des associations », certains de ses défenseurs ont explicitement formulé une vision de la société dans laquelle les membres des différents groupes n'ont que très peu de contacts entre eux et se trouvent soumis à l'autorité de leurs aînés, sans garde-fous[32]. L'adoption pleine et entière de ce genre de multiculturalisme court le risque d'aggraver la fragmentation des démocraties multiethniques.

Au Royaume-Uni, par exemple, le dernier gouvernement travailliste a encouragé la formation d'écoles publiques confessionnelles, des institutions financées par l'impôt dans lesquelles juifs, sikhs, hindous et musulmans seraient éduqués séparément les uns des autres et même séparés de la société[33]. Après une phase d'expérimentation de dix ans, les éducateurs ont tiré la sonnette d'alarme. « Je crains que beaucoup de jeunes soient éduqués dans des écoles confessionnelles sans être jamais instruits de leurs responsabilités et de leurs devoirs à l'égard de la société britannique », a écrit en 2005 David Bell, alors inspecteur en chef des Écoles d'Angleterre pour le England's Office for Standards in Education[34].

« À moins de changements drastiques dans le fonctionnement de la plupart des écoles confessionnelles, nous craignons que la division de la société ne fasse que s'accentuer », a répondu à son tour Mary Bousted en 2008, secrétaire générale de l'Association des professeurs et conférenciers du Royaume-Uni : « Pourquoi des écoles financées par l'État devraient-elles être autorisées à promouvoir une religion particulière plutôt que d'éduquer les enfants dans le respect et la compréhension de toutes les religions, afin de mieux vivre dans une société multiculturelle[35] ? » Pourtant, bien que la population soit depuis longtemps opposée à l'existence d'écoles confessionnelles financées par l'État, le contribuable britannique continue de les financer contre sa volonté[36].

Un État libéral devrait évidemment permettre aux écoles privées de choisir leurs élèves sur critères religieux. Si certains de ses citoyens ne souhaitent pas sortir de leur communauté, il doit respecter leur choix. Mais si l'État se met à encourager et à financer la création d'écoles qui réduisent les contacts entre enfants de confessions différentes, on voit bien que la logique de la salade composée mènera naturellement à la promotion de certaines formes de séparatisme culturel contre-productives.

Dans certaines démocraties développées, le respect de l'autonomie culturelle des groupes qui les constituent a eu des effets plus pernicieux encore, à la fois pour les membres de ces groupes et pour la société en son entier.

Au Royaume-Uni, Mohammed Lutfur Rahman était le maire du quartier de Tower Hamlets, à Londres. Pendant plus de dix ans, il a bâti un remarquable système de corruption et d'intimidation. En avril 2015, il a enfin été jugé coupable de tricherie électorale. Il manipulait les suffrages en promettant des financements aux associations communautaires en échange de leurs suffrages et en ralliant des imams à sa cause afin d'exercer une « influence spirituelle indue[37] ». Les opposants qui osaient critiquer son mode de gouvernance se retrouvaient avec des vitrines brisées. On les accusait d'être les « esclaves des Britanniques[38] ».

Les politiciens de niveau national et la presse généraliste ont longtemps refusé de dénoncer les abus de pouvoir de Rahman. Ils craignaient qu'on les juge hostiles à un groupe ethnique minoritaire, bien que les victimes de Rahman soient pour la plupart des immigrés du Bangladesh comme lui. Rahman a d'ailleurs pu jouer de ces scrupules, traitant de « raciste » le politicien blanc qui a fini par lui prendre son siège[39].

C'est en raison du même genre de scrupules déplacés à s'immiscer dans les affaires des minorités culturelles que les autorités de nombreux pays ont pu ces derniers temps détourner le regard des cas locaux de mutilations sexuelles[40]. En 2014, Anissa Mohammed Hassan, immigrée somalienne et militante féministe en Suède, a découvert qu'une proportion significative des filles dans une école de Norrköping avaient été excisées[41].

Des intellectuels ont avancé que le multiculturalisme nous imposait de respecter cette pratique cruelle[42]. D'autres paraissaient craindre davantage la couverture médiatique négative d'une minorité que l'injustice faite à ces filles. Comme l'a dit l'anthropologue suédoise Sara Johnsdotter au *Guardian* après les révélations de Hassan : « Je travaille dans ce domaine depuis quinze ans et tous les deux ou trois ans le gouvernement cherche à l'interdire et on trouve dans un journal un long papier qui attire l'attention sur la question. Personnellement, je trouve ça dangereux[43]. »

La version appétissante de la salade composée, ce sont les festivals culturels auxquels je participais souvent durant mon enfance en Allemagne. Par une belle journée d'été, une jolie petite ville organisait une sorte de concert dans un quartier bourgeois. Au milieu des stands de nourriture et des magasins de vêtements se montait une scène sur laquelle se produisaient des spectacles représentatifs de l'Allemagne nouvelle : de la musique kurde, des danses africaines et un petit groupe klezmer.

La version indigeste, ce sont des pays où la ségrégation est la norme, l'amitié rare entre les communautés, des écoles séparées pour les enfants, des mariages intergroupes mal tolérés, des individus qui ne disposent pas de réelle liberté de choix.

La salade composée corrige certains défauts du melting-pot mais fait naître le spectre d'une société dont les membres se fréquentent à peine et n'éprouvent pour autrui aucune sympathie particulière. Chaque ingrédient du nouveau plat multiculturel, si l'on file la métaphore, tolérerait tout juste la proximité des autres sans jamais tirer fierté de la composition commune[44].

Nous avons besoin d'une nouvelle métaphore pour exprimer ce à quoi pourrait ressembler une démocratie multiethnique et prospère. Cette nouvelle métaphore devra reprendre les meilleurs aspects des deux précédentes. Comme celle de la salade composée, elle devra illustrer correctement l'hétérogénéité de toute société multiethnique. Et, comme celle du melting-pot, elle devra reconnaître qu'au sein d'une démocratie prospère les compatriotes doivent partager une forme de communauté de destin.

À quoi ressemblerait une démocratie multiethnique conforme à ces valeurs-ci ? Quel genre de métaphore nous aiderait à exprimer un avenir souhaitable ?

Une vision nouvelle : le parc public

Quand je vivais à New York, une fois par semaine je prenais mes crampons, empruntais le métro jusqu'à la station Park Slope, je traversais quelques rues bordées de ces majestueuses maisons en *brownstones* et j'entrais dans Prospect Park pour aller jouer au foot.

J'aimais beaucoup ce rituel qui me permettait de croiser de vieux amis, de rencontrer des nouvelles têtes et de pratiquer mon sport favori. Je l'aimais beaucoup aussi parce que le trajet était chaque fois une illustration parfaite de la diversité et de la vitalité de la ville, et du pays.

Marchant vers notre terrain improvisé, je dépassais des ados en train de se prendre en selfie avec leur smartphone dernier cri, des hipsters dans la vingtaine qui discutaient du nouvel album de leur groupe préféré, de grandes familles portoricaines qui fêtaient un anniversaire, des Afro-Américains en plein pique-nique, de vieux Italo-Américains qui jouaient aux cartes.

Le plus souvent, chacun de ces groupes vivait sa vie. Mais parfois, je surprenais des conversations entre deux groupes, des Italiens et des Portoricains qui échangeaient leur nourriture tandis que leurs enfants jouaient ensemble à chat.

Une fois, dans une partie boisée du parc, j'ai effrayé un jeune couple. Ils se sont vivement écartés l'un de l'autre et m'ont regardé, l'air visiblement inquiet. J'ai d'abord été surpris. Je n'avais rien vu de bien scandaleux, juste quelques langoureux baisers.

Et puis j'ai compris : la fille, avec son rouge à lèvres très sombre et son *crop-top* qui révélait son nombril, avait un air portoricain. Le garçon, qui avait ôté son chapeau et déposé sa veste savamment pliée sur une branche d'arbre, portait une chemise blanche où cascadaient ses papillotes brunes : c'était un juif hassidim.

J'ai bredouillé des excuses pour avoir dérangé ce David Quixano et sa Juliette modernisés, et je me suis dépêché de rejoindre mes amis en songeant que le pays pourrait aisément connaître pire destin que de ressembler dans son ensemble à Prospect Park.

Aucune métaphore ne capture aussi bien l'idéal de la démocratie multiethnique. Cependant elle doit pour être utile, contrairement au melting-pot, reconnaître que les citoyens ont le droit de vivre leur vie conformément aux codes de leur choix. En même temps, elle devrait, contrairement à la salade composée, inspirer la création d'un espace commun dans lequel des gens de tout horizon auront de bonnes raisons d'interagir et de coopérer. Aussi simple soit-elle, l'image d'un parc public réussit sur ces deux tableaux. Trois de ses caractéristiques nous aident tout particulièrement à imaginer le genre de démocratie que nous devrions chercher à construire.

Un parc public est ouvert à tout le monde

Dans un parc, les visiteurs font ce qu'ils veulent : ils peuvent aussi bien s'agglutiner entre gens du même groupe que s'engager dans des activités communes avec de parfaits étrangers. Et, bien qu'il ne prévoie absolument pas que ses visiteurs partageront un but commun, le parc fournit à ceux qui le désirent un endroit parfait pour se réunir et convaincre d'autres promeneurs de se joindre à eux.

De même, les démocraties multiethniques doivent garantir que personne ne souffrira de discrimination ou d'hostilité généralisées en raison de son identité attribuée. Cela signifie qu'elles doivent garantir à tous leurs citoyens la jouissance de l'espace public et la possibilité de fonder des structures privées, selon les mêmes modalités. Un parc est pour tout le monde, une société diverse traite ses membres de toutes les races et de toutes les religions avec un égal respect, une même dignité.

Un parc public propose de nombreuses activités

Les visiteurs d'un parc se livrent à toutes sortes d'activités légitimes. Ils courent, marchent, lisent, parlent, jouent ou mangent.

Cette grande variété est une bonne chose. Cependant, afin que le parc reste un endroit sûr, qui donne envie d'entrer, tout le monde doit disposer des mêmes droits et des mêmes libertés. On ne vole pas, pas plus qu'on ne force quelqu'un à jouer au base-ball parce qu'on n'aime pas le foot. On n'impose pas aux autres ce qu'ils doivent manger. En cas de problème, tous les visiteurs doivent être certains qu'on les aidera vite à se défendre contre quelqu'un qui ne respecterait pas tout ça.

De même, dans les démocraties multiethniques, tous les citoyens doivent être libres de vivre leur vie conformément à leurs valeurs. Ils peuvent être religieux ou athées, ils peuvent faire passer d'abord la famille ou d'abord le travail, ils peuvent préférer regarder la télé que faire du sport.

Mais les démocraties multiethniques doivent aussi veiller à ce qu'aucun citoyen ne fasse de mal aux autres, n'intimide qui lui déplairait en raison de son opinion ou de son identité, ou ne veuille contrôler les membres de sa communauté. Tout comme un parc nécessite des règles pour s'assurer que les visiteurs pourront aussi bien rester ensemble qu'interagir avec les autres, les démocraties libérales doivent protéger leurs citoyens de toute oppression de l'État *et* de toute coercition imposée par leurs aînés.

Un parc public crée un espace propice à la rencontre

Quand j'allais à Prospect Park, je le trouvais toujours plein de vie, beau et tout à fait sûr. Cela n'empêche pas que de nombreux parcs dans le monde soient dangereux, mal entretenus ou bizarrement déserts.

Comme c'est le cas pour tout jugement de nature esthétique, nous ne serons pas tous d'accord quand il s'agira de désigner le plus beau parc du monde, ni ce que nous souhaiterions y trouver. Certains aiment les grands espaces ouverts, d'autres les zones boisées d'aspect sauvage. Certains apprécient l'activité débordante d'une grande pelouse remplie d'estivants, d'autres préfèrent se perdre seuls parmi des chemins détournés.

Ces jugements esthétiques orienteront en retour nos choix sur d'importants aspects du parc. Il va de soi qu'il sera exclu d'en priver d'accès quiconque en raison de sa couleur de peau. Mais d'autres questions se prêtent à un débat légitime. Selon nos valeurs et nos préférences, nous pourrions préférer un parc plus ou moins sauvage et naturel, ou plus ou moins entretenu et manucuré. Nous pourrions imposer des limites plus ou moins fortes au bruit.

À ces désaccords légitimes sur les aspects réglementaires ou architecturaux d'un parc public répondent des désaccords tout aussi légitimes sur les normes et les coutumes susceptibles de produire les démocraties multiethniques les plus prospères.

Certains voudraient imposer un ensemble de lois et de normes culturelles très strictes. D'autres ont visiblement abandonné tout espoir que des membres de groupes différents puissent se voir comme des amis et des alliés plutôt que des rivaux et des ennemis. Je suis en désaccord avec ces deux propositions. Mon espoir pour le futur des démocraties multiethniques serait qu'elles partagent avec Prospect Park ces aspects qui m'ont fait tant l'aimer. Elles devraient être très animées et pourtant paisibles, hétérogènes sans être fragmentées.

Mieux, j'espère qu'elles créeront de nombreux espaces de brassage, comme dans les espaces publics les mieux pensés. Chacun y demeurera libre de rester au sein de son groupe ou de sa communauté, mais beaucoup remarqueront grâce à ce cadre tout ce qu'ils partagent avec leurs compatriotes qui, à première vue, ne leur ressemblent en rien.

Les meilleurs espaces publics permettent à chacun de s'occuper dans son coin tout en facilitant les rencontres inattendues qui aboutiront à des amitiés durables. De même, le genre de démocraties multiethniques que nous devrions chercher à construire doit tout à la fois respecter la tranquillité des communautés qui choisissent de vivre en retrait tout en encourageant la majorité des citoyens à s'embarquer dans des vies communes, des destinées sainement et significativement partagées.

*

Ni le melting-pot ni la salade composée ne nous indiquent la voie des démocraties diverses et prospères. Dans le genre de société que nous cherchons à construire, personne ne devrait choisir entre devenir membre de la nation aux dépens de sa culture personnelle, ou cultiver celle-ci au point que la notion même de nation n'existerait plus. Dans leur meilleure version, les démocraties multiethniques devraient nourrir à la fois un authentique sentiment de cohésion nationale et une énorme variété de sous-cultures. Nous ne devons pas nous contenter de moins.

L'image de la démocratie que nous voudrions construire s'affine. Ses citoyens jouiraient d'une double liberté, celle d'être libres d'exprimer leur pleine identité sans crainte, et celle d'être protégés des restrictions indues que voudraient imposer l'État ou la cage des normes. Ils seraient favorables à un patriotisme inclusif qui prendrait ses racines dans les traditions civiques et dans la culture quotidienne. Enfin, ils chercheraient à bâtir leur société à l'image d'un parc public débordant de vie, un endroit où les visiteurs feraient ce qu'ils voudraient mais choisiraient plus souvent qu'à leur tour d'aller à la rencontre des autres, l'esprit ouvert et curieux.

Afin de parfaire cette image, il nous faut cependant répondre à une dernière batterie de questions. Comme les parcs publics, les sociétés ne sont pas seulement définies par la loi qui assigne aux citoyens des droits et des devoirs, ni par leur conception de l'identité collective, ni par la fréquence et l'étendue de leurs échanges quotidiens. Elles sont aussi définies par les normes politiques et sociales non écrites qui orientent et limitent les choix individuels.

Jusqu'à quel point les démocraties multiethniques devront-elles modifier leur roman national pour inclure les nouveaux arrivants ? Comment peuvent-elles encourager la solidarité politique entre les communautés ? Est-il bon ou mauvais que leurs cultures s'influencent ? Enfin, est-ce que les institutions fondamentales telles que l'école publique devraient mettre l'accent sur leurs points communs, ou bien relever leurs différences ?

Telles sont les questions aussi importantes que controversées vers lesquelles je me tourne afin de compléter cette vision de ce que devraient être les démocraties multiethniques qui voudraient s'épanouir.

Chapitre 7

Pouvons-nous construire une vie sainement partagée ?

Pratiquement partout dans le monde démocratique, des débats féroces autour de controverses sociales ou culturelles apparemment futiles mobilisent les opinions publiques à un point inimaginable. Au Royaume-Uni, par exemple, des militants ont passionnément débattu pour savoir si les privilégiés devaient abandonner tout jugement politique en propre pour s'en remettre aux seules opinions des opprimés, bien mieux à même de définir la bonne méthode pour redresser les injustices qu'ils subissent. Pendant ce temps, aux États-Unis, les auteurs culinaires se sont écharpés pour déterminer si un chef blanc pouvait ouvrir un restaurant de tacos sans risquer une dangereuse appropriation culturelle.

Ces débats peuvent paraître surjoués. Il serait facile de les balayer d'un revers de la main comme les batailles d'une guerre culturelle dans laquelle les combattants chercheraient désespérément à identifier les questions les plus sensibles, celles qui exciteront le plus les militants fervents. Certains sont de mauvaise foi, c'est indéniable ; toutefois, ce serait une erreur d'ignorer ces questions en bloc, car les camps en présence sont bien souvent les miroirs de désaccords très profonds sur la notion de diversité en démocratie.

En résumé, les positions qu'adoptent les participants de ces guerres culturelles trouvent leur origine dans trois approches différentes des règles informelles de nos sociétés[1]. La première de ces écoles de pensée cherche à abandonner la grande expérience afin de renouer avec un passé supposé plus rose, quand les démocraties étaient homogènes ou, à défaut, proposaient une hiérarchie des ethnies et des religions bien organisée. Cet espoir de « retour à l'âge d'or », expression qu'on trouve de plus en plus dans les grands mouvements d'extrême droite, n'est ni désirable ni réaliste.

La deuxième école de pensée consiste à affirmer que les démocraties multiethniques n'ont pas du tout besoin de changer leurs règles ou leur roman national pour intégrer parfaitement les nouveaux venus. Le point aveugle de ce « refus du changement », c'est que des règles neutres en apparence peuvent en réalité désavantager les membres des minorités ethniques ou religieuses, absentes au moment de leur rédaction ou de leur apparition.

Pour la dernière de ces écoles de pensée, les démocraties multiethniques doivent abandonner les principes libéraux et individualistes qui les ont fondées pour rebâtir les sociétés de zéro, en se concentrant sur les droits des minorités opprimées. Ce que négligent ceux qui se concentrent ainsi sur l'identité, c'est qu'ils risquent de jeter le bébé avec l'eau du bain en abandonnant de nombreuses idées indispensables au fonctionnement de démocraties hétérogènes, et qu'essentialiser ainsi les identités des minorités pourrait nuire à la cause de l'égalité véritable.

Nous ne disposons d'aucun moyen réaliste et moralement acceptable d'en finir avec la grande expérience. Construire des sociétés justes sera un véritable défi. Abandonner les principes philosophiques libéraux qui structurent les démocraties multiethniques ne ferait qu'aggraver les injustices qui les caractérisent aujourd'hui. Si nous voulons la réussite de la grande expérience, il nous faut forger une vision nouvelle des règles informelles qui régiront les démocraties diverses de demain, une vision bien plus optimiste quant à notre faculté de construire une vie sainement partagée.

Retour à l'âge d'or

Durant son enfance à Chemnitz, ville industrielle d'Allemagne de l'Est, Benjamin Jahn Zschocke avait rejoint un groupe anti-fasciste. « C'est dans ma nature », m'a-t-il informé dans la salle à manger d'un grand hôtel en perte de vitesse le long de l'avenue des Nations. « Quand quelqu'un se fait tabasser, je vais l'aider[2]. »

Et puis son échiquier politique personnel a pivoté. Il en est venu à voir l'immigration comme la plus grande menace qui planait sur sa ville. Ses inquiétudes ont été démultipliées quand, à partir de l'été 2015, plus d'un million de réfugiés se sont installés en Allemagne. Zschocke a viré à droite, jusqu'à devenir un personnage important de la scène ultranationaliste locale.

Zschocke, impeccablement mis et d'une politesse exquise, m'a annoncé ensuite que les grandes villes d'Allemagne de l'Ouest étaient condamnées. Bientôt, la majorité de leurs habitants descendraient d'immigrés. « Si les habitants descendaient dans la rue, des clans d'Arabes s'en prendraient à leurs enfants le lendemain, m'a-t-il appris. Pour ceux qui aiment sa culture, l'Occident a déjà perdu. »

Heureusement, a-t-il ajouté, les Blancs sont toujours en nette majorité dans les villes de l'Est. « Pour ceux qui ne veulent pas d'une société multiethnique, l'Est est devenu une sorte de refuge. »

Après environ une heure de conversation, une sirène de police a déchiré le calme de cet hôtel très distingué. Quelques jours avant mon arrivée à Chemnitz, un demandeur d'asile syrien avait poignardé Daniel Hibbing, charpentier germano-cubain, au cours d'une bagarre nocturne, ce qui avait déclenché des manifestations spontanées des militants d'extrême droite. Depuis, Zschocke aidait à organiser des rassemblements quotidiens pour protester contre la clémence d'Angela Merkel à l'égard des demandeurs d'asile. Un autre de ces rassemblements allait commencer. J'ai demandé à Zschocke quand il comptait s'y rendre. Il m'a lancé un sourire fugace avant de secouer la tête : « Je suis trop sensible. Les foules, toute cette émotion… Je vais rentrer chez moi et écouter de la musique classique. »

La plupart des démocraties dans le monde vivent actuellement une transformation qui brouille leurs repères. Ces tentatives pour créer des sociétés diverses, démocratiques et justes sont sans précédent. Il y a fort à parier que cela aboutira à des changements culturels et politiques significatifs, et que les groupes qui occupent depuis longtemps le sommet de la hiérarchie ethnique et religieuse de ces pays y perdront certains de leurs bénéfices indus.

Ces derniers temps, une nouvelle génération de militants et de politiciens est parvenue sur le devant de la scène en agitant les peurs que cette transformation réveille dans la population. Si on leur accorde notre confiance, disent-ils, ils ramèneront le pays jusqu'à son âge d'or.

Matteo Salvini, le leader du parti d'extrême droite la Ligue, en Italie, a ainsi écrit que grâce à lui les Italiens « retrouveraient la joie de faire des enfants, se dispensant du recours à cet horrible changement de population par une immigration hors de contrôle[3] ». Le slogan de campagne de Donald Trump était encore plus direct. Il promettait de *Make America Great Again* (« Rendre à l'Amérique sa grandeur[4] »).

Ce que ce retour en arrière signifie en pratique est très différent selon les cas. Les politiciens de droite dans les quelques démocraties encore relativement homogènes veulent s'assurer que le pays ne devienne jamais hétérogène. En s'opposant à l'immigration sous toutes ses formes, certains leaders d'Europe centrale et d'Asie de l'Est espèrent ainsi éviter le problème dans lequel s'engluent les démocraties multiethniques[5].

Seulement, cette option n'est pas disponible pour les militants de droite des très nombreuses démocraties qui sont déjà hétérogènes. Certains insistent tout de même pour remplir cet objectif, par des moyens nécessairement bien plus cruels. Ils rêvent de « restaurer » l'homogénéité du pays en expulsant les minorités ou en les poussant au départ. Zschocke, le militant d'extrême droite rencontré à Chemnitz, espère par exemple que ses camarades et lui arriveront à créer une atmosphère suffisamment hostile pour que les immigrés quittent la ville « de leur propre chef ».

Pour la plupart, les leaders d'extrême droite tels que Trump et Salvini reconnaissent que cet objectif est hors de portée. Leur pays restera multiethnique et ils le savent. Plutôt que d'essayer de retrouver une homogénéité, ils proposent donc de rétablir la hiérarchie d'antan.

Certaines démocraties ont même adopté des lois très concrètes visant à empêcher les cultures minoritaires de se retrouver dans la culture commune. En Suisse, par exemple, une majorité de citoyens a voté l'interdiction de construire de nouveaux minarets lors d'un référendum en 2009[6]. D'autres démocraties interdisent l'abattage rituel, façon à peine voilée de compliquer la vie des juifs et des musulmans pratiquants qui voudraient se sentir chez eux[7].

Les problèmes que posent ces « solutions » sont évidents.

Des pays comme le Japon ou la Bulgarie peuvent choisir, s'ils sont prêts à subir les affres d'un dépeuplement rapide, de rester relativement homogènes. Mais partout ailleurs, la diversité est déjà une réalité. Même si ces autres pays bloquaient toute immigration dès maintenant, cette diversité ne fera que s'accentuer dans les années qui viennent.

Tout plan qui chercherait à renverser ce changement sans recours à la violence a bien peu de chances d'être efficace. Les provocations rhétoriques auxquelles les populistes aiment tant s'adonner peuvent bien nourrir la colère et le ressentiment d'un segment de population, hors de ça, ils parlent dans le vent. Il est remarquable, par exemple, que la population des États-Unis ait gagné en diversité et que l'opinion publique soit devenue plus favorable à l'égard de l'immigration sous le mandat de Donald Trump[8].

Le seul moyen réaliste de renverser la transformation démographique en cours impliquerait de terribles violences. Les démocraties multiethniques devraient pour cela arracher des citoyens légaux au territoire par la force ou pousser les membres des minorités à fuir en imposant une atmosphère hostile comme celle que Zschocke compte créer.

L'humanité a connu beaucoup de nettoyages ethniques au cours de son histoire. Aujourd'hui encore, ce genre de mesures inhumaines sont soutenues çà et là. Personne ne devrait totalement exclure cette possibilité. Mais c'est un avenir qu'il faut craindre et non souhaiter.

La conclusion est sans appel. Au sein des démocraties, un débat légitime peut avoir lieu sur le contrôle de l'immigration. Mais dans les pays où la diversité est déjà grande, les tentatives de retour en arrière ont toutes les chances d'être cruelles, futiles, ou les deux. Une façon conforme à la morale de stopper la grande expérience serait très certainement inefficace, tandis qu'une façon efficace d'y mettre un terme serait presque à coup sûr intolérable sur le plan moral.

Refus du changement

Heureusement, la majorité des citoyens des démocraties multiethniques ne sont pas du tout partisans du retour en arrière. Ils considèrent beaucoup de ces nouveaux compatriotes avec affection, parfois avec admiration, et sont vigoureusement opposés aux mesures cruelles qu'impliquerait toute tentative de stopper et à plus forte raison de renverser le changement démographique. Cela ne les empêche pas de nourrir pour certains de réelles inquiétudes sur la grande expérience, mais ils reconnaissent qu'un retour aux années 1950, ou même 1980, n'est qu'un fantasme simplet.

Dans le même temps, beaucoup de ces citoyens sont très investis dans leur culture, dans leur pays, dont les racines plongent dans un passé plus homogène et qui deviennent de plus en plus difficiles à justifier aujourd'hui. Bien qu'ils rejettent sans hésiter les structures de domination plébiscitées par les partisans du retour en arrière, leur vision du monde perpétue à leur corps défendant une structure de domination implicite qui divise la société entre un groupe de souche, qui appartient pleinement au pays, et plusieurs groupes périphériques qui restent confinés aux marges.

Cela se manifeste par exemple dans la réticence à l'égard des accommodements nécessaires à l'intégration pleine et entière des immigrés et autres groupes minoritaires. Il n'y a rien de mal, en principe, dans la volonté de construire ou de conserver une culture publique partagée, qui servira de lieu de rencontre aux citoyens venus de tous les horizons. Une société sans culture ni identité communes a toutes les chances de se fragmenter dangereusement.

Mais, en pratique, les défenseurs de ce que les Allemands appellent la *Leitkultur*, la « culture phare », oublient souvent que les normes et les attentes qui fourniront ce lieu de rencontre pour les interactions sociales entre citoyens divers ont été gravées dans le marbre bien avant que les démocraties fussent hétérogènes. Leur objectif n'est pas d'exclure les nouveaux venus en insistant sur les vieilles coutumes, telles que d'interdire aux magasins d'ouvrir le dimanche ou d'afficher des symboles religieux dans les salles de classe, mais leur refus du changement, voire leur refus de reconnaître que, loin d'être neutres, ces traditions conçues en accord avec les préférences de la majorité aboutiront certainement à mécontenter les membres des groupes minoritaires.

Une autre manifestation de cette résistance au changement est la réticence à parler du rôle que jouent la race et les autres identités attribuées dans les démocraties multiethniques. Le désir d'une « république aveugle » qui ne distingue pas les couleurs de peau tire sa légitimité d'une intuition morale fondamentale selon laquelle les êtres humains ne sont pas plus ou moins estimables en fonction de leur héritage ethnique, pas plus qu'ils ne sont plus ou moins capables de devenir d'honnêtes citoyens. La volonté de traiter chacun selon ses actes ou ses mérites plutôt que sa couleur est un idéal tout à fait noble.

Toutefois, ce louable refus de consacrer les races vire parfois au refus de constater le racisme. Il est bon d'aspirer à une société dans laquelle les identités attribuées vaudraient le moins possible, mais ça ne fait pas disparaître le racisme et les préjugés. Ces injustices doivent être étudiées, reconnues et corrigées.

Refuser de reconnaître qu'une société de plus en plus diverse se doit de changer quelques-unes de ses vieilles habitudes rendra plus difficile de la guider vers plus de justice.

Même quand elles sont favorables sur le principe à l'accueil des nouveaux venus, bien des nations se définissent par le biais des victoires historiques ou des traditions culturelles du groupe majoritaire. On pense ainsi les États-Unis comme une création des passagers du *Mayflower* et des manifestants de la Boston Tea Party, la France comme l'œuvre des révolutionnaires qui ont pris la Bastille ou l'ensemble des jolies églises qui embellissent tant de ses villages.

Il n'y a rien de mal à ça, jusqu'à un certain point. Les démocraties multiethniques resteront à jamais liées à leur genèse et à leur roman national. Les États-Unis ne seraient pas les États-Unis sans les Pères fondateurs et la France ne serait pas la France sans la Révolution française. Cependant, cela pose un problème quand l'un de ses aspects de l'identité nationale devient tellement central qu'il en arrive à masquer les changements survenus depuis. C'est ainsi qu'on finit par négliger les apports des nouveaux venus et qu'on éclipse l'importance de la culture populaire actuelle pour la cohésion nationale.

Ce problème est encore plus grave quand une démocratie multiethnique s'accroche à une version aseptisée de sa propre histoire. Tous les pays ont connu des années noires. Il serait injuste de laisser celles-ci définir entièrement leur identité, car les groupes ne devraient pas plus être réduits à leurs crimes les plus graves que glorifiés pour leurs exploits héroïques à l'exclusion de tout le reste.

Il est essentiel que les pays regardent leur histoire avec honnêteté. De nombreux citoyens des démocraties multiethniques s'y refusent aujourd'hui. Niant ou minimisant les méfaits du passé, ils s'accrochent à un récit partiel ou mensonger de leur propre histoire.

Quand des membres des groupes minoritaires ont souffert de la main de leurs compatriotes, toute tentative de créer une communauté de destin doit avoir pour prémices la reconnaissance des torts historiques, couplée à des excuses sincères. Quand ni cette reconnaissance ni ces excuses ne sont sur la table, il n'est pas surprenant que beaucoup refusent d'adhérer au portrait lénifiant que le pays dresse de lui-même, et qu'ils renâclent à embrasser une identité partagée.

Le projet de construire des démocraties multiethniques véritablement épanouies implique nécessairement quelques douloureux changements d'habitudes, de récits et de perception. Ceux qui refusent de changer les vieilles traditions ne pensent pas forcément à mal. Néanmoins, ils devraient reconnaître que certaines des valeurs qui leur tiennent à cœur, telles que le maintien de la paix sociale et l'affection mutuelle entre compatriotes, nécessitent pour être préservées qu'ils s'adaptent à la diversité accrue de leur société.

Double dose d'identité

Le troisième modèle de construction des démocraties multiethniques est né des défauts des deux précédents. Il dénonce un manque d'imagination chez ceux qui refusent les changements nécessaires pour l'intégration de tous les citoyens, et s'indigne de toute velléité de retour en arrière et de reconstruction des hiérarchies d'antan, qu'il juge d'une cruauté sans nom.

Certains l'identifient au mouvement *woke*, d'autres à une mise en pratique de la « théorie critique de la race » (*critical race theory*), tandis que d'autres encore voient en lui l'« idéologie qui succèdera probablement au libéralisme philosophique[9] ». Dans tous les cas, il s'agit de refonder radicalement la société. Pour ce faire, nombre de ses défenseurs sont prêts à remettre en question les traditionnels principes fondamentaux des démocraties libérales, comme la primauté de l'individu sur le groupe.

Comme dans n'importe quel mouvement intellectuel, les adhérents de ce que je propose d'appeler le « mouvement concurrent » ne sont pas forcément d'accord avec toutes les thèses qu'on lui associe*. Cependant, trois idées

---

* Aucun des termes existants ne décrit correctement ce mouvement. *Woke* est trop chargé. La « théorie critique de la race » est bien trop concentrée sur ses origines universitaires et occulte les autres champs qu'il faudrait considérer, tels que le genre et la religion. Le « successeur » est l'expression la plus prometteuse : elle est moralement neutre et se concentre sur la volonté de supplanter certains des grands principes qui ont traditionnellement gouverné les démocraties occidentales. Mais comme elle implique un résultat donné – la victoire assurée du nouveau sur l'ancien –, j'utiliserai ma propre expression : le « concurrent ».

imbriquées occupent une place centrale dans sa vision du futur des démocraties multiethniques : une idée du rôle qu'y joueront les identités attribuées, une idée du degré de compréhension mutuelle auquel les membres des différents groupes pourront parvenir et donc du genre de solidarité politique qui leur sera accessible, et une idée de l'allure de la culture qu'il s'agirait de construire ensemble.

L'essentialisme stratégique

Dans les années 1970 et 1980, de nombreux sociologues se sont mis à penser que les catégories raciales étaient « socialement construites ». Les étiquettes telles que « Blanc » ou « Noir », disaient-ils, ne recouvrent pas une réalité biologique, ce sont des constructions artificielles à visée politique. Dans presque tous les cas, le but de telles constructions était simple : trouver une justification à la domination d'un groupe et à la soumission d'un autre.

Cette insistance théorique sur la construction sociale des catégories identitaires implique deux réactions possibles chez ceux qui chercheraient à s'opposer à ce racisme qu'ils ont si longtemps toléré. La première serait de démagnétiser le concept de race. Si des catégories telles que « Blanc » ou « Noir » sont artificielles et n'ont jamais été utilisées qu'à des fins néfastes, il paraît souhaitable de leur accorder le moins d'importance possible. C'est la position de Karen et Barbara Fields : à l'égard du racisme, l'émancipation véritable est de s'émanciper du concept même de race[10].

Cette position recueillait jadis beaucoup de faveurs, surtout à gauche. Toutefois, une réaction diamétralement opposée quant aux conséquences politiques de la construction sociale des races a depuis peu remporté les suffrages, en particulier dans les milieux universitaires.

Beaucoup de gens souffrent de graves désavantages en raison de leur appartenance supposée à un groupe dominé. Si des catégories telles que « Latino » ou « Afro-Américain » impliquent des conséquences bien réelles pour ceux à qui on les accole, alors ceux-ci ont toutes les raisons de se regrouper pour combattre les injustices subies. C'est la position de penseurs tels que Gayatri Chakravorty Spivak. En tout état de cause, les citoyens auxquels on a traditionnellement assigné ces étiquettes artificielles ont tout intérêt à agir comme si elles étaient fondées sur une réalité objective. Dans le langage des sciences sociales : leur stratégie optimale est de considérer les thèses essentialistes sur les races et les identités comme vraies[11].

Cette forme d'« essentialisme stratégique » a remporté une victoire éclatante dans la gauche anglo-saxonne ces dernières décennies. Elle gagne à présent du terrain dans le discours collectif social et politique de plusieurs pays, de l'Australie au Royaume-Uni.

Il en résulte un remarquable retour de l'importance de la race et de l'identité. Là où les politiciens de gauche aimaient formuler leurs objectifs en termes de classes, ils tendent aujourd'hui à s'appuyer sur les besoins d'équité raciale. Là où les gouvernements de gauche favorisaient une vision universaliste de l'État-providence qui offrirait ses bienfaits essentiels à tous les citoyens, ils ont aujourd'hui de plus en plus tendance à favoriser des lois « proracisés » qui conditionnent certaines aides spécifiques à une appartenance ethnique particulière. Et là où les auteurs et artistes de gauche tendaient à écrire et chanter l'universalité de la condition humaine, ils jugent aujourd'hui plus important de représenter l'« expérience de vie » des groupes identitaires auxquels ils appartiennent.

L'impossibilité de la compréhension mutuelle

Des grandes œuvres littéraires au plus viral des posts Instagram, l'art insiste souvent sur l'universalité de l'expérience humaine. Dans le plus célèbre des monologues du *Marchand de Venise*, de Shakespeare, Shylock, le personnage juif, affirme qu'il est capable de ressentir la joie et la souffrance à l'égal des chrétiens. (« Si vous nous piquez, est-ce que nous ne saignons pas ? Si vous nous chatouillez, est-ce que nous ne rions pas[12] ? ») Dans les récits qu'on trouve sur le blog « Humans of New York », des habitants de la ville, venus de toutes les régions du monde, nous content des histoires d'amour et de deuil, d'échecs et de triomphes inattendus, des histoires qui parlent à des millions de lecteurs de toutes les croyances et de toutes les couleurs[13].

Pour bien des auteurs, ce genre de compréhension mutuelle est le cœur de la littérature. Comme l'a dit Salman Rushdie, la fiction prend vie quand elle propose « la vision idiosyncrasique d'un être humain dans laquelle, pour notre plus grand bonheur et à notre plus grande surprise, nous voyons se refléter une vision de nous-mêmes[14] ». Des scientifiques ont même tenté de démontrer les bienfaits de la littérature en prouvant que les lecteurs de fictions se montrent davantage capables d'empathie envers des gens très différents[15].

Toutefois, de nombreux partisans de l'idéologie concurrente se montrent plus que sceptiques à l'égard de ces assertions universalistes. Bien sûr, ils ne nient pas l'importance de la compassion ni l'existence de traits partagés par toute l'humanité. Mais, selon eux, les différences entre les groupes sont plus profondes que ces points communs. Les plus privilégiés ne comprendront jamais le calvaire qu'on impose aux moins chanceux qu'eux[16]. Les hommes ne comprennent pas ce que c'est que de vivre comme les femmes dans la peur permanente du harcèlement sexuel. Les Américains blancs n'ont pas idée de ce qu'on ressent à craindre d'être injustement pris à partie par la police en raison de sa couleur de peau.

En tant que telle, cette observation n'est pas sujette à controverse, ou du moins ne devrait pas l'être. Quelqu'un qui n'a pas rencontré personnellement telle forme d'injustice a plus de chances d'ignorer son existence et pourrait bien ne jamais saisir parfaitement ce qu'on ressent à la subir.

Mais de nombreux défenseurs du mouvement concurrent vont plus loin et en tirent des conclusions plus radicales. Si les membres des groupes relativement privilégiés ne sont pas directement exposés à certaines formes d'injustice, ils en deviendraient supposément incapables de comprendre l'expérience vécue des groupes discriminés, même s'ils ont écouté avec attention toutes les histoires qu'on raconte à ce sujet. Et s'ils sont incapables de comprendre l'expérience vécue des groupes discriminés, alors ils ne peuvent juger des moyens de remédier à ces injustices. Plutôt que de chercher à se former une opinion sur cette question, ils devraient tout simplement en déférer aux exigences des opprimés.

Ainsi, d'une hypothèse tout à fait plausible de ce que les gens voient ou comprennent en fonction de leur expérience propre, on aboutit à un ensemble d'assertions bien plus discutables sur la solidarité politique idéale dans une démocratie multiethnique. Afin d'être un bon allié selon cette vision, il ne suffit pas de s'écouter les uns les autres ou de trouver un terrain d'entente. Pour les membres des groupes privilégiés, la solidarité véritable exige qu'ils se « décentrent » d'eux-mêmes, qu'ils abandonnent toute velléité de former leur propre jugement et qu'ils « privilégient » les demandes des opprimés.

Le danger de l'appropriation culturelle

Par le passé, la gauche humaniste aimait l'idée de cultures différentes se mélangeant et s'influençant les unes les autres. Des hippies portant des saris indiens aux travailleurs sociaux dont les appartements (selon un célèbre poème satirique) étaient « pleins de gravures, de curiosités drapées dans des batiks[17] », l'adoption des modes, musiques et cultures d'ailleurs était vue comme un signe d'ouverture sur le monde.

Aujourd'hui, ce cosmopolitanisme démonstratif est moins en vogue tandis que s'accroît la méfiance à l'égard des influences culturelles mutuelles accusées d'entraîner toutes sortes d'injustices. À partir d'inquiétudes compréhensibles, formulées au regard de l'histoire d'artistes blancs pillant les œuvres de chanteurs noirs[18] ou de personnes revêtant par dérision les costumes traditionnels de minorités[19], les militants de l'idéologie concurrente ont de plus en plus tendance à décréter une interdiction totale de toute « appropriation culturelle[20] ».

Dans bien des milieux progressistes aujourd'hui, porter un vêtement associé à une population historiquement désavantagée alors qu'on appartient à la majorité constitue un grave faux pas. Bien qu'il demeure acceptable de cuisiner pour soi un plat venu d'un autre pays que le sien, des restaurateurs blancs, de Portland[21] à Toronto[22], se sont attiré de sérieux ennuis en « s'appropriant » une cuisine asiatique ou latina. L'intégration d'influences culturelles issues des groupes minoritaires dans la vie quotidienne n'est plus vue comme le signe d'une inclusivité accrue, mais comme un élément éminemment suspect.

L'idéologie concurrente peut être comprise en partie comme une tentative de traiter sérieusement les points aveugles des autres modèles de réaction face à la grande expérience. Sa force dérive de la réalité indubitable des errements qu'elle souligne. Bien des citoyens des démocraties multiethniques se transforment *en effet* en aveugles volontaires quand il s'agit de voir les obstacles placés sur le chemin des minorités. Il est *en effet* naïf de refuser avec les idéalistes de parler de race, puisque du côté des réactionnaires on continue à discriminer tous ceux qui appartiennent au groupe « inférieur » qu'ils se chargent de désigner.

Cependant, je crains que beaucoup de ces réponses et prescriptions circonstanciées de l'idéologie concurrente échouent à servir les valeurs que prônent pourtant ses partisans. Plutôt que de contribuer à la réussite de la grande expérience, elles courent le risque de renforcer et enhardir ses plus fervents détracteurs.

Encourager les membres des groupes historiquement dominants à s'en remettre aux opinions et aux exigences des groupes historiquement opprimés, par exemple, a peu de chances d'aboutir à la solidarité politique indispensable pour une abolition réussie des injustices. Les membres des démocraties multiethniques qui se complaisent dans le statu quo comme ceux qui rêvent de revenir en arrière ne feront qu'ignorer ces injonctions. En tant qu'outil pour fédérer l'opinion sur le destin des plus défavorisés, c'est inefficace. Même les plus engagés des militants en faveur de la justice sociale trouveront difficile, en pratique, de se conformer à ce précepte sur la longueur.

Par exemple, comme les Latinos[23] et les Afro-Américains[24] conçoivent en réalité une grande variété d'opinions différentes, à qui une femme blanche américaine devrait-elle en déférer ? Il n'y a que deux possibilités. Elle peut s'en remettre à ceux qui, probablement avec l'aide de médias ou de partis politiques le plus souvent aux mains de la majorité blanche, sont parvenus à acquérir un statut de porte-parole de leur groupe, même si leurs opinions n'ont rien de représentatif, voire diffèrent énormément de celles des autres membres de leur communauté moins favorisés qu'eux. Ou elle peut déterminer seule celui ou celle qu'elle considérera comme un porte-parole adéquat, sur la base de ses propres inclinations politiques. Les opinions authentiques des groupes minoritaires coïncideront ainsi avec les siennes. Dans les deux cas, il est loin d'être certain que cette « délégation d'opinion » en faveur d'un groupe opprimé aboutira à servir les intérêts de ceux dont le besoin de solidarité est le plus pressant.

Le problème de l'essentialisme stratégique est encore plus profond. Les défenseurs de l'idéologie concurrente ont raison de considérer naïve toute tentative d'abolition totale de la notion de races. Dans les pays où certains partis politiques cherchent activement à empêcher les minorités de voter, par exemple, il peut être nécessaire que des militants s'organisent autour de l'objectif d'accroître la vigilance politique et la participation électorale au sein de leur groupe. Pour le meilleur ou pour le pire, les injustices qui ont toujours caractérisé les démocraties multiethniques nécessitent parfois, en effet, qu'on les exprime sous l'angle de la race.

Cependant, encourager les citoyens des démocraties multiethniques à se considérer *principalement* comme des membres de leur groupe ethnique ou religieux est tout aussi naïf. Les mesures politiques explicitement ciblées sur un groupe ethnique particulier, par exemple, constituent une incitation forte pour toutes les ethnies, dont les blanches, à s'identifier à son groupe racial et à s'organiser hermétiquement de façon communautaire, ce qui amplifie la conscience raciale, source historique des injustices et des discriminations les plus graves.

Le problème devient particulièrement sensible quand l'accent essentialiste mis sur la race abandonne son côté supposément stratégique pour se constituer en vision à long terme. Bien des militants de l'idéologie concurrente sont aujourd'hui très pessimistes quant aux chances de réussite de la grande expérience. L'histoire des sociétés diverses, selon eux, tourne depuis toujours autour des conflits entre groupes religieux ou raciaux. Dans le futur, les groupes historiquement opprimés seront peut-être en meilleure position pour négocier un statut plus équitable. Peut-être même qu'ils seront dominants. Mais la race demeurera, même dans vingt-cinq ou cinquante ans, la catégorie sociale et politique fondamentale des démocraties multiethniques, partout dans le monde.

Ainsi, la race n'est pas pour eux qu'une part importante de notre réalité sociale actuelle, elle sera encore la part principale de notre avenir commun. Née du combat contre l'essentialisme, l'idéologie concurrente s'est bizarrement mise à défendre la position essentialiste selon laquelle la race a toujours été et restera à jamais le plus important des attributs de l'être humain.

Je crains que cette vision ne soit ni séduisante ni constructive pour l'avenir de la grande expérience. Heureusement, il est possible de faire mieux.

Un meilleur modèle

Les trois stratégies principales des batailles culturelles en cours dans les démocraties multiethniques ont donc toutes des défauts.

Tout espoir de renverser le changement est une dangereuse chimère. Ce serait une erreur, pour les démocraties, de résister aux réformes culturelles et politiques indispensables pour une juste reconnaissance des minorités. Elles doivent enfin éviter de renforcer l'identité, autrement dit d'adopter la vision très pessimiste de leur avenir possible que défendent actuellement les militants de l'idéologie concurrente.

Des gens nourrissant des identités différentes sont entièrement capables de comprendre les problèmes et les priorités des autres, d'entretenir une solidarité politique réelle et de construire une culture nationale authentiquement partagée. Ceux qui souhaitent la réussite de la grande expérience doivent proposer une conception qui soit à la fois réaliste sur les défis à relever et suffisamment optimiste, dans l'avenir qu'elle dessine, pour susciter l'adhésion.

Afin d'y parvenir, il est nécessaire de nous en tenir à trois principes fondamentaux. Les démocraties multiethniques devraient aspirer à forger une solidarité politique fondée sur l'empathie entre leurs citoyens. Elles devraient célébrer le mélange des cultures qui les composent. Et, plus important encore, elles devraient s'attacher à bâtir un futur dans lequel race et religion compteront moins, et non plus qu'aujourd'hui, non pas parce que nous serions davantage à en nier le rôle actuel, mais parce que nous serions moins nombreux à souffrir de discriminations fondées sur nos identités attribuées.

De l'empathie et de la solidarité sincère

Il est naïf de penser que les humains comprennent naturellement leur prochain. Pour qui n'a jamais eu faim, il est difficile d'imaginer une vie sans accès facile à la nourriture. Pour qui appartient au groupe majoritaire, il est difficile d'imaginer ce que signifie craindre les moqueries ou ressentir de l'hostilité en raison de sa couleur de peau. Les défenseurs de l'idéologie concurrente ont raison de pointer les barrières très réelles qui s'opposent à la compréhension mutuelle dans une démocratie multiethnique, et de critiquer leurs compatriotes suffisamment naïfs pour ne pas comprendre les difficultés qu'elles posent.

Cependant, bien qu'un individu donné ne sera peut-être jamais capable de percevoir le monde exactement comme s'il appartenait à un groupe différent du sien, ce serait une erreur d'abandonner la promesse de la communicabilité. Un homme n'a pas besoin de faire l'expérience du harcèlement sexuel pour en reconnaître l'injustice. Pas plus qu'un Blanc n'a besoin de « faire l'expérience directe du racisme » pour en détecter l'horreur.

C'est pourquoi, plutôt que d'abandonner toute idée de compréhension mutuelle, les démocraties multiethniques devraient chercher plus que jamais à susciter l'empathie entre leurs citoyens. Ceux-ci devraient être hautement conscients de la possibilité de leur ignorance s'agissant de l'expérience d'autrui, de leur méfiance déplacée, tout comme il leur faudrait être certains que, par une écoute sincère, ils pourront ressentir de la compassion.

Cela implique également une vision de la solidarité politique très différente de celle que bien des militants ont adoptée aujourd'hui. Des hommes sont capables de se battre pour une société qui traitera équitablement les femmes, car tout autre modèle de société serait contraire à leurs valeurs morales. De même, bien des Blancs sont désireux d'améliorer le sort des minorités ethniques, car tel est le genre de pays dans lequel ils voudraient vivre.

Il y a bien peu de chances que les citoyens se mettent à défendre les intérêts d'un groupe différent du leur simplement parce qu'on leur aura demandé de lui déléguer toute opinion. En revanche, ils sont capables d'agir avec courage et altruisme quand leur propre conception de la justice est heurtée. C'est précisément pour cela que les démocraties multiethniques doivent adopter un modèle ambitieux de solidarité politique.

De l'influence réciproque et de ses vertus

C'est une longue tradition, parmi les auteurs et les politiciens, de critiquer les changements survenus dans leur pays en raison de l'immigration ou de toute autre forme de contact avec le monde extérieur. À la fin du XIXe siècle, Richard Wagner pestait contre les effets délétères de la culture française sur son pays natal. À la fin du XXe siècle, de nombreux Américains s'inquiétaient que l'afflux d'immigrants catholiques venus d'Italie et d'ailleurs en vienne à transformer leur pays pour le pire. Aujourd'hui, des politiciens comme l'Indien Narendra Modi s'emportent contre toute influence extérieure, de Halloween[25] à la Saint-Valentin[26], qu'ils perçoivent comme de dangereuses attaques portées à l'intégrité culturelle de la nation.

La réussite de la grande expérience exige que les démocraties multiethniques abandonnent ce purisme culturel. Les cultures sont des constructions fluides qui reflètent les choix et les prédilections perpétuellement mouvantes de leurs membres. Ce ne sont pas des entités statiques à préserver dans le chlorocrésol comme une collection de papillons du Muséum d'histoire naturelle. On ne peut attendre des nouveaux venus qu'ils s'intègrent dans les pratiques culturelles existantes sans la moindre chance d'y apporter leur propre contribution. Les démocraties multiethniques ne doivent pas se transformer en des sociétés homogènes où tous les citoyens adopteraient les mêmes goûts et préférences.

La gauche a longtemps défendu cette forme d'influence réciproque qui a récemment acquis mauvaise presse dans les milieux militants et artistiques. Ceux qui craignent l'« appropriation culturelle » s'inquiètent ainsi que des membres de la communauté majoritaire portent par dérision le costume d'une minorité, ou de l'exploitation des artistes issus de groupes défavorisés dont des rivaux mieux en cour volent la propriété intellectuelle, ou encore de la colère que ressentent les enfants dont on moque les repas exotiques dans les cantines.

Ces injustices sont bien réelles. Les enfants ne devraient pas s'en prendre ainsi à leurs camarades. Les artistes qui s'approprient indûment des œuvres devraient payer de fortes amendes. Et ceux qui se moquent des minorités devraient avoir honte. Mais l'injustice de ces comportements ne naît pas de l'influence culturelle réciproque entre les membres d'une démocratie multiethnique ; elle naît du fait que certains membres de la communauté dominante exploitent ou moquent leurs concitoyens. Jeter un voile de suspicion généralisée sur toute influence culturelle réciproque non seulement ne corrigerait en rien ces injustices, cela rendrait problématiques les échanges culturels libres qui aident les sociétés diverses à créer un sentiment de vie commune et sainement partagée.

Les cultures humaines se sont toujours influencées les unes les autres. Les groupes identitaires n'ont pas de droit de propriété collectif sur des idées particulières, des plats ou des pratiques (et tant mieux). Les démocraties modernes n'auraient aucune chance de s'épanouir si leurs membres vivaient dans la crainte perpétuelle d'inspirer telle communauté ou d'être inspirés par telle autre. Pour toutes ces raisons, l'influence culturelle réciproque n'est pas un péché inquiétant, mais l'une des très grandes joies de la vie dans les démocraties diverses et florissantes.

Quand des Afro-Américains se délectent de plats chinois à emporter avant d'aller danser la salsa, que des commerçants d'origine coréenne vendent des pâtisseries françaises à des touristes d'Amérique latine ou qu'un groupe d'amis composés de toutes les races et de toutes les religions s'enivre dans un tex-mex qui diffuse à gros volume le détournement hip-hop d'un tube de country par Lil Nas X[27], ils nous transmettent un aperçu du genre de futur que nous voudrions construire. Ceux qui parmi nous souhaitent la réussite de la grande expérience devraient fièrement défendre les joies de l'influence et de l'inspiration réciproques contre les procureurs de la pureté culturelle.

De l'accent mis sur les points communs

Même dans une démocratie très diverse à la culture sainement partagée, de nombreux citoyens défendront bec et ongles leur identité communautaire. La plupart continueront de pratiquer les rites culturels de leurs ancêtres et vénérer les dieux de leurs parents. Une société libérale qui reconnaît le rôle significatif que les communautés culturelles et religieuses jouent en son sein devrait embrasser et non combattre ce pluralisme.

De même, les catégories identitaires attributives telles que la race ont de fortes chances de conserver leur importance pour longtemps. Dans les pays historiquement marqués par des dominations, la grille de lecture raciale sera toujours indispensable pour déterminer comment les injustices passées se perpétuent au présent. Même quand les conditions qui les ont fait naître auront bel et bien disparu, les groupes trop longtemps discriminés en raison de leur apparence conserveront probablement certaines formes de solidarité politique et de cohésion culturelle[28].

Cependant, les démocraties multiethniques ne devraient jamais se départir de leur idéal d'un avenir où les identités attribuées joueront un rôle moins important qu'aujourd'hui, et non l'inverse. Elles devraient viser à construire des sociétés dans lesquelles les membres des différentes communautés entretiendront des contacts suffisamment réguliers pour se comprendre et se sentir concernés par le destin de chacun. Elles devraient enfin tenter de corriger les injustices historiques afin que la grille de lecture raciale perde de son intérêt, non pas parce qu'on en serait venu à ignorer sa pertinence pourtant réelle, mais parce qu'elle ne structurerait plus autant la réalité qu'aujourd'hui.

*

Il y a beaucoup de problèmes dans ce parc métaphorique que nous habitons.

Son règlement a été écrit il y a très longtemps, il a grand besoin d'être dépoussiéré. Certains se sentent chez eux sur ses pelouses et dans ses allées tandis que d'autres ont de bonnes raisons de craindre qu'on les y traite en intrus. Enfin, bien qu'il arrive que des étrangers s'y adressent la parole, le plus probable est qu'ils continueront de se regarder en chiens de faïence.

Tous ces problèmes pourraient nous pousser à revoir à la baisse nos exigences pour l'avenir. Peut-être que nous ne pourrions pas espérer mieux qu'une trêve fragile, négociée au prix de l'abandon de tout espoir de concevoir un espace public sainement partagé. Doit-on alors en attribuer un coin à chaque communauté, un endroit où rester en compagnie de qui partagera nos origines et nos idées ? Ou bien opter pour un accès alterné au parc, afin que les communautés ne s'y battent plus ?

Ce serait une grave erreur. Tout le monde doit se sentir bienvenu dans notre espace commun. Il est possible de modifier le règlement afin que chacun puisse y pratiquer son activité favorite en même temps. Avec les années, les communautés qui aujourd'hui se méfient les unes des autres pourraient finir par se considérer comme des compatriotes, peut-être même comme des amies.

L'avenir du parc que nous partageons pourrait être plus heureux que son présent.

Les sceptiques grinceront probablement des dents.

Rien n'indique que les injustices qui ont toujours caractérisé les démocraties multiethniques soient en train de disparaître, diront-ils. La cause de l'égalité véritable entre communautés progresse peu. Les situations politiques de nombreux pays restent divisées le long d'une ligne de front raciale ou religieuse. Et les décideurs sont loin d'en faire assez pour y remédier.

Voici les arguments que je compte combattre dans la dernière partie du livre. Les démocraties multiethniques sont encore imparfaites, noterai-je, mais la cause des minorités progresse bien plus vite que ne l'estiment à la fois les défenseurs et les adversaires de la grande expérience. De nombreux pays demeurent polarisés autour de la religion ou de la race, mais les premiers signes d'une modification remarquable de leurs systèmes politiques pour une meilleure intégration sont apparus. Enfin, le pouvoir des politiques publiques est certes limité, mais il est possible d'identifier de nombreuses dispositions raisonnables susceptibles de hâter l'avènement d'un avenir meilleur dans les démocraties multiethniques.

Dans la première partie, j'ai expliqué les difficultés des démocraties multiethniques. Dans la deuxième, j'ai articulé une vision ambitieuse pour leur avenir. Enfin, dans la troisième partie, j'essaierai de montrer que la voie de l'épanouissement dans les démocraties multiethniques est certes difficile mais néanmoins praticable.

PARTIE III

COMMENT LES DÉMOCRATIES MULTIETHNIQUES POURRAIENT S'ÉPANOUIR

Afin que réussisse la grande expérience, nous devons bâtir des démocraties multiethniques qui emportent l'adhésion inconditionnelle de leurs membres : des sociétés dont les habitants regardent les accomplissements avec fierté, vont à la rencontre des étrangers l'esprit ouvert et sont habités d'un réel sentiment de solidarité.

Peu de lecteurs nieraient qu'il serait formidable de susciter à long terme un tel respect mutuel dans nos démocraties. Beaucoup douteront en revanche que cet objectif soit réaliste. Est-il possible que la grande expérience s'achève sur un réel succès ? Si oui, comment ?

Quiconque surveille l'état des démocraties multiethniques, de la Suède aux États-Unis, trouvera dans leurs actualités de nombreuses raisons de désespérer et de craindre pour leur futur. Certains de leurs membres subissent encore des discriminations significatives. Des conflits de longue date entre communautés ethniques ou religieuses pèsent toujours très lourd. On y déplore régulièrement des crimes racistes et des attaques terroristes sanglantes. Il est bien naturel de s'inquiéter.

Mais, ces dernières années, cette inquiétude née d'un regard clinique porté sur la réalité a parfois muté en un pessimisme à la mode, qui la déforme à dessein. Bizarrement, ce pessimisme « tendance » est à présent partagé par des gens aux idées politiques opposées, dont les champions déclarés de la grande expérience et ses adversaires dévoués.

Si l'on en croit cet aréopage de cyniques, la plupart des démocraties multiethniques ont à peine progressé. Les immigrés et les membres des communautés minoritaires connaissent de grandes difficultés économiques et demeurent exclus de la culture populaire. Les conflits qui opposent la majorité historique aux minorités ethniques et religieuses s'intensifient de jour en jour.

Cette description pessimiste du présent va souvent de pair avec une vision défaitiste du futur, dans laquelle les démocraties multiethniques échoueront certainement à accomplir le moindre progrès. Et si elles voulaient avoir le moindre espoir de vaincre les horreurs présentes, ce serait au prix de l'abandon radical des principes fondamentaux qui les ont fondées.

Si les décennies passées n'ont pas connu d'amélioration notable, qu'espérer de l'avenir ?

Je crois que ce pessimisme est exagéré. La plupart des démocraties diverses *ont accompli* des progrès notables.

Comme je le montrerai au chapitre 8, bien des sociétés parviennent à intégrer les nouveaux venus, à élargir leur conception de l'appartenance et à offrir de réelles opportunités économiques aux communautés historiquement défavorisées. De sérieux problèmes persistent, mais il y a toute raison de penser que ces améliorations concrètes sont de bon augure.

Les frontières et les alliances entre groupes démographiques sont bien plus fluides que n'aiment à le déclarer aujourd'hui commentateurs et politiciens professionnels, comme nous le verrons au chapitre 9. Si nous prenons les bonnes décisions, il est tout à fait possible que nous évitions un futur qui placerait le groupe majoritaire en ordre de bataille face à la coalition des minorités.

Certains principes et certaines politiques publiques sont susceptibles d'orienter la grande expérience sur le chemin de la réussite. C'est ce que j'expliquerai au chapitre 10. Ce sont loin d'être des panacées, mais des actions concrètes, entreprises par les politiciens comme les citoyens ordinaires, qui contribueront à la prospérité des démocraties multiethniques.

De nombreux développements actuels vont dans le bon sens. La foi en un avenir meilleur ne dépend pas nécessairement de l'hypothèse très improbable qu'un gouvernement en place articule soudain une brillante stratégie qui renverserait la situation d'un seul coup. Renforcer les tendances positives et éviter les erreurs néfastes comptera au moins autant.

Afin de construire des démocraties diverses qui vaillent qu'on les défende, nous devons proposer une vision dans laquelle les groupes minoritaires comme la majorité se retrouveront, et accentuer les politiques capables d'atténuer plutôt que d'aggraver la fragmentation. La grande expérience ne réussira pas grâce à un politicien isolé ni à un groupe militant. Et certainement pas non plus grâce à un seul auteur debout devant son bureau. Elle réussira parce que des millions de gens préféreront coopérer plutôt que discriminer, écouter plutôt que crier, se faire des amis et tomber amoureux plutôt que haïr et tuer.

Chapitre 8

Quelques raisons d'être optimiste

Nous baignons actuellement dans un profond pessimisme, aussi bien sur le présent que sur le futur probable de la grande expérience.

Les démocraties développées n'ont jamais été aussi polarisées depuis cinquante ans et, pourtant, des adversaires résolus, à l'opposé du spectre sur à peu près toutes les questions politiques, s'accordent aujourd'hui sur une conclusion. Pour tout un ensemble de raisons, ils estiment que les démocraties du globe échouent à gérer leur diversité grandissante.

À droite, de nombreux auteurs font porter la faute sur les immigrés et les minorités ethniques. De la France au Japon et de l'Allemagne aux États-Unis, des best-sellers inattendus affirment que ces communautés sont moins éduquées que la majorité de souche, qu'elles gagnent moins d'argent et commettent plus de crimes[1].

Récemment, des populistes de droite ont engrangé une grande puissance politique en formulant pareilles attaques. Jair Bolsonaro au Brésil et Viktor Orbán en Hongrie, Marine Le Pen en France et Donald Trump aux États-Unis, tous prospèrent sur cette dénonciation de boucs émissaires parmi les étrangers jugés responsables des problèmes supposés du pays.

La majeure partie de la gauche est en profond désaccord, sur les diagnostics comme sur les remèdes préconisés. Elle réfute comme moi l'idée selon laquelle immigrés et minorités ethniques constitueraient une menace, seraient incapables de réussir ou mineraient par leur seule présence la stabilité des nations développées. Leur objectif est le même que le mien : nous voudrions voir s'épanouir les démocraties multiethniques.

Malgré tout, de plus en plus de gens à gauche ont pris depuis une dizaine d'années le même tournant pessimiste. Eux aussi insistent sur la situation dégradée des minorités, des Latinos aux États-Unis ou les Arabes en France. Ils accusent bien sûr le système d'être responsable de cette injustice, plutôt que les groupes concernés, mais pour eux comme pour les précédents le futur ne sera pas rose, selon toute probabilité.

Dans ce chapitre, je veux étudier de près ce pessimisme et le prendre au sérieux. Je prêterai une oreille attentive aux témoignages les plus fréquents, ceux qui me sont naturellement sympathiques comme ceux qui me rendent instinctivement méfiant, afin de comprendre ce qui pousse tant de monde au désespoir pour l'avenir des démocraties multiethniques.

Je montrerai que trois inquiétudes sont à la source de ce pessimisme actuellement prévalent : la sensation que les immigrés et les minorités ne sont pas pleinement acceptés dans la société, qu'ils resteront à jamais des citoyens de seconde zone ; l'inquiétude sur leur manque de réussite à l'école, à l'université et sur le marché de l'emploi, qui risque de les cantonner pour toujours dans une classe économiquement défavorisée ; enfin la peur qu'ils soient responsables de crimes et d'attaques terroristes et restent à jamais une menace fondamentale envers les valeurs centrales des démocraties développées*.

Ma conclusion, après l'étude de ces trois sources, ira résolument vers un optimisme à contre-courant. Afin de bien comprendre la réalité du terrain, il nous faut reconnaître l'existence de dangers et d'injustices bien réels. Mais cette attention perpétuelle portée aux défis très sérieux que doivent absolument relever nos démocraties multiethniques ne doit pas nous rendre aveugles aux progrès considérables qu'elles ont accomplis vers un avenir meilleur, et qu'elles continueront d'accomplir pourvu que nous défendions les bons principes et adoptions les bonnes politiques.

Exclusion et intégration

Il y a quelques années, j'avais été invité à assister à un cours de religion musulmane dans un collège de Dinslaken, petite ville terne du nord-ouest de l'Allemagne à côté de laquelle s'élève la plus grande station d'épuration d'Europe[2]. Lamya Kaddor, l'enseignante qui m'avait convié dans sa classe, est une ardente défenseuse d'une interprétation libérale de l'islam. C'est une invitée

* Les pessimistes de droite et de gauche expriment sous une forme ou une autre les deux premières inquiétudes, leur imputant toutefois des causes différentes ; la troisième est presque exclusivement située à droite.

fréquente des plateaux télé, qui représente aujourd'hui les Verts au Bundestag.

Dès que je suis entré dans la salle, je me suis rendu compte que sa façon de parler très directe, avec cette cadence mélodieuse propre à la région, créait chez ses élèves une confiance aveugle. Ses élèves de sixième lui demandaient son avis sur tout, de comment gérer une grand-mère très dévote qui poussait les filles à se couvrir la tête à la bonne réaction à adopter face à un homme qui prétendait tuer une femme en direct sur les réseaux sociaux[3].

Kaddor, dont le visage rond est encadré de longs cheveux noirs, a répondu à leur question avec une patience inébranlable. (« Ne porte un foulard que si c'est ce que tu souhaites » ; « Non, je ne crois pas qu'il était vraiment en train de tuer quelqu'un ».) Quand un élève a timidement informé la classe que sa mère ne voulait pas qu'il avoue être chiite en public, Kaddor a sauté sur l'occasion pour insister sur le fait que toutes les croyances religieuses méritaient le même respect. « Peu importe que vous soyez chiite, sunnite, alawi ou autre. Un être humain est un être humain. Qu'il soit musulman ou non n'a aucune importance. »

« C'est vrai », a surenchéri Federico, garçon très enthousiaste aux grands yeux qui ne cessait d'interrompre la classe avec ses pensées : « J'ai un ami allemand ! »

— Penses-tu que les autres gens qui nous entourent valent moins que nous ? lui a demandé Kaddor. Ou penses-tu que Yascha Mounk, dont je ne connais pas la religion mais que je suppose juif, vaut moins que nous ?

— Non ! ont entonné tous les enfants en chœur.

— Un être humain est un être humain, ajouta l'un d'eux.

— C'est ça, dit Kaddor. On juge les gens à leurs actes. À la manière dont ils nous traitent. »

Tandis qu'elle développait ce thème de la tolérance religieuse, Federico s'est retourné vers moi. « C'est cool ! » m'a-t-il murmuré en aparté, brandissant son pouce bien haut.

Sur le moment, j'ai trouvé ce cours très inspirant. C'était un témoignage à la fois de l'esprit d'entreprise de bien des immigrés qui, comme Kaddor, transforment l'instruction publique dans le pays, et de la tolérance de la nouvelle génération qui, à l'image de Federico, voit le monde de manière très inclusive. Et puis j'ai commencé à réfléchir à la signification de certains détails qui m'avaient auparavant échappés.

À quel point Federico peut-il se sentir intégré dans son pays de naissance s'il considère comme un fait notable d'avoir un « ami allemand » ? Federico est né en Allemagne. Il y a grandi. Pourtant, « allemand » désigne pour lui uniquement ses camarades blancs et chrétiens.

Et Kaddor elle-même n'avait-elle pas mentionné certaines limites importantes imposées à sa liberté religieuse comme s'il s'agissait de phénomènes naturels ? À un moment, un garçon sérieux nommé Kheder lui avait appris, avec un mélange de fierté et d'embarras, qu'il s'était levé pour prier à cinq heures du matin tous les week-ends cet été-là. « Waouh, Kheder ! À cinq heures ? » a demandé Kaddor avant de lui expliquer gentiment que, selon les préceptes de la religion, il était parfaitement acceptable de rattraper plus tard dans la journée une prière manquée. Elle a précisé ensuite à la classe qu'elle priait elle-même cinq fois par jour. « Mais bien sûr pas dans l'école, a-t-elle ajouté sans trop y penser.

— Pourquoi ? a demandé un élève.

— Je ne veux pas prier devant tous mes collègues. Ils ne comprendraient peut-être pas. Ils penseraient que je suis une fondamentaliste ou quelque chose comme ça. Ils pourraient avoir peur de moi ensuite. »

La plupart des démocraties développées ont été fondées autour d'une conception monoethnique et monoculturelle d'elles-mêmes. Si, dans les années 1950 ou 1970, vous aviez demandé à un Romain, un Berlinois ou un habitant de Stockholm pris au hasard qui étaient, selon lui, les vrais Italiens, les vrais Allemands ou les vrais Suédois, sa réponse aurait eu de grandes chances d'être fort simple : quelqu'un dont les parents et les grands-parents vivaient déjà dans le pays.

Ces cinquante dernières années, ces populations se sont beaucoup diversifiées. Le pourcentage de citoyens qui ont un « historique migratoire », comme les autorités allemandes aiment à le dire avec leurs circonlocutions habituelles, a rapidement augmenté[4]. Cependant, si la réalité de ces démocraties s'est diversifiée, leurs pratiques et leurs conceptions gravitent toujours autour de l'idéologie fondatrice d'une appartenance bien plus restrictive et exclusive.

De l'Italie[5] à la Suisse[6], les membres des minorités ethniques et religieuses disent toujours rencontrer des gens qui refusent de les considérer comme de vrais compatriotes. Dans l'esprit de certains Européens, quelqu'un nommé Ali ou Mohamed ne peut pas être « des leurs ».

Les données des sondages d'opinion nous indiquent aussi une certaine résistance au changement de la notion d'appartenance. Une minorité significative d'Européens estiment encore que ce sont les origines et non la langue ou le passeport qui font le Polonais, l'Espagnol ou l'Italien véritable[7]. Dans leur esprit, celui dont les parents ne sont pas nés dans le pays ne saurait compter au rang de leurs compatriotes.

Même dans les pays qui ont depuis longtemps insisté sur leurs racines immigrées, tels que le Canada et les États-Unis, une forte corrélation persiste entre ethnicité et exclusion. Les Asiatiques-Américains, par exemple, disent devoir sans cesse répondre à des questions sur leurs origines. « D'où viens-tu ? » m'a dit une amie qui cherchait à me décrire le rituel immuable de ses rencontres. « D'Iowa City », enchaîne-t-elle d'ordinaire. « Non. Je veux dire d'où viens-tu *vraiment* ? » insiste alors son interlocuteur, invariablement.

Même quand les stéréotypes sur les immigrés sont positifs à première vue, ils cachent souvent quelque chose de gênant. Les Latinos, par exemple, ont la réputation d'être travailleurs. Pour certains Américains cependant, cela implique qu'ils seraient plus naturellement aptes à faire les petits boulots qu'à occuper des emplois classiques[8].

(Le même préjugé existe sur les Polonais au Royaume-Uni et les Albanais en Italie[9].)

Quand on les additionne, ces formes de marginalisation peuvent finir par produire le fort sentiment qu'existerait une classe de citoyens de seconde zone. C'est ainsi que des descendants d'immigrés en viennent à penser que leur appartenance au seul pays qu'ils aient jamais connu demeurera toujours conditionnelle.

Tout cela nous aide à comprendre le monde dans lequel vit Federico. Pour lui, les camarades nommés Thomas et Susanne sont allemands. Ceux appelés Kheder ou Lamya sont, comme lui, des « étrangers ».

Est-ce que cela pourrait changer un jour ?

Même parmi les défenseurs de la grande expérience, la réponse à cette question est parfois un grand « non ». Soulignant tous les cas dans lesquels les membres des minorités sont exclus dans la plupart des démocraties développées, ceux-là concluent que les choses ne s'arrangeront vraiment jamais. Les minorités seront toujours définies par leurs ancêtres étrangers, leur couleur de peau différente ou leur foi particulière.

Curieusement, ce pessimisme entretenu par d'ardents partisans de la grande expérience se retrouve de temps en temps chez ses adversaires les plus résolus. Seulement, là où les premiers dénoncent les formes d'exclusion que perpétue la majorité, les opposants à la grande expérience tendent de leur côté à juger les minorités responsables de leur propre marginalisation.

Les immigrés et autres groupes minoritaires, selon ces derniers, rejettent les valeurs démocratiques, sont intolérants envers les autres religions que la leur et refusent de se plier aux coutumes locales. Ils vivent dans des « enclaves ethniques » qui constituent des « mondes parallèles » et ne s'intégreront jamais dans la société au sens large.

Une inquiétude fréquente chez les auteurs qui véhiculent ces idées est la lenteur supposée de l'apprentissage de la langue locale. Thilo Sarrazin, ancien membre du Parti social-démocrate allemand, s'est par exemple ouvert en public de sa crainte que les enfants et petits-enfants d'immigrés turcs ne parlent jamais un bon allemand. Dans le scénario fictif qu'il développe dans son livre à succès *L'Allemagne disparaît*[10], il imagine que les descendants d'immigrés gagneront un jour le droit d'être éduqués dans la langue de leurs ancêtres et cesseront tout à fait d'apprendre l'allemand à leurs enfants. « En 2045, 48 % d'élèves de CP choisiront encore l'allemand comme langue d'enseignement », spécule-t-il. Au tournant du siècle prochain, il n'en restera plus qu'un sur cinq[11].

Aux États-Unis, certains auteurs célèbres ont exprimé des craintes similaires à l'égard des Hispaniques. Comme l'a écrit l'éminent politologue Samuel Huntington en 2009, « à la différence des communautés immigrées du passé, Mexicains et Latinos ne se sont pas intégrés dans la culture américaine, formant à la place leurs propres enclaves politiques et linguistiques de Los Angeles à Miami, et rejetant les valeurs anglo-protestantes qui ont fondé le rêve américain[12] ».

Y a-t-il du vrai dans ces craintes ? Que ce soit en raison de formes d'exclusion injustes ou de leur échec supposé, les immigrés et autres groupes minoritaires resteront-ils à jamais dans une sorte de monde parallèle, coupés de la société ?

Heureusement, les faits nous rassurent beaucoup.

Dans les démocraties multiethniques, l'attitude des majorités quant à l'appartenance réelle au pays se libéralise rapidement. Dans le même temps, les membres des groupes minoritaires s'intègrent à une société qui va s'élargissant.

Les preuves d'un assouplissement des conceptions majoritaires de l'appartenance, par exemple, sont assez nettes. Selon des études récentes, les Européens estiment encore largement qu'être « vraiment » français, britannique ou italien implique de parler la langue. Environ la moitié pensent qu'il s'agit aussi de partager certaines des coutumes et traditions nationales. Mais, surtout en Europe occidentale, il ne reste plus qu'une minuscule fraction de la population à croire aujourd'hui qu'être né dans le pays, y avoir des ancêtres ou pratiquer la religion locale demeurent des prérequis[13].

Même aux États-Unis, il est devenu avec les années de plus en plus évident que Latinos et Asiatiques-Américains sont une partie naturelle du tissu social du pays. Des préjugés persistent sans aucun doute sur les Latinos, et il arrive que les Asiatiques-Américains soient traités comme s'il ne s'agissait pas de « vrais » Américains, mais leur visibilité a considérablement augmenté dans à peu près tous les domaines de la culture quotidienne ces derniers temps. Ceux qui diraient d'Eva Longoria, Alex Rodriguez, Ali Wong et Andrew Yang qu'ils ne sont pas de « vrais » Américains sont tout simplement devenus très minoritaires[14].

Affirmer que les groupes minoritaires rejetteraient les valeurs et les traditions de leur pays est encore plus fallacieux.

Le soutien affirmé des immigrés à la cause des valeurs démocratiques en est l'exemple parfait. Comparé à la population de souche, les immigrés aux États-Unis sont plus nombreux, relativement parlant, à exprimer leur soutien à des institutions telles que le Congrès, la présidence et la Cour suprême. De fait, l'un des traits les plus frappants de nombreux immigrés est leur patriotisme et leur optimisme. Aux États-Unis, par exemple, deux nouveaux citoyens sur trois sont fiers d'être Américains et estiment que leur pays d'adoption est « meilleur que la plupart des autres pays[15] ».

Faisant mentir les projections alarmistes des Thilo Sarrazin et consorts, les preuves indiquant que les immigrés s'intègrent rapidement sont encore plus flagrantes dans les comportements les plus faciles à observer, tels que l'acquisition du langage. Il est exact que les immigrés les plus pauvres tendent à arriver dans leur pays d'accueil sans en maîtriser la langue, ou bien peu. S'ils s'installent dans des zones de coethnicité, comme les Chinatowns des grandes métropoles des États-Unis ou certaines banlieues françaises, ils pourront parfaitement passer toute leur vie sans l'apprendre. Tant que continuent d'affluer des vagues de migrants, il leur sera toujours facile de trouver des gens comme eux qui ne la parlent pas non plus.

Mais ce serait une erreur d'en conclure que les immigrés et leurs descendants échouent à apprendre la langue locale de leur nouveau pays. Les enfants d'immigrés aux États-Unis parlent souvent relativement bien la langue de leurs ancêtres, dont ils ont besoin pour communiquer avec leurs parents, mais presque tous préfèrent l'anglais pour s'adresser à leurs pairs. Même au sein du foyer, les immigrés de seconde génération entretiennent une relation ambiguë à leur langue maternelle. De nombreuses maisons fonctionnent avec deux langues opératoires, les parents s'adressant aux enfants dans la leur, et les enfants leur répondant en anglais[16].

Dès la troisième génération, l'anglais emporte le plus souvent une victoire décisive. Une étude du Pew Research Center de 2015 montre que les petits-enfants d'immigrés latinos connaissent à peine l'espagnol. Tandis qu'une nette majorité d'immigrés hispaniques de première génération parlent avant tout leur langue maternelle, ce n'est vrai que pour moins de 1 % des immigrés de troisième génération[17].

L'intégration linguistique aussi bien que culturelle paraît plus lente en Europe qu'en Amérique du Nord, mais les tendances sont les mêmes. Il existe bien quelques exemples d'immigrés de deuxième ou même troisième génération parlant mal la langue locale, mais, en général, les enfants et petits-enfants d'immigrés nés en Italie, en

France, en Suède ou en Grèce la parlent avec bien plus de facilité que la langue de leurs ancêtres*.

Dans toutes les démocraties multiethniques du monde, les membres des minorités souffrent encore de réelles formes d'exclusion. Ce serait cependant une erreur d'en conclure qu'ils resteront marginalisés à tout jamais – ou d'ailleurs qu'il leur manquerait l'envie ou les capacités de s'intégrer à la société. Les progrès rapides de nombreuses minorités contredisent à la fois les pessimistes qui les estiment incapables de s'intégrer à leur nouvel environnement et ceux qui craignent que les obstacles placés sur leur chemin soient pour toujours insurmontables.

Travail et éducation

Il y a un deuxième domaine sur lequel les pessimistes concentrent leurs inquiétudes quant au futur des démocraties multiethniques, qu'ils soient hostiles ou favorables à la grande expérience : le gouffre socio-économique qui sépare encore la majorité historiquement dominante et les groupes minoritaires.

---

* Soyons clairs, le fait que de nombreux descendants d'immigrés ne parlent plus la langue ancestrale n'a rien de particulièrement souhaitable. Les pédagogues conseillaient souvent aux immigrés de ne pas parler leur langue maternelle avec leurs enfants il y a quelques décennies, mais le consensus actuel a heureusement viré en faveur d'une éducation multilingue. Ce que je veux dire ici, c'est uniquement que l'un des principaux sujets d'inquiétude des opposants à la grande expérience, à savoir que les descendants d'immigrés ne s'intégreront jamais et ne parleront jamais correctement la langue, est largement contredit par les faits.

Le récit est le suivant : les groupes minoritaires réussissent beaucoup moins à l'école, sont moins présents sur le marché du travail et disposent de revenus inférieurs. Même si quelques immigrés prospèrent, leurs descendants ont en moyenne beaucoup moins de chances d'atteindre les hauts revenus ou de décrocher un bon diplôme que ceux dont les ancêtres étaient déjà établis dans le pays[18].

Un coup d'œil aux chiffres suggère que cette vision pessimiste contient au moins une parcelle de vérité. Dans la plupart des démocraties développées, les membres des groupes minoritaires ont, en moyenne, un statut socio-économique significativement inférieur à ceux dont les ancêtres appartenaient au groupe dominant. Aux États-Unis, par exemple, la différence de revenus et de richesse entre les ethnies est criante. L'Américain blanc moyen gagne plus que le Latino ou l'Afro-Américain moyens, et la différence de richesse est encore plus significative.

De même, selon l'OCDE, « les preuves s'accumulent pour indiquer qu'en Europe les enfants de parents immigrés sont surreprésentés dans les emplois non qualifiés[19] ». Les habitants de l'Union européenne nés en dehors de l'Union ont selon une autre étude deux fois plus de chances d'être victimes « de pauvreté et d'exclusion sociale » que les Européens vivant dans leur pays de naissance[20].

Même dans les pays très égalitaires qui fournissent depuis longtemps à tous leurs habitants de généreuses prestations sociales, les destinées des différents groupes démographiques divergent de façon frappante. En Suède, par exemple, les étudiants issus de l'immigration sont loin derrière leurs camarades de souche pour les résultats scolaires et vont beaucoup moins à l'université[21].

Les pessimistes qui soutiennent la grande expérience comme les pessimistes qui s'y opposent s'accordent à dire que les différences de salaires et de diplômes entre la majorité et les minorités demeurent importantes. Mais, comme pour les questions d'intégration et d'exclusion, leurs explications sont très différentes.

Les partisans de la grande expérience ont tendance à chercher cette explication dans les discriminations passées et présentes. Les minorités dont les ancêtres sont arrivés dans le pays il y a des siècles souffrent encore des répercussions de la domination d'antan ; il est par exemple impossible de comprendre les défis spécifiques qui se posent aux Afro-Américains sans tenir compte de leur longue histoire d'esclavage et d'exclusion. Mais, selon ces défenseurs de la grande expérience, même les immigrés plus récents sont marginalisés par le système éducatif et discriminés à l'embauche sur le marché du travail.

Une série d'études astucieuses a indiqué que les discriminations passées jouaient en effet toujours un rôle aujourd'hui. Les chercheurs ont par exemple envoyé de faux CV aux ressources humaines de grandes entreprises du Royaume-Uni : les CV aux patronymes typiquement anglais avaient deux fois plus de chances de décrocher un entretien que ceux, parfaitement identiques, dont les noms suggéraient des racines exotiques[22]. Partout dans le monde, des études ont abouti à des résultats tout aussi déprimants, au Japon, en Suisse, aux Pays-Bas et aux États-Unis[23].

Ce constat est cependant rejeté par de nombreux auteurs pessimistes ouvertement hostiles à la grande expérience, tels qu'Ann Coulter aux États-Unis, Éric Zemmour en France et Ko Bunyu au Japon[24]. Selon eux, seuls les immigrés et les minorités sont ici à blâmer. Les différences persistantes à l'école et sur le marché du travail sont une conséquence de leur absence d'éthique de travail et de leur désintérêt pour les traditions locales, voire de leur QI inférieur[25].

Par ailleurs, ces ethno-nationalistes pessimistes pensent que les facteurs ainsi pointés ne sont pas près de changer. Selon eux, le désavantage socio-économique des minorités n'est pas un problème temporaire qu'on pourrait corriger avec les bonnes politiques déclenchant un processus multigénérationnel d'ascension sociale. C'est un état permanent, auquel on ne pourra remédier qu'en diminuant le nombre de nouveaux arrivants ou en déportant des populations entières[26].

Les choses sont-elles aussi graves qu'ils le disent ?

Non.

Selon le récit le plus pessimiste, les différences d'accès à l'emploi et d'éducation sont très importantes et ne montrent aucun signe d'amélioration. C'est trompeur, pour plusieurs raisons fondamentales. Premièrement, les différences réelles de revenus entre les groupes sont bien souvent très inférieures à ce que suggèrent les statistiques les plus virales, surtout si l'on tient compte des facteurs correcteurs tels que l'âge et la taille du foyer. Deuxièmement, certains groupes d'immigrés gagnent significativement mieux leur vie que la moyenne de la population de souche. Par exemple, les immigrés venus d'Inde au Royaume-Uni[27], de même que les Chinois, les Libanais et les Nigérians aux États-Unis gagnent mieux leur vie en moyenne que les Blancs[28]. Troisièmement, le plus gros problème de ces récits pessimistes, et de loin, c'est qu'ils ne tiennent pas compte de l'ascension sociale importante constatée chez presque tous les groupes d'immigrés, dans presque toutes les démocraties multiethniques.

Les pays riches attirent aujourd'hui beaucoup d'immigrés très qualifiés : médecins, entrepreneurs, développeurs qui parlent parfaitement la langue locale, ont décroché de très bons diplômes et ont déjà accompli beaucoup dans leur vie professionnelle. Ceux-là pourront demander des salaires élevés dès leur arrivée. Ils restent cependant l'exception. Une majorité d'immigrés restera pauvre, sans vraiment d'éducation formelle ni maîtrise particulière de la langue locale.

C'est ce qui explique que, sans surprise aucune, beaucoup d'immigrés toucheront des salaires inférieurs à leurs camarades de souche, et c'est ce qui rend absolument dénuées de signification les statistiques qui pointent la persistance de ce gouffre socio-économique et éducatif. Les mesures agrégées qui établissent une moyenne entre des immigrés de première génération tout juste débarqués et d'autres dont les parents ou les grands-parents vivaient déjà dans le pays nous renseignent bien peu sur l'avenir.

Ceux qui sont sincèrement curieux de l'état actuel de nos démocraties multiethniques feront bien mieux de regarder les statistiques centrées sur le parcours d'immigrés de très longue date, afin de déterminer si leurs conditions de vie s'améliorent.

Les enfants et les petits-enfants d'immigrés bénéficient-ils de conditions de vie supérieures à celles de leurs ancêtres ? Comment se comparent-ils à leurs camarades du groupe historiquement dominant ?

Il se trouve que les réponses à ces deux questions sont en réalité très encourageantes.

En Europe, par exemple, deux économistes ont récemment étudié les conditions de vie des descendants d'immigrés par rapport à leurs camarades de la majorité dont les parents avaient des niveaux d'éducation similaires. Dans tous les pays que Doris Oberdabernig et Alyssa Schneebaum ont étudiés, les enfants d'immigrés avaient bien plus de chances de décrocher un diplôme d'enseignement supérieur. Leur conclusion était sans ambiguïté : l'analyse « fournit des preuves très claires d'aplanissement des différences éducatives entre natifs et immigrés des deux générations les plus récentes. [...] Si le processus se maintient pour les générations futures, les personnes issues de l'immigration auront bientôt le même bagage éducatif que la population de souche[29] ».

Que les descendants d'immigrés qui décrochent de bons diplômes aient aussi de meilleurs salaires n'est pas très surprenant ; ce qui l'est plus, c'est la vitesse à laquelle ce processus s'accomplit si on en croit les études récentes. Dans l'une des enquêtes les plus ambitieuses sur la mobilité économique des nouveaux venus aux États-Unis, par exemple, quatre économistes de haute volée ont analysé un tableau de données à un million d'entrées correspondant à des immigrés arrivés dans le pays au cours du siècle passé. Leurs conclusions sont très rassurantes, sur presque tous les points.

Les immigrés s'en sont très bien sortis, augmentant rapidement leurs revenus d'une génération à la suivante. Par ailleurs, la vitesse de cette progression dépendait à peine de leur pays d'origine. « Les enfants d'immigrés de presque tous les pays d'origine améliorent plus rapidement leurs conditions économiques que les enfants de parents nés aux États-Unis[30]. »

De plus, les immigrés s'élèvent sur l'échelle économique à peu près aussi vite aujourd'hui que ceux d'il y a cinquante ou cent ans. Cela devrait rassurer particulièrement les pessimistes qui craignaient que les immigrés du passé, Blancs dans leur grande majorité, disposaient d'opportunités dont ceux d'aujourd'hui, qui sont en majorité non-Blancs, pourraient être privés en raison d'un racisme prévalent.

Les économistes concluent ainsi que beaucoup d'observateurs « sous-estiment le succès à long terme des immigrés ». En réalité, même ceux « arrivés aux États-Unis sans ressource et sans formation ont de bonnes chances d'améliorer les chances de réussite de leurs enfants[31] ».

Tant que les démocraties multiethniques auront des taux d'immigration élevés, il y aura une différence de revenus et d'éducation à un instant donné. Mais se concentrer ainsi sur les résultats agrégés dissimule la mobilité accélérée dont bénéficient la plupart des immigrés, celle qui permet aux deuxième et troisième générations d'effectuer des progrès rapides. Même ceux qui arrivent aujourd'hui dans les démocraties multiethniques depuis les pays pauvres ont de bonnes raisons d'espérer que leurs enfants et petits-enfants s'en sortiront très bien.

*

La situation des Afro-Américains est celle qui pose le plus grand défi aux optimistes pour le futur des démocraties multiethniques. C'est non seulement le groupe qui a souffert de la forme la plus extrême de domination violente par le passé, c'est aussi celui qui affronte aujourd'hui les pires désavantages cumulés. Cependant, même dans ce cas, une description fidèle de la réalité donne de bons motifs d'espoir.

De tous les groupes minoritaires, les Afro-Américains supportent les plus lourdes conséquences à long terme d'une domination passée. En moyenne, les Noirs gagnent 75 % du salaire horaire médian des Blancs[32]. La différence de richesse est encore plus frappante : la richesse nette d'une famille blanche moyenne est évaluée à 171 000 dollars, presque dix fois plus que celle d'une famille noire[33].

Cette disparité est même visible quand on les compare aux autres minorités ethniques. Par exemple, le revenu médian d'un foyer noir en 2018 était de 46 073 dollars, le revenu médian d'un foyer hispanique de 56 113 dollars. Les foyers asiatiques, significativement plus riches que les Blancs, ont un revenu médian de 98 174 dollars[34].

À ces différences économiques béantes correspondent d'autres disparités choquantes. Selon les données compilées de la NAACP (Association nationale pour le progrès des gens de couleur), les victimes de la police sont en majorité blanches, mais les Noirs ont bien plus de chances de subir ce triste sort en proportion de leur nombre. Les Noirs représentent en effet 13 % de la population américaine mais 22 % des victimes de la police. Ils ont aussi beaucoup plus de chances d'être incarcérés ; en 2014, ils représentaient environ un tiers de la population carcérale aux États-Unis[35].

Rien de tout cela ne justifie le langage apocalyptique qu'emploient des politiciens comme Donald Trump pour décrire la situation des Afro-Américains. Dans leurs discours, les Noirs vivent tous dans des quartiers « sensibles » (*inner-city neighborhood*) gangrenés par le crime sans aucune chance d'en sortir. S'adressant à des électeurs noirs en 2016, Donald Trump leur avait ainsi demandé à plusieurs reprises : « Qu'avez-vous à perdre[36] ? »

Pour la majorité des Afro-Américains, la réponse est : beaucoup.

Une minorité significative d'Afro-Américains vit de fait dans de terribles conditions. Les obstacles placés sur la route des habitants des quartiers pauvres de Detroit et de Baltimore sont gigantesques. Néanmoins, les conditions de vie des Américains noirs en général se sont beaucoup améliorées durant les soixante dernières années.

Les commentateurs laissent souvent entendre que la majorité des Afro-Américains qui grandissent dans la pauvreté y resteront toute leur vie. Comme l'ont démontré les recherches essentielles de Raj Chetty, la race et la classe sont en effet des facteurs très puissants dans les perspectives individuelles[37]. Mais même dans les données de Chetty, devenues virales précisément parce qu'elles renforçaient en partie la vision pessimiste de la situation des Noirs aux États-Unis, on voit que la majorité des Afro-Américains qui ont grandi dans la pauvreté connaîtront une certaine ascension sociale au cours de leur vie.

Sur 100 Noirs américains dont les revenus des parents se situent dans le dernier quintile, 29 resteront pauvres. Mais 33 atteindront le quatrième quintile et deviendront membres de ce que Chetty appelle la « classe moyenne inférieure », tandis que 21 finiront dans la classe moyenne, 11 dans la classe moyenne supérieure et 6 deviendront riches[38]. Et, si les hommes noirs bénéficient moins de la mobilité sociale que les hommes blancs, les femmes noires ont des chances significativement plus élevées que les femmes blanches de s'élever sur l'échelle socio-économique[39].

Les progrès accomplis par les Noirs américains sont encore plus flagrants dans les domaines non économiques. La différence d'espérance de vie, par exemple, régresse enfin. Au début du XXe siècle, un nouveau-né blanc pouvait s'attendre à vivre pas moins de seize années de plus qu'un nouveau-né noir. En 1950, cette différence passait sous les dix ans. En 2016, elle est inférieure à quatre ans[40].

En conséquence de ces changements, la grande majorité des Afro-Américains font aujourd'hui partie de la classe moyenne. En 2021, une Noire américaine moyenne[41] vit dans la banlieue tranquille d'une grande métropole ou dans une petite ville plutôt qu'au cœur de l'agglomération* ou à la campagne[42]. Elle a décroché le bac et, si elle a moins de 40 ans[43], a passé quelques années dans un *community college* (une université publique) ou une université privée. Elle travaille dans le secteur tertiaire, comme infirmière ou institutrice, plutôt que dans le bâtiment ou dans une chaîne de fast-food[44]. Elle est socialement assurée par son employeur, plutôt qu'assurée à son compte ou pas assurée du tout[45].

C'est pourquoi sa perspective de Noire américaine moyenne est bien plus optimiste que ce qu'on pourrait croire en écoutant Donald Trump, ou même en lisant le *New York Times*. Elle est fière de son pays et dit aimer l'Amérique. Elle sera d'ailleurs davantage susceptible que ses camarades blancs de déclarer qu'elle « croit au rêve américain », ou que les plus beaux jours sont encore à venir[46].

Crime et terrorisme

Par une froide matinée de novembre, en 2019, Learning Together, le programme de l'université de Cambridge

---

* *Inner cities*. Contrairement à la situation française, les centres des grandes villes américaines ont historiquement été au XXe siècle des lieux de grande pauvreté. [NdT.]

pour la réhabilitation des prisonniers par la création de « communautés d'apprentissage transformateur[47] », fêtait son cinquième anniversaire[48] dans les salles élégantes du Fishmongers' Hall de Londres[49]. Au milieu d'objets archéologiques, défenses de narval et chandeliers en or, les participants y étrillaient le système judiciaire britannique. Suite aux discours d'un aréopage d'universitaires et de militants, Usman Khan, la *success story* emblématique du programme, a récité un poème évoquant ses expériences traumatisantes[50].

Après cela, Khan, qui sortait de prison pour avoir tenté d'organiser un attentat au London Stock Exchange, a dégainé deux couteaux de cuisine qu'il avait dissimulés dans ses manches et a chargé ses camarades rassemblés. Dans les dix minutes qui suivirent, il en poignarda cinq et tua deux de ses victimes[51].

Dans l'esprit des personnes hostiles à la grande expérience, l'histoire de Khan et de Learning Together illustre à merveille une leçon politique urgente à tirer de la situation, leçon que leurs adversaires bien intentionnés préféreraient ignorer. L'immigration et la diversité culturelle, insistent-ils, sont source de dangers mortels. Ces dernières décennies, des terroristes nés en Europe ont lancé des attaques en France et en Allemagne, au Royaume-Uni et aux États-Unis, dans des dizaines de démocraties du monde[52]. Khan n'était pas une victime du système judiciaire, c'était un dangereux idéologue cherchant à imposer au monde sa vision fondamentaliste par tous les moyens nécessaires.

Pour ne rien arranger, ils estiment que le courant culturel et politique majoritaire s'aveugle volontairement sur la question. Pour les étudiants et les professeurs sophistiqués de Cambridge, Khan n'était qu'une victime incomprise qui comptait sur eux pour le sauver. Leur adulation à l'égard de celui qui, littéralement, fomentait leur meurtre démontrait combien leur obsession d'une société corrompue avait déformé leur vision du monde.

Pendant des décennies, les opposants aux démocraties multiethniques se sont focalisés sur les tendances criminelles supposées des immigrés et de leurs descendants. Pendant mon enfance en Allemagne, par exemple, l'un des slogans les plus fréquents des partis d'extrême droite était « *Kriminelle Ausländer Raus !* » (« Expulsez les étrangers criminels ! »).

Cette peur est souvent exacerbée par l'existence de quartiers à forte densité de population immigrée dans lesquels, en effet, la criminalité est endémique et les bandes organisées par ethnies prospèrent. La Suède prise en son entier a beau connaître un taux de criminalité extrêmement bas, par exemple, il y a tout de même eu, en 2017, 81 fusillades et 58 explosions de bombes à Malmö, petite ville du sud du pays[53]. Depuis, ces phénomènes se sont propagés aux quartiers immigrés d'autres grandes villes, comme Göteborg et Stockholm[54].

Depuis que l'Europe a accueilli des millions de réfugiés venus d'Afrique et du Proche-Orient, souvent de jeunes hommes seuls sans leur famille, durant l'été 2015, ces derniers arrivés sont au centre du débat sur le lien supposé entre immigration et criminalité[55]. Après qu'un réfugié afghan d'une vingtaine d'années a assassiné son ex-petite amie de 15 ans dans la petite ville de Kandel, au sud-ouest de l'Allemagne, pour ne se voir condamné qu'à huit ans et demi de détention dans un centre pour délinquants juvéniles, l'extrême droite allemande s'est emparée de la question de la clémence exagérée du système judiciaire. « Qu'est-ce que ces jeunes hommes en âge de combattre et de procréer font ici, d'abord ? » a demandé Christiane Christen, une organisatrice des manifestations tenues devant le tribunal de Landau, où je m'étais rendu. « Ils mènent une guerre[56] », a-t-elle répondu à sa propre question.

La plus grande source d'inquiétude actuelle est née, de manière bien compréhensible, de la série d'attaques terroristes qui ont bouleversé les démocraties développées ces vingt dernières années. De l'assassinat des journalistes de *Charlie Hebdo*[57] au siège du Bataclan, de l'attentat du marathon de Boston à la fusillade du Pulse*[58], des terroristes, souvent nés dans le pays, ont fauché des centaines de vies. C'est ce qui a conduit des politiciens d'extrême droite à conclure que l'islam est incompatible avec la civilisation occidentale. Ainsi, selon Beatrix von Storch, vice-présidente du parti Alternative pour l'Allemagne, « l'islam est une idéologie politique incompatible avec la Constitution[59] ».

---

* Tuerie de masse dans une boîte de nuit LGBT d'Orlando, en Floride, survenue le 12 juin 2016, revendiquée par l'État islamique. On y a déploré 49 victimes.

Les pessimistes ont raison de souligner que l'histoire d'Usman Khan constitue un sérieux avertissement quant aux conséquences néfastes auxquelles s'exposeront les démocraties multiethniques si la grande expérience échoue. Certains immigrés sont profondément hostiles aux règles les plus fondamentales d'une vie paisible partagée. Les universitaires et les intellectuels qui refusent de le reconnaître ne rendent pas service à la cause qu'ils défendent.

Toutefois, les opposants à la grande expérience omettent régulièrement un petit détail dans l'histoire de l'attaque terroriste contre Learning Together au Fishmongers' Hall de Londres : un autre immigré était heureusement présent ce jour-là. Il travaillait dans les cuisines.

Łukasz Koczocik, citoyen polonais, fait partie de ces millions de gens arrivés au Royaume-Uni depuis les années 2000. Quand il a entendu appeler au secours, il n'a pas hésité une seconde avant d'intervenir.

Cherchant désespérément une arme qui pourrait l'aider à maîtriser Khan, Koczocik a décroché une lance décorative qui ornait un mur et chargé en direction de l'assaillant. Khan s'est défendu, lui tailladant les mains et les épaules. Malgré ses blessures, Koczocik a chassé Khan jusque dans la rue. Grâce à l'aide d'autres hommes, dont Darryn Frost, immigré sud-africain armé d'une défense de narval, il est parvenu à immobiliser Khan jusqu'à ce que la police intervienne[60].

Bien peu de gens, immigrés ou de souche, auraient fait preuve d'autant de courage. Heureusement, une analyse dépassionnée des faits nous suggère que l'engagement de Koczocik en faveur de sa société d'accueil est bien plus représentatif de l'attitude générale des immigrés que la détermination de Khan à infliger douleur et souffrance.

La plupart des immigrés partagent les valeurs fondamentales de leur société d'accueil.

Comme je l'ai montré dans ce chapitre, ils cherchent à s'intégrer dans le courant majoritaire (et font de rapides progrès en ce sens). Ils croient aux valeurs démocratiques. Dans certains pays, ils sont même plus souvent patriotes que les autres.

En même temps, il est indubitable qu'une minorité d'immigrés rejettent ces valeurs. Certains sont des fanatiques religieux. D'autres se sont tournés vers le crime pour échapper à la pauvreté, par manque d'opportunité ou prédisposition psychologique. D'autres encore avaient rejoint des groupes criminels ou des réseaux avant même d'arriver dans leur pays d'accueil. Est-ce suffisant pour fournir aux opposants des démocraties multiethniques un argument définitif contre la grande expérience ?

Je ne crois pas. Il y a d'authentiques problèmes de réseaux criminels ou de bandes organisées autour d'une ethnie, dans de nombreuses démocraties. Dans certaines d'entre elles, les enquêtes suggèrent que les immigrés commettent des crimes en même proportion que les autres membres de leur classe socio-économique, mais légèrement plus que la population générale. Dans d'autres, dont les États-Unis, les faits sont sans appel : les immigrés ont bien moins de chances de s'adonner au crime que la population générale.

Tout cela fournit aux démocraties multiethniques de bonnes raisons de contrôler l'accès à leur territoire et de refuser à la frontière ceux qui pourraient mettre en danger leurs citoyens. Cependant, le fait qu'une fraction des nouveaux venus commettront des crimes n'est en rien une raison de barrer l'accès à tous les autres, et n'est certainement pas une excuse pour violer les droits de ceux qui sont déjà installés dans le pays légalement.

Dans le même ordre d'idées, il paraît nécessaire de préciser que les gangs constitués de jeunes immigrés des pays pauvres n'ont rien de bien nouveau. En l'espace de cent cinquante ans, New York a connu l'ascension des clans criminels irlandais, italiens, portoricains, chinois et salvadoriens. Qu'ils aient existé avant ne rend pas moins dangereuses leurs itérations actuelles, cependant. Le MS-13, par exemple, est indubitablement capable des pires cruautés.

Cela dit, la disparition progressive des clans criminels associés aux vagues migratoires précédentes nous donne l'espoir que les gangs d'aujourd'hui s'effaceront eux aussi, selon toute probabilité. Les gangs italiens et irlandais, par exemple, ont beaucoup perdu de leur puissance après des actions vigoureuses de la police contre leurs chefs et l'intégration progressive de la communauté d'appartenance de leurs membres, leur foyer de recrutement, dans le courant majoritaire américain. Pour les mêmes raisons, les démocraties multiethniques parviendront avec le temps à vaincre les gangs organisés autour d'une ethnie, de New York à Malmö en passant par Berlin.

Pour finir, de ces sujets d'inquiétude, le terrorisme est le plus difficile à atténuer, car dans ce domaine un nombre extrêmement réduit de personnes peuvent provoquer des dommages effrayants.

La grande majorité des musulmans d'Europe et d'Amérique du Nord pratiquent un islam tolérant et méprisent les extrémistes qui se servent de leur religion pour justifier des meurtres violents. Comme l'a écrit Mohammed Moussaoui, président du Conseil français du culte musulman, après l'assassinat de Samuel Paty, « les musulmans de France sont horrifiés par ce crime abject[61] ».

Moussaoui a raison. Ceux qui prétendent l'islam incompatible avec la démocratie sont démentis par la grande majorité des musulmans partisans des États démocratiques dans lesquels ils vivent, qui rejettent toute forme d'action politique violente au même titre que les citoyens des autres religions[62].

Cependant, cet argument a bien peu de chances de convaincre ceux qui craignent que le prochain terroriste soit en ce moment même en train de préparer son coup, en Europe ou en Amérique du Nord, attendant l'opportunité de tuer quelques-uns de ses compatriotes. Comment les défenseurs des démocraties multiethniques peuvent-ils répondre honnêtement à cette peur ?

La première étape est de prendre le problème au sérieux et d'avouer avec franchise notre incapacité à le régler complètement. Même s'il est techniquement exact que les terroristes islamistes ont, depuis le 11 septembre 2001, provoqué moins de morts que les baignoires[63], insister là-dessus méconnaîtrait la différence psychologique qui sépare un tragique accident d'un crime aux motifs politiques visant à répandre la terreur.

La deuxième étape est d'allouer les ressources nécessaires au combat contre le terrorisme et au démantèlement des réseaux extrémistes. Les partisans des démocraties multiethniques ne doivent pas tolérer les tentatives de diabolisation des minorités religieuses, mais ils ne doivent pas non plus manifester de pudeur déplacée quand il s'agira de discuter des racines idéologiques du terrorisme islamiste ou de punir ceux qui aident et encouragent la violence. Les défenseurs de la grande expérience ne doivent jamais hésiter à s'opposer à la violence, qu'elle vienne de la majorité ou des minorités.

Enfin, la dernière étape est d'expliciter que le pouvoir du terrorisme dérive de sa capacité à pousser les peuples au conflit, à se réfugier dans le confort de la tribu et à définir les autres par leurs identités attribuées, raison supplémentaire de s'accrocher à l'idéal d'unité face aux crimes de haine et de rappeler que la grande majorité des citoyens de nos démocraties multiethniques sont engagés pour une vie paisible et partagée. Même aux périodes les plus sombres, nous devons jurer de ne pas laisser les terroristes détruire ces démocraties qui donnent à des gens de tous les horizons la liberté de vivre en autonomie.

Pourquoi il est essentiel d'être optimiste

Je sais d'expérience que beaucoup jugeront naïve ma façon d'insister sur les promesses d'avenir face aux tendances fâcheuses. Cependant, si l'instinct de se concentrer exclusivement sur ce qui va mal peut sembler vertueux, c'est un bien mauvais guide pour distinguer le vrai, et parfois un obstacle au progrès vers un monde meilleur.

Beaucoup de partisans de la grande expérience supposent que souligner les problèmes des démocraties multiethniques poussera leurs compatriotes vers plus de compassion. Ils se disent que si les gens se rendaient compte que le pays qu'ils aiment et les institutions qu'ils tiennent pour acquises sont profondément racistes, ils seraient plus enclins à embrasser un changement radical.

Il est loin d'être évident que les choses se passeraient ainsi dans la réalité. Quand on leur dit que des injustices autrefois caractéristiques de leur pays persistent encore de nos jours malgré des décennies d'efforts pour y remédier, certains concluront plutôt que tout a été fait et qu'ils n'y peuvent plus rien. D'autres iront plus loin. Ils se diront peut-être que si les choses ne s'améliorent pas dans ces conditions, c'est que ce sont les immigrés et les minorités qui sont à blâmer. (Les défenseurs pessimistes de la grande expérience devraient d'ailleurs se demander si insister là-dessus constitue vraiment un bon argument étant donné que leurs propres adversaires l'emploient également, estimant bien sûr qu'il va dans leur sens à eux.)

Quoi qu'il en soit, les bonnes intentions ne suffiront pas à améliorer le sort des défavorisés. Comme l'ont montré de multiples tentatives infructueuses d'éradiquer la pauvreté ou de stimuler la croissance, même les plus généreuses des mesures déraillent quand elles ont mal identifié la racine du problème et mal analysé les précédentes tentatives d'y remédier, celles qui ont marché comme celles qui n'ont pas marché. Quiconque veut régler les problèmes qui véritablement persistent doit d'abord circonscrire correctement leur nature.

Imaginez que la maison de votre voisin brûle.

Si vous lui indiquez gaiement que les autres maisons du quartier sont toujours bien jolies ou que la plupart sont en meilleur état aujourd'hui qu'il y a trente ans, le voisin vous jugera, à raison, bien peu compréhensif. La première chose à faire serait plutôt de l'aider à éteindre le feu ou de l'inviter à passer la nuit chez vous.

Une fois le feu éteint et le voisin logé, vous pourrez tenter de découvrir ce qu'il s'est passé. Afin d'éviter que d'autres maisons que la sienne brûlent à l'avenir, il serait judicieux de déterminer les failles du système de sécurité en place.

Imaginons que vous découvriez que le quartier a connu un grand nombre d'incendies par le passé. Pour s'en prémunir, beaucoup de maisons ont installé des alarmes neuves, mais cela n'a rien fait pour diminuer le nombre d'incendies.

Cela vous communiquerait une information intéressante. Peut-être que ces alarmes ont un défaut. Peut-être que les pompiers mettent trop longtemps à intervenir. Dans les deux cas, il semblerait que la solution adoptée ne fonctionne pas. Il faudrait complètement changer de stratégie.

Autre scénario : imaginons que vous découvriez que le quartier a connu un grand nombre d'incendies par le passé et que, pour diminuer les risques, la majorité des maisons ont refait à neuf leur système électrique vétuste. Quelques maisons n'ont pas encore eu la possibilité d'installer ce nouveau système et, pourtant, la fréquence des incendies a connu une chute drastique depuis cette vague d'installations.

Vous en viendriez probablement à une tout autre conclusion. Les mesures prises par le passé auront fait leurs preuves dans la lutte contre les incendies, sans aucun doute. Peut-être vous efforceriez-vous alors de les accélérer. À moins que vous ne décidiez de les renforcer par d'autres mesures de sécurité. En tout cas, si votre objectif est de diminuer les occurrences d'incendie, vous devriez vous appuyer sur ces mesures efficaces en place, plutôt que les abandonner.

Ce second exemple me paraît plus proche de notre situation actuelle.

Il existe encore de vrais problèmes et de vraies injustices dans nos voisinages métaphoriques. Par prudence autant que pour des raisons morales, il faut enquêter sérieusement là-dessus et nous engager à y remédier du mieux que nous pourrons. C'est un travail urgent, et tout sauf facile. Heureusement, nous pouvons pour le mener à bien nous appuyer sur les réels progrès de ces dernières décennies.

*

L'impression d'absence de progrès vers un futur plus équitable est une cause abondante du pessimisme ambiant sur l'avenir des démocraties multiethniques. L'idée qu'elles resteront à jamais coupées entre deux groupes hostiles, membres de la majorité historique d'un côté, tout le monde de l'autre, en est une autre.

Selon cette dernière, les identités attribuées aujourd'hui si saillantes continueront à jouer pour longtemps encore un rôle déterminant dans le comportement politique et culturel des citoyens. Aux États-Unis, les Blancs, même dans trente ou soixante ans, se trouveront en compétition directe avec les « gens de couleur ». Aux Pays-Bas, la politique consistera en la compétition des « ethniquement néerlandais » contre les « descendants d'immigrés ».

Si cette vision s'avère, le désastre politique sera total. Les démocraties seront amenées jusqu'à leur point de rupture, chaque élection consistant en la victoire d'un groupe ethnique et la défaite d'un autre. La vision d'un futur dans lequel différents groupes ethniques et religieux seraient engagés dans une lutte existentielle perpétuelle devrait répugner même à ceux qui estiment que leur coalition l'emporterait finalement, que ce soit en conservant leur statut majoritaire par le ralentissement du changement démographique et la limitation du droit de vote des minorités ou par l'espoir que leur groupe aujourd'hui minoritaire raflera prochainement la majorité.

Heureusement, ces projections pessimistes se fondent sur une mauvaise lecture de la situation actuelle et des futurs probables des démocraties diverses. Démographiquement, il est loin d'être certain qu'une des grandes démocraties actuelles se transforme bientôt en « majorité de minorités ». Les calculs qui indiquent que les Blancs seront bientôt minoritaires aux États-Unis, par exemple, reposent sur des hypothèses très discutables, aussi bien sur la dénomination de « Blanc » que sur la manière dont les gens s'identifieront à l'avenir. De même, cette croyance répandue selon laquelle « la démographie, c'est le destin » se trompe complètement sur la politique des démocraties développées. Malgré les prédictions assurées des démographes et des stratèges politiques, il est impossible de prédire qui gagnera une élection en se contentant de compter les têtes dans chacune des catégories démographiques présentes sur le territoire.

Les démocraties multiethniques courront toujours le risque de la fragmentation. Il est impossible d'éliminer à jamais la possibilité que des politiques électorales et culturelles futures dressent une majorité contre une minorité, les traditionnellement dominants contre les historiquement exclus. Mais, comme je le montrerai dans le prochain chapitre, il est faux de penser que le résultat serait couru d'avance. Ceux qui veulent la réussite de la grande expérience doivent tout faire pour l'éviter.

Chapitre 9

La démographie n'est pas le destin

Les démographes font rarement la une, mais quand une projection du Bureau du recensement américain a indiqué qu'autour de l'an 2040 les minorités actuelles seraient majoritaires aux États-Unis[1], les journaux leur ont accordé toute leur attention. « La majorité blanche disparaîtra bientôt », a titré le *Houston Chronicle*[2]. D'autres journaux et magazines ont exploré les implications de ce changement, des élections futures à la « nouvelle dynamique de la vie de bureau[3] ».

Tous ces articles ou presque avaient un point commun : ils divisaient implicitement la population américaine en deux blocs distincts. D'un côté, les Blancs, décrits comme un groupe soudé malgré les énormes différences ethniques et religieuses qu'il subsume. De l'autre, les membres des minorités ethniques, ou « gens de couleur », décrits comme partageant une identité commune bien qu'issus de toutes les régions du monde et constitués d'individus appartenant à toutes les ethnies connues[4].

Cette projection aride en apparence en est ainsi venue à incarner une énorme transformation de la culture et de la politique du pays. En reliant les points, on y décelait un futur caractérisé par l'affrontement de deux blocs hostiles, au cours duquel, en raison de sa diminution progressive, le bloc historiquement dominant perdrait bientôt le plus gros de son pouvoir.

Voici qui permet d'expliquer l'immense espoir qu'inspirent à certains ces projections. De nombreux Américains attendent impatiemment les années 2040, décennie dans laquelle leur expérience vécue cessera d'être exclue du roman national. D'exception, ils deviendront la norme.

Bien des analystes politiques ont aussi réglé leur focale sur ce moment où le pays deviendra une majorité de minorités. Hispaniques et Afro-Américains tendant à soutenir le Parti démocrate, celui-ci espère que la transformation démographique en cours l'aidera à vaincre définitivement le Parti républicain et peut-être même à redessiner le pays en fonction de ses idéaux sociaux et culturels historiques.

Chez d'autres Américains, la même projection suscite une peur indicible. Pour eux, le changement démographique modifiera le pays au point de le dénaturer complètement et les relèguera aux rangs subalternes.

Dans sa forme la plus extrême, cette peur prend des allures de prophétie apocalyptique sur le supposé « grand remplacement » en cours dans les sociétés occidentales[5]. Les traîtres politiques complotent pour faire disparaître la population existante au profit de nouveaux arrivants qu'ils contrôleront plus facilement. C'est du moins ce que se disent certains militants d'extrême droite[6].

Comme les États-Unis sont l'une des démocraties développées où la majorité historique a le plus rapidement diminué en proportion de la population totale, c'est là que ce débat est le plus intense. Je me concentrerai donc surtout sur ce pays dans ce chapitre, comme cas d'école.

Mais dans les autres démocraties, où la bascule démographique prendra quelques décennies de plus, les mêmes hypothèses entraînent les mêmes espoirs et les mêmes craintes. Aujourd'hui encore, en Allemagne, de nombreux disciples de la théorie du grand remplacement citent mon entretien télévisé parmi leurs preuves du complot qui se tient.

Examiner les prémisses dans ce débat n'en est que plus urgent. L'Amérique et plus tard les démocraties multiethniques, de la France à l'Australie, deviendront-elles des majorités de minorités comme le prédisent les analystes ? Les luttes culturelles et politiques centrales se joueront-elles entre les différents groupes démographiques ? Ces changements contribueront-ils à la réussite de la grande expérience, ou deviendront-ils des obstacles supplémentaires ?

Mes réponses à ces questions s'éloignent beaucoup du consensus actuel. La plupart des démocraties développées ne deviendront pas des « majorités de minorités », du moins pas comme on l'entend le plus souvent. Il est hautement prématuré de supposer que les politiques futures verront s'affronter les « indigènes » contre les « immigrés », ou les « Blancs » contre les « gens de couleur ». Et tous ceux qui souhaitent la réussite de la grande expérience devraient se réjouir que la démographie n'ait rien d'un destin, comme ils devraient se démener pour que les lignes de front des débats politiques et culturels des futures démocraties multiethniques soient bien plus fluides que ne le supposent ces prédictions.

Quand la « science » n'est pas très scientifique

Quand le Bureau du recensement a établi sa projection d'un pays de minorités majoritaires en 2040, son modèle démographique a été présenté et traité comme un exercice scientifique, ce qui donnait à tout cela un air de vérité indéniable.

La projection démographique a en effet des allures d'exercice d'arithmétique relativement direct. Selon son hypothèse, tout Américain disposant d'un ancêtre appartenant à l'une des minorités considérées fera partie de la majorité nouvelle. La taille projetée de ce nouveau groupe est une simple fonction de quelques facteurs clés, dont la population actuelle des minorités dans le pays, le nombre d'enfants qu'elles produiront et le nombre de nouveaux arrivants prévus dans les années à venir[7].

Comme il est impossible de déterminer les valeurs exactes de ces différents facteurs avec précision, la construction du modèle comprend une part d'estimation assumée. Il est toujours possible qu'une projection spécifique manque finalement telle ou telle cible de quelques points de pourcentage, mais, tant que le modèle est conçu par des professionnels expérimentés faisant de leur mieux pour fournir au public une information objective (et c'est bien le cas général), les résultats tomberont dans le bon ordre de grandeur.

Peut-être que l'Amérique deviendra une majorité de minorités en 2042 ou en 2048 plutôt qu'en 2045. Mais, tôt ou tard, les Blancs se trouveront en minorité, et c'est la science qui le dit.

Cependant, cette vision des choses occulte un point essentiel : les catégories utilisées dans le recensement pour classer les Blancs et les non-Blancs reposent sur des hypothèses hautement contestables pour définir leur identité autodéclarée aujourd'hui, et plus contestables encore pour leur identité autodéclarée à venir. L'enfant de deux immigrés espagnols blancs compte-t-il parmi les Hispaniques ou les Blancs ? (Selon le Bureau du recensement, il est hispanique.) La fille d'un père blanc et d'une mère chinoise s'identifie-t-elle comme blanche ou comme asiatique ? (Asiatique.) Quelqu'un dont sept grands-parents étaient blancs et un seul était noir sera-t-il blanc ou noir ? (Noir.)

Scientifiques en apparence, les projections du Bureau du recensement supposent que tous les Américains ayant soit une goutte de sang non blanc, soit une once d'héritage culturel qui les connecterait à un pays hispanophone sont des « gens de couleur ». En conséquence, ce ne sont que des aspects hautement spéculatifs de la réalité.

Pour disposer d'un aperçu réel du futur de l'Amérique, ou de toute autre démocratie multiethnique dans le monde, une table de correspondance démographique qui stipule qui est quoi selon un schéma de classification simpliste ne suffira pas. Il nous faudra observer les comportements réels. Or, quand on s'intéresse de près à la manière dont chaque groupe se perçoit en réalité, et à la manière dont les autres le perçoivent, il devient rapidement évident qu'un grand nombre de leurs membres ne rentrent pas proprement dans les cases qu'on a tenté de leur imposer.

Il y a en particulier de gros points d'interrogation quant aux rôles que joueront dans le pays futur, sa politique et sa culture, trois groupes d'Américains à la croissance rapide qui, selon le récit en vogue, sont censés se définir comme « gens de couleur ».

L'ascension des métis en Amérique

Voici trente ou quarante ans, une majorité d'Américains déclaraient encore être opposés aux unions mixtes entre Blancs et Noirs[8]. La réalité reflétait ce préjugé : en 1980, seuls 3 % des nouveau-nés du pays avaient une mère et un père appartenant à des groupes ethniques différents[9].

Depuis, les choses ont rapidement et radicalement changé. La proportion de personnes ouvertement opposées aux unions mixtes est aujourd'hui minuscule. Seul un Américain sur dix avoue un malaise à l'idée qu'un proche épouse quelqu'un d'un autre groupe racial[10]. Une partie de ce retournement est certainement due à un « biais de désirabilité sociale » – un changement dans la manière de répondre à une enquête plutôt qu'un véritable changement d'opinion –, toutefois, les preuves s'accumulent pour indiquer que le comportement réel des jeunes Américains se transforme tout aussi vite. À la fin des années 2010, un enfant sur sept né aux États-Unis était métis[11].

La tendance à convoler « hors de son groupe ethnique » est surtout répandue chez les groupes démographiques à la croissance la plus rapide. Chez les Hispaniques et les Asiatiques-Américains, une personne sur trois parmi les jeunes mariés a trouvé son conjoint dans un autre groupe ethnique[12]. Tous les signaux indiquent que la part des Américains métis continuera d'augmenter dans les années à venir.

Comme les médias appliquent le plus souvent la « *one-drop rule* » quand il s'agit de l'identité des Américains, tous ces bébés seront comptabilisés parmi les membres d'une minorité ethnique. Cependant, cette identité imposée ne colle pas avec les découvertes des sociologues qui se sont donné la peine d'étudier vraiment la perception que les métis ont d'eux-mêmes.

Les études ethnographiques sur ces enfants parviennent le plus souvent à la conclusion que la plupart sont très intégrés à l'Amérique « blanche ». Les enfants dont un parent est blanc, l'autre hispanique ou asiatique-américain, sont tout particulièrement proches de leurs camarades blancs. Comme Edward Telles et Vilma Ortiz l'ont découvert au cours de leur travail précurseur, les enfants disposant d'un parent mexicain et l'autre blanc non hispanique « ont moins de chances de parler l'espagnol, plus de chances de trouver un partenaire hors de leur groupe et s'identifient moins à leurs origines mexicaines[13] ».

Ces métis s'identifient même souvent comme Blancs. Comme le résume un sociologue éminent à partir de son enquête approfondie, « de nombreux Américains aux origines asiatiques ou hispaniques mélangées s'identifient de temps en temps à la majorité blanche[14] ».

L'identité complexe des Latinos

En 2014, aux États-Unis, 55 millions de personnes pouvaient être rattachées à l'Espagne ou à l'Amérique latine par leurs origines[15]. Le Bureau du recensement prédit que, en 2060, elles seront 119 millions[16]. Mais, tandis que de nombreux Hispaniques aujourd'hui ont des physiques qui évoquent tout de suite leurs origines, la très grande majorité de ces personnes futures, autour de 103 millions d'entre elles, devraient selon les projections être ethniquement blanches[17]. La grande question est de savoir si ce groupe s'identifiera comme distinct ou au contraire, comme les Italiens et les Irlandais à la fin du XIXe et au début du XXe siècle, se fondra dans le courant majoritaire américain.

Prédire comment se verront les Hispaniques dans trente ans est difficile. Les notions américaines de race ont considérablement changé entre 1960 et 1990, puis entre 1990 et 2020. Il n'y a aucune raison de penser qu'elles ne seront pas de nouveau complètement modifiées en 2050.

Ce qui est cependant clair, c'est que l'identité hispanique est d'ores et déjà beaucoup plus fluide que ce que suppose une grande partie de la classe politique. Au cours de la campagne électorale de 2020, par exemple, deux Hispaniques de gauche ont organisé une série de sondages qualitatifs. Ian Haney López et Tory Gavito supposaient que les Latinos se verraient comme des « personnes de couleur » et rejetteraient en masse les craintes concernant « l'immigration illégale venue de pays débordés par les drogues et la criminalité » parmi les fantasmes racistes malveillants. Ils ont découvert en réalité qu'un grand nombre s'identifiait comme Blancs et que les Latinos avaient *plus* de chances que les Blancs non hispaniques d'être en accord avec les messages anti-immigration.

Voici ce que López et Gavito en ont conclu :

« Les progressistes classent communément les Latinos parmi les personnes de couleur, en partie parce que les progressistes latinos les voient de cette manière et les encouragent à faire de même. Nous avons certainement tenu ce fait pour acquis. Pourtant, dans notre étude, seul un Hispanique sur quatre classait le groupe dans les personnes de couleur. La majorité rejetait cette désignation et préférait voir les Hispaniques comme un groupe intégré au courant majoritaire américain et relativement libéré des contraintes raciales[18]. »

La position incertaine des Asiatiques-Américains

Les Hispaniques sont la minorité la plus importante en nombre dans la population américaine, mais la communauté à la croissance la plus rapide vient d'Asie[19]. Entre 2014 et 2060, le nombre d'Asiatiques-Américains devrait être multiplié par plus que deux, de 20 à 46 millions.

À la différence des Hispaniques, les Asiatiques-Américains se verront probablement toujours comme racialement distincts, et c'est ainsi qu'ils seront probablement vus. Cela ne signifie pas pour autant qu'ils formeront une coalition culturelle et électorale avec les autres « personnes de couleur ».

Les Noirs-Américains gagnent toujours moins d'argent que les Blancs, mais, en moyenne, les Asiatiques-Américains gagnent nettement plus. Les Coréens-Américains disposent d'un revenu médian de 72 000 dollars par foyer, les Chinois-Américains 82 000 dollars et les Indiens-Américains 119 000 dollars[20]. Aujourd'hui, le salaire médian d'une femme asiatique aux États-Unis est plus élevé que le salaire médian d'un homme blanc[21].

Ce succès économique trouve son origine dans d'extraordinaires réussites scolaires. Les Asiatiques-Américains ne représentent qu'un dixième de la population des États-Unis[22], mais un quart des élèves qui rentrent à Harvard. Dans les écoles où la loi interdit de sélectionner les demandes d'inscription en fonction de la race, leur présence est encore plus grande. À Berkeley, par exemple, presque la moitié des étudiants américains entrés à l'université en 2020 étaient des Asiatiques-Américains[23].

Ni la culture ni la politique ne peuvent se réduire au cumul des intérêts égoïstes. Cependant, les intérêts divergents rendront plus difficile de maintenir une coalition entre Hispaniques, Afro-Américains et Asiatiques-Américains que ne le supposent ceux qui croient en l'inévitable renforcement de la cohésion des groupes minoritaires.

Si Blancs et gens de couleur devaient vraiment s'opposer à l'avenir, comme le pensent tant d'universitaires et de journalistes aujourd'hui (supposition par ailleurs douteuse), nous sommes loin de savoir avec quel groupe les Asiatiques-Américains se rangeront.

La fascination médiatique pour la transformation démographique du pays fait surestimer à beaucoup d'Américains la nature et l'étendue du changement qui les attend.

Comme le pays deviendra, selon des modèles démographiques aux nombreuses hypothèses discutables, une « majorité de minorités », la plupart des Américains politiquement engagés croient à présent au déclin rapide de la population blanche[24]. Un rapide regard en direction des faits nous présente une Amérique future radicalement différente de ces spéculations.

Selon le Bureau du recensement, environ 69 % de la population américaine de 2060 sera ethniquement blanche si on inclut dans cette dénomination les Hispaniques qui s'identifient de la sorte. Encore 5 % seront métis avec des Blancs dans leurs parents immédiats. Bien d'autres auront un conjoint ou un proche blancs. En résumé, il est loin d'être clair que le principal clivage de la société américaine future s'organisera autour de la confrontation des « Blancs » contre les « gens de couleur ».

Est-ce un soulagement ou une déception pour les défenseurs de la grande expérience ? La question est en lien avec l'une des rares grandes théories politiques sur laquelle s'accordent à la fois des parties de la droite et des parties de la gauche américaines : l'accroissement de population des minorités en proportion de la population totale transformera en profondeur la politique du pays et facilitera la victoire des démocrates. Or, cette « majorité démographique inévitable » de la gauche, ou, comme j'aime à l'appeler, l'idée la plus dangereuse de la politique américaine, n'a rien de bien certain non plus.

L'idée la plus dangereuse de la politique américaine

Dans les années qui ont suivi le 11-Septembre, la guerre contre le terrorisme a dominé la politique américaine. La mode était nettement au conservatisme, avec une série de référendums visant à interdire les mariages homosexuels au niveau des États largement approuvés[25]. George W. Bush, pourtant moqué par bien des journalistes et des intellectuels qui se méfiaient de sa foi évangélique et détestaient sa politique étrangère, était populaire chez l'Américain moyen[26]. Quand il a gagné son second mandat, en 2004, beaucoup ont conclu que la droite jouissait d'un avantage naturel dans la politique américaine. L'avenir était aux républicains.

C'est alors que deux contradicteurs ont avancé une thèse en opposition frontale avec ce lieu commun. Les parties de l'électorat qui votaient traditionnellement pour les républicains étaient en déclin rapide, ont avancé John Judis et Ruy Teixeira dans leur livre *The Emerging Democratic Majority* (« La majorité démocrate qui vient »). De l'autre côté, les populations qui favorisaient les démocrates étaient en pleine croissance. Si bien que ce pays qui penchait apparemment à droite allait bientôt devenir complètement progressiste[27].

Une partie des arguments de Judis et Teixeira envisageaient les changements économiques et sociaux en cours. Les Américains diplômés ou vivant dans les centres urbains avaient des valeurs plus à gauche, disaient-ils. Et comme la part des urbains et des diplômés augmentait dans la population générale, le pays allait se déplacer à gauche.

Toutefois, la partie du livre qui a eu le plus de retentissement traitait du changement de poids démographique relatif des différents groupes ethniques. Latinos, Afro-Américains et Asiatiques-Américains tendaient à favoriser les démocrates, comme l'ont démontré Judis et Teixeira. Leur proportion dans la population générale étant amenée à augmenter, ils ajouteraient des millions de votes dans l'escarcelle des démocrates. Avec le temps, « ces groupes d'électeurs continueront de soutenir les démocrates plutôt que les républicains, pavant le chemin vers une majorité nouvelle[28] ».

Ces prédictions contre-intuitives ont semblé se réaliser quand un homme appelé Barack Hussein Obama a entamé sa remarquable ascension. Obama n'avait rien de radical ; ses politiques marquaient cependant une profonde rupture avec le conservatisme social de Bush. Il est devenu le premier politicien noir de l'histoire du pays à accéder à la Maison-Blanche grâce à une coalition semblable à ce que prédisait Judis et Teixeira. Obama remporta les suffrages des très diplômés, obtint d'excellents résultats dans les centres urbains et les banlieues chics, et put compter sur un niveau de soutien inédit chez les minorités[29].

La victoire historique d'Obama paraissait prouver que la démographie était bien le destin. Mais, bien que Judis et Teixeira aient insisté sur le besoin, pour les démocrates, de construire une large coalition qui devait inclure de nombreux électeurs blancs de la classe ouvrière, beaucoup parmi les amateurs de leur théorie se dispensèrent de telles subtilités. Dans l'esprit de ces journalistes et de ces analystes politiques progressistes, la majorité démocrate émergente qu'il s'agissait de construire méticuleusement était soudain devenue une majorité démographique inéluctable[30].

De larges portions de la droite américaine, bizarrement, avaient adopté les mêmes hypothèses empiriques. Les républicains étaient alors tout aussi convaincus que la transformation démographique du pays l'amènerait dans l'escarcelle des progressistes. Ce qui remplissait de joie le cœur des démocrates semait la terreur dans les rangs conservateurs.

La manifestation la plus limpide de cette peur panique a sans doute été la campagne présidentielle de 2016. Dans un texte sous pseudonyme, Michael Anton, qui allait obtenir ensuite un haut poste de direction à la Maison-Blanche, reconnaissait que Donald Trump était un candidat sans expérience qui risquait de se montrer incapable de gouverner. Mais cela n'avait pas d'importance. Tout ce qui comptait pour Anton, c'était que les démocrates étaient « à deux doigts d'une victoire définitive » en raison de l'« importation ininterrompue d'étrangers du tiers-monde[31] ». Donald Trump était l'ultime chance pour les républicains de sauver le pays de l'effondrement imminent sous le poids de sa transformation démographique.

Durant la campagne, Trump adopta lui-même un langage aux similarités frappantes. « Je crois que c'est la dernière élection que les républicains ont une chance de gagner, parce que vous aurez des gens qui vont passer la frontière en masse. Après ça, vous pouvez oublier la victoire[32]. »

Quand Trump emporta la primaire républicaine à la surprise générale, en 2016, tous les commentateurs et tous les experts étaient persuadés qu'il perdrait face à Hillary Clinton. En raison de la transformation démographique du pays, un candidat qui cherchait à attirer avant tout les voix des électeurs blancs serait incapable de construire une coalition gagnante. « La démographie donne à elle seule un avantage décisif dans cette élection », écrivait *NPR*, en prédisant qu'elle obtiendrait 345 voix* du collège électoral[33].

La réalité fut bien différente. Après le décompte des voix dans la soirée du 8 novembre 2016, il apparut que les États que Ruy Teixeira destinait à cimenter la « domination » nouvelle des démocrates étaient précisément ceux qui avaient permis la victoire surprise de Donald Trump[34].

L'élection de Trump a commencé à jeter un sérieux doute sur la théorie de la majorité démographique inéluctable. Envoûtés par le nombre croissant d'électeurs issus des minorités, les progressistes avaient semble-t-il oublié que la majorité des bulletins estampillés « Barack Obama » en 2008 et 2012 avaient été déposés par des électeurs blancs non diplômés[35]. Les démocrates étaient bien plus

---

* Sur les 538 voix que compte le pays (il en faut donc 273 pour emporter l'élection). [NdT.]

dépendants du soutien de la classe ouvrière blanche que militants et analystes l'avaient cru.

Aujourd'hui, même les inventeurs de la théorie de la majorité démographique concèdent que ce sera encore le cas pour longtemps. Comme l'a admis récemment Teixeira, les démocrates qui voudraient s'imposer au niveau national devront « conserver les votes d'une portion significative de la classe ouvrière blanche[36] ».

En 2020, les démocrates ont réussi à désapprendre les mauvaises leçons d'antan. Après une campagne tendue, Joe Biden a remporté une nette victoire sur Donald Trump. Une fois tous les bulletins décomptés, Biden battait Trump de près de 7 millions de voix. Il disposait de plus de 300 voix au collège électoral[37].

Loin de ressusciter la théorie de la majorité démographique, les élections de 2020 ont démontré la vitesse à laquelle changent les comportements électoraux. Les démocrates ont tout de même emporté d'importantes victoires dans des États où les minorités sont nombreuses et en pleine croissance, comme le Nevada et la Géorgie. Mais, même dans ces États, l'analyse finale des votes est absolument contraire aux hypothèses sur lesquelles les démocrates s'étaient appuyés au cours de la décennie précédente[38].

Joe Biden doit sa victoire presque exclusivement au fait d'avoir engrangé beaucoup plus de voix que Hillary Clinton chez les électeurs blancs. Donald Trump est resté dans la course presque exclusivement grâce à des gains importants dans absolument tous les autres groupes démographiques. La première fois qu'il s'était présenté, en 2016, Trump était incroyablement impopulaire parmi les musulmans et les Africains-Américains. Durant les quatre années de son mandat, il a augmenté sa part de ces voix d'environ 25 %[39].

Le basculement des Latinos pour Trump était encore plus frappant. Les médias ont beaucoup dit que les immigrés venus du Venezuela et de Cuba, qui avaient vécu sous des gouvernements de gauche, avaient été choqués que certains démocrates éminents adoptent une rhétorique aux accents socialistes. Cela explique probablement que Trump ait pu gagner si facilement la Floride[40]. Mais les Latinos se sont aussi beaucoup tournés vers Trump dans des parties du pays où ils n'avaient pas du tout les mêmes raisons historiques de s'effrayer de la moindre allusion au socialisme. Les comtés extrêmement mexico-américains du sud-ouest du Texas, par exemple, ont connu un renversement de tendance vers Trump parmi les plus importants du pays[41].

Cela peut sembler contre-intuitif, mais les schémas électoraux des États-Unis se sont fortement découplés ces dernières années de la notion de race. Ainsi, il était plus difficile de prédire pour qui un électeur dont on ne connaissait que l'identité ethnique voterait en 2020 qu'en 2016.

Il est impossible de savoir si ces tendances nettes observées ces quatre dernières années vont se poursuivre dans les quarante ans à venir. Mais que Trump (Trump !) ait pu amasser par surprise des millions de voix parmi les « gens de couleur » dans sa tentative ratée de réélection éclaire parfaitement la naïveté de toute tentative de prédiction bien assurée des clivages ethniques de 2032 ou de 2048.

Mes valeurs politiques sont au centre gauche. Le politicien américain de ces cinquante dernières années que j'admire le plus est Barack Obama. Si je devais choisir entre Joe Biden ou Hillary Clinton et Donald Trump, je choisirais l'un des premiers sans la moindre hésitation.

Tout ça devrait me prédisposer à voir de l'espoir dans cette idée d'une majorité démographique inéluctable. Après tout, cela assurerait que mon « camp » domine un jour la politique américaine. Mais plus je pense à ce futur aguicheur, plus je le trouve dérangeant.

Il doit être clair à présent que je doute fort que la démographie soit vraiment le destin, du moins dans le sens où les gens l'entendent le plus souvent. Mais supposons, pour pousser l'argument, que les prédictions de la majorité démographique se réalisent. La campagne présidentielle de 2052 bat son plein. C'est une campagne difficile, âpre, mais tout le monde sent bien que le résultat est en réalité couru d'avance. Comptant sur le soutien indéfectible des minorités qui ont fini par constituer officiellement, au cours de la décennie précédente, une majorité de la population américaine, les démocrates filent vers une nouvelle victoire.

Ce scénario sonne tout à fait dystopique à mes oreilles. Passons d'abord sur le fait qu'une élection démocratique dont tout le monde connaît à l'avance le résultat laisse un drôle de goût dans la bouche. Oublions aussi que les pays où un parti unique domine sur une période prolongée tendent à souffrir d'une corruption endémique[42]. Ce qui m'inquiète le plus dans cette utopie supposée, c'est que la politique y serait toujours en fonction de la race. En marchant dans les rues de New York ou de San Diego en 2052, je pourrais deviner pour qui votent les passants avec un haut degré de précision, en me fondant uniquement sur la couleur de leur peau.

Obama a dit un jour que nous ne devrions pas découper l'électorat entre États bleus (démocrates) et États rouges (républicains[43]). Or, dans cette vision que bien des progressistes estiment à tort réconfortante, nous serions encore, et pour un temps indéterminé, découpés entre races bleues et races rouges. Ce n'est pas vraiment un avenir séduisant pour les démocraties multiethniques[44].

Des raisons de se réjouir que la démographie ne soit pas un destin

Le discours dominant a récemment pris l'habitude de diviser les Américains en deux groupes, Blancs d'un côté, « personnes de couleur » de l'autre. Mais les Blancs sont bien moins homogènes, culturellement et politiquement, et les minorités ethniques bien plus hétérogènes, culturellement et politiquement, que ce qu'implique cette dichotomie.

Heureusement, nous disposons d'une autre vision du futur de l'Amérique. Dans *The Great Demographic Illusion* (« La Grande Illusion démographique »), l'éminent sociologue Richard Alba avance que le « courant majoritaire américain » s'est montré capable de s'étendre dans des directions très surprenantes[45]. Les élites dirigeantes historiques du pays craignaient les changements qu'apportaient les immigrés irlandais et italiens, ces nouveaux venus ont été malgré tout intégrés dans le courant majoritaire, au point qu'aujourd'hui la différence entre des Américains issus du Sussex et d'autres venus de Sicile ne saute vraiment pas aux yeux.

Si on en croit Alba, le courant majoritaire se montrera de nouveau capable de grossir à un point encore difficile à imaginer aujourd'hui. Les prochains groupes à rejoindre ce courant pourraient bien être les Hispaniques blancs, les Asiatiques-Américains et les métis. Mais, comme le montre la culture toujours plus multiethnique des métropoles, de Houston à New York, le nouveau courant majoritaire pourrait bien gonfler encore davantage, devenir encore plus inclusif : en particulier, une part grandissante de la population afro-américaine pourrait être absorbée.

Le choix entre une Amérique conforme aux prévisions du Bureau du recensement et une Amérique plus proche des projections de Richard Alba est simple. Il ferait bien mieux vivre dans le pays, pour les Blancs comme les non-Blancs, s'il parvenait à intégrer une variété encore plus grande de groupes religieux et ethniques dans son courant majoritaire toujours en expansion.

Les implications de tout cela, pour ceux d'entre nous qui sont attachés au succès de la grande expérience, sont profondes.

La politique électorale, c'est important. Qu'ils soient de droite ou de gauche, les politiciens doivent résister à la tentation de ne s'adresser qu'à « leur » base électorale conçue autour d'un groupe démographique. Ils devraient au contraire chercher à constituer une coalition le plus large possible et aider à dépolariser le système politique du pays, l'éloigner du concept de race. Heureusement, il y a au moins une bonne raison de penser que la plupart feront avec le temps ce choix le plus conforme à la morale : il est aussi conforme à leurs propres intérêts.

Aux États-Unis, par exemple, les démocrates ne devraient pas plus se penser propriétaires des voix des Latinos, des Asiatiques-Américains et des Afro-Américains qu'incapables de gagner des points chez les Blancs. Plutôt que d'engager tous leurs pions sur l'idée que la démographie serait le destin, ils devraient reconnaître que leur futur électoral et le bien-être du pays dépendent de leur faculté de parler à des Américains de tous les groupes ethniques.

Le choix qui se pose pour les républicains est encore plus lourd de conséquences. Ils peuvent tenter d'en rester à une stratégie électorale résolument centrée sur les électeurs blancs, qui pourrait bien leur assurer encore quelques victoires serrées. Mais à un moment donné, un Parti républicain qui refuserait d'élargir sa coalition ethnique ou son éventail culturel ne connaîtrait plus que la défaite. Il pourrait alors soit défendre les restes de son pouvoir en poursuivant des stratégies toujours plus extrêmes de restriction du droit de vote des minorités, soit prendre enfin les dispositions nécessaires pour que les minorités se sentent à leur place chez les républicains.

Si le Parti républicain se décidait enfin sincèrement à gagner les faveurs de ces groupes démographiques, il aurait bien plus de succès que ne le supposent aujourd'hui les éditorialistes. Loin d'être unanimement progressistes sur les plans économique et social, les électeurs issus des minorités sont bien plus conservateurs que ne le suggère leur comportement électoral actuel. Un grand nombre de Latinos, d'Asiatiques-Américains et même d'Afro-Américains pourraient se montrer ouverts à une proposition conservatrice et racialement inclusive.

La politique, c'est important. Mais la société plus encore. C'est pourquoi la question qui me hante est de savoir à quoi ressemblera l'Amérique en 2052, loin de l'arène politique.

Les Américains obéiront-ils aux catégories ethniques du Bureau du recensement, à supposer que les intérêts des Blancs d'un côté et des Hispaniques, des Asiatiques-Américains et des Afro-Américains de l'autre soient implacablement opposés ? À moins que les catégories raciales, bien que toujours distinctives, aient perdu de leur pertinence actuelle, puisque la grande majorité des Américains se seront intégrés dans un courant majoritaire diversifié ?

C'est là que le terrain nous fournit les meilleures raisons d'être optimistes. Tous les jours, des milliers d'Américains issus de différents groupes démographiques décident de lier leur destin en tant qu'amis, associés en affaires ou partenaires amoureux. Dans leur vie quotidienne, une majorité d'Américains n'adhèrent pas à cette opposition monolithique entre « Blancs » et « personnes de couleur ».

Les identités humaines sont hautement malléables. Elles prennent forme et changent de nature en fonction du récit des générations précédentes, des incitations des élites et des institutions. Beaucoup dépendra ainsi de l'attitude des instituteurs et des professeurs d'université, des sénateurs et des P-DG : soutiendront-ils ce processus naturel qui tend à rendre poreuses les frontières entre les groupes, ou seront-ils responsables, délibérément ou involontairement, du renversement de cette tendance ?

Cela fait partie de mes sujets d'inquiétude majeurs aujourd'hui. Dans plus en plus de sphères, des gens bien intentionnés, qui pensent sincèrement lutter pour des causes justes, font en sorte que l'identité raciale devienne le fossé infranchissable qui séparera l'Amérique.

L'importance de l'identité ethnique et l'irréductibilité des conflits entre « Blancs » et « personnes de couleur » se sont taillé une place de choix dans l'idéologie dominante des élites américaines. Une des questions les plus pressantes des décennies à venir est de savoir si ces élites parviendront à imposer leur idée de la race au reste de la population, ou si des citoyens ordinaires issus de tous les groupes démographiques leur opposeront une vision plus séduisante de notre futur commun.

Ce chapitre s'est beaucoup concentré sur les États-Unis. La raison en est simple : la transformation démographique y est plus avancée qu'ailleurs. En conséquence, les débats autour de la majorité démographique émergente sont bien plus intenses en Amérique.

Cependant, les termes du débat se rejoignent de plus en plus dans les autres pays : les progressistes rêvent d'un futur où la part démographique croissante des minorités ethniques leur assurera des majorités électorales, tandis que les conservateurs craignent que les immigrés et leurs descendants altèrent l'essence de leur nation. Là aussi, de telles prédictions, si elles venaient à se réaliser, représenteraient un véritable risque pour le succès de la grande expérience, mais la probabilité est heureusement faible.

Cela devient rapidement évident dans la sphère politique. En Europe et dans les pays anglo-saxons, les partis de droite dont les électeurs étaient autrefois presque exclusivement des membres de la majorité ethnique et religieuse tentent d'élargir leur coalition. De nombreux leaders de centre droit doivent une partie de leurs victoires au soutien important des minorités. En Allemagne, un sondage récent a montré qu'une majorité d'immigrés et de leurs descendants votaient aujourd'hui pour les partis de droite[46].

Les partisans de la grande expérience devraient y voir un signe de progrès, quelles que soient leurs inclinations politiques. Un pourcentage significatif de citoyens des démocraties multiethniques tiendront toujours, qu'ils soient blancs, beiges ou noirs, des positions de centre droit. Des partis politiques qui représenteraient ces opinions sans tolérer de racisme dans leurs rangs contribueraient à vaincre la dangereuse illusion du déterminisme démographique qui structure les systèmes politiques de la France aux États-Unis et ainsi à construire des démocraties non seulement diverses, mais tolérantes.

Il y a dix ans, deux professeurs de l'université Northwestern ont décidé d'étudier ce qu'une focalisation sur le changement démographique changerait dans l'attitude des Américains blancs sur les questions raciales. Maureen A. Craig et Jennifer A. Richeson ont rassemblé les participants volontaires dans leur laboratoire, où ils ont chacun lu un texte parmi deux possibles. Le premier décrivait la composition raciale actuelle du pays. Le deuxième résumait les projections du Bureau du recensement, dans lesquelles l'Amérique deviendrait bientôt une majorité de minorités.

Le résultat était frappant. Les participants choisis au hasard pour lire le texte décrivant la fin prochaine de l'Amérique blanche étaient bien plus enclins à se déclarer gênés à l'idée que leur enfant épouse une personne d'une autre ethnie que la leur. Ils avouaient aussi des sentiments plus négatifs envers les minorités raciales : « Plutôt que d'annoncer un avenir plus tolérant », prévenaient Craig et Richeson, la focalisation sur le déclin (supposé) de la majorité blanche « pourrait au contraire aboutir au renforcement de l'hostilité intergroupe[47] ».

Bien des Américains de bonne volonté sont convaincus que soutenir une théorie empirique douteuse sur le futur démographique du pays les aidera d'une manière ou d'une autre à surmonter les injustices du présent. Comme l'ont montré Craig et Richeson, il est probable qu'au contraire cela compliquera beaucoup le travail de création de démocraties multiethniques prospères.

La majorité démographique supposée inéluctable n'accourra pas au secours des démocraties multiethniques. En politique, les lignes de front sont en mouvement permanent. Des groupes qui nous semblent aujourd'hui soudés se fractureront sans prévenir. La démographie n'est pas un destin. Les habitants des démocraties multiethniques, Blancs et Noirs, chrétiens et musulmans, majorités et minorités, gauche et droite, croyants ou athées, sont tous embarqués sur le même bateau. Ceux d'entre nous qui pensons que la grande expérience peut réussir devons remplir une tâche clé dans les décennies à venir : nous battre pour un avenir dans lequel le plus de personnes possible se penseront non comme les membres de tribus mutuellement hostiles mais comme citoyennes des démocraties multiethniques, fières et optimistes.

Les moyens traditionnels d'action politique, autrement dit les politiques publiques, peuvent-ils contribuer à hâter cet avenir ? C'est la question qui m'intéressera dans le dixième et dernier chapitre de ce livre.

Chapitre 10

Des politiques utiles

Les livres et leurs grandes idées ont souvent le même défaut.

Dans leurs neuf premiers chapitres, ils identifient un problème ou un défi fascinant. Ils en expliquent la cause et le contexte. Ils montrent pourquoi il faut nous en préoccuper et le résoudre au plus vite.

Seulement, tout problème suffisamment important et pressant pour qu'on en tire un livre a bien peu de chances d'être vite réglé. C'est pourquoi le dixième chapitre est presque toujours bien moins satisfaisant. Soit il suggère d'énormes changements des comportements collectifs ou des politiques publiques qui résoudraient tout d'un coup, mais qui sont très irréalistes, soit il propose des ajustements techniques aux politiques en place ou de petites adaptations de notre vie quotidienne, réalistes mais au mieux insuffisantes.

C'est le « problème du chapitre 10 ».

Aucun auteur ne le fera disparaître par magie. Il existe en vertu de la nature de notre monde, qui n'est pas infiniment perfectible. Les grands problèmes seront toujours plus profonds que leurs solutions putatives. Il est bien plus facile d'identifier ce qui va mal que de trouver le courage de faire ce qu'il faut.

Cependant, reconnaître l'existence du problème du chapitre 10 servirait les auteurs. Ils éviteraient d'émettre des promesses intenables et se forceraient à élaborer leur contribution personnelle dans la construction d'un avenir meilleur, en l'absence de tout remède miracle. Les questions qui en découleront seront peut-être moins excitantes, mais elles seront plus utiles : quelles tendances réelles, actuelles, vont déjà dans la bonne direction (et comment les amplifier) ? À quoi devrait ressembler la société pour qu'un changement positif devienne possible (et comment les politiques publiques peuvent-elles contribuer à établir ces conditions) ?

Dans les deux chapitres précédents, j'ai examiné les transformations sociales en cours dans les démocraties multiethniques, afin de savoir si elles pourraient atténuer certains de nos problèmes actuels.

Une raison de demeurer optimiste sur les chances de réussite de la grande expérience, comme je l'ai dit, c'est que les changements dans la vie quotidienne des citoyens sont bien plus positifs que ne voudraient le croire la plupart des commentateurs. Dans de nombreuses démocraties multiethniques, les immigrés et autres groupes minoritaires font de rapides progrès sur le plan économique et atteignent de nouveaux plateaux d'intégration sociale.

Une autre raison d'être optimiste, je l'ai aussi exposée, est que la démographie n'est pas nécessairement un destin. Les éditorialistes et les politiciens ont beau apprécier de saucissonner les peuples en deux groupes supposément monolithiques, ceux qui en sont d'un côté, et ceux qui en sont exclus de l'autre, il est loin d'être évident qu'ils se fractureront bel et bien selon cette ligne ethnique ou religieuse bien nette. Des politiques et une culture plus inclusives sont tout à fait possibles.

Deux questions demeurent : à quoi devront ressembler les démocraties multiethniques si elles comptent réussir, et quelles politiques publiques (aussi modestes soient-elles) pourraient contribuer à établir ces conditions ? Le meilleur angle d'attaque pour y répondre est, me semble-t-il, d'observer certains des plus grands obstacles qui aujourd'hui leur barrent la route du succès. Quatre d'entre eux me paraissent particulièrement pertinents.

D'abord, de nombreuses personnes n'ont connu quasiment aucun progrès dans leurs conditions de vie ces dernières années. Elles s'inquiètent même d'une future dégradation. Comme l'a montré une étude sociologique brillante, cela les rend beaucoup plus enclines à regarder avec peur ou dédain les membres des autres groupes démographiques. Il est plus facile d'encourager le succès des autres quand notre propre avenir est assuré[1].

Deuxièmement, certains groupes ethniques ou religieux subissent encore des conditions socio-économiques dégradées. C'est surtout fréquent chez ceux dont les ancêtres, à l'instar des Afro-Américains, ont été les victimes d'une structure de « domination forte ». Cette longe traîne de la domination passée hausse ainsi le risque d'une transformation des démocraties multiethniques en des sociétés hiérarchiques dans lesquelles les membres d'un certain groupe jouiront à jamais d'un statut supérieur aux autres.

Troisièmement, les institutions des démocraties multiethniques peinent aujourd'hui à prendre des décisions efficaces ; elles sont insuffisamment réactives aux yeux de l'opinion ou elles excluent des minorités des processus de décision. En conséquence, les citoyens n'ont plus le sentiment d'être maîtres de leur destin collectif, ce qui augmente le risque de tensions intergroupes et facilite l'accès aux responsabilités des extrémistes opposés aux principes fondateurs des démocraties multiethniques.

Enfin, la polarisation croissante empêche les citoyens des démocraties multiethniques de considérer leurs opposants politiques avec bienveillance. Ce manque de respect mutuel mine les capacités de ces sociétés à désamorcer les conflits quand les débats s'enflamment.

Aucun de ces quatre problèmes n'admet de solutions faciles. Les résoudre tous à la fois est probablement impossible. Il y a toutefois des actions significatives que citoyens et décideurs pourront entreprendre pour améliorer les chances de succès de la grande expérience.

Nous verrons dans ce chapitre que les démocraties diverses doivent offrir à leurs citoyens une *prospérité garantie* : encourager la croissance économique et s'assurer que ses gains finiront dans la poche des citoyens ordinaires. Elles doivent accentuer encore la *solidarité universelle* : construire un État-providence généreux qui évitera la course à l'échalote entre groupes ethniques. Elles doivent bâtir des *institutions efficaces et inclusives* : donner à chaque citoyen le sentiment que ses préférences seront prises en compte. Enfin, elles doivent fonder une culture de *respect mutuel* : dans les démocraties multiethniques, il doit être possible d'être en profond désaccord sans devenir pour autant des ennemis éternels.

Les démocraties multiethniques du futur devraient assurer à chaque citoyen une vie digne et confortable, à chaque enfant l'opportunité réelle de s'élever au plus haut, à tous les habitants de se sentir maîtres de leur destin commun, le tout dans le profond respect de chacun, même de ses adversaires politiques les plus résolus. Personne ne fera apparaître ce futur par magie, mais il existe pléthore de politiques et de principes qui nous aideront à orienter les démocraties multiethniques dans la bonne direction.

Une prospérité assurée

À la fin de l'été 2018, je tombai sur une manifestation place de la République, à Paris.

De jeunes manifestants habillés à la mode battaient les tambours et chantaient joyeusement des slogans écologistes. Des banderoles colorées exprimaient leur rejet de la société de consommation. L'une d'elles est restée gravée dans ma mémoire : « HALTE À LA CROISSANCE ! » disait-elle en lettres rouges.

Quelques mois plus tard, un genre de manifestation bien différent s'emparait des rues françaises. Le gouvernement avait proposé une hausse des taxes sur les carburants, et des millions de citoyens dans tout le pays descendirent dans les rues en gilet jaune.

Selon les sociologues, ces manifestants étaient principalement des ruraux ou des périurbains en mauvaise posture financière qui n'avaient pas plus de 1 000 euros de revenu mensuel disponible après impôt[2]. Le profil idéologique des Gilets jaunes était confus, mais ils demandaient tous de meilleures conditions de vie[3].

De même devenait générale la colère, qui confinait à la rage. Les manifestations en se prolongeant devinrent plus violentes[4]. Une part grandissante des manifestants identifiaient les étrangers, les Juifs, les Arabes comme la véritable cause de leur mécontentement[5].

Le contraste entre la manifestation bon enfant de la place de la République et ces dernières est instructif. Quand une population à l'aise financièrement prône la fin d'une croissance qu'elle tient pour acquise, elle se voit souvent opposer la colère de ceux qui n'en ont jamais bénéficié.

Depuis que le fils d'un horloger de Genève a obtenu le prix prestigieux de l'Académie de Dijon pour son élégant discours dénonçant la corruption morale qu'entraînent invariablement la richesse et la civilisation, il est devenu à la mode d'associer la croissance au vice. En 1755, Jean-Jacques Rousseau écrivait ainsi que ses contemporains blâmaient la nature humaine pour les péchés les plus communs, tels que la cupidité ou l'orgueil, mais qu'il s'agissait là d'une erreur : ils attribuaient à la nature les maux que la civilisation seule avait instillés.

Près de deux cent cinquante ans après sa publication, le *Discours sur les origines et les fondements de l'inégalité parmi les hommes* conserve toute son influence. Grâce à ces lamentations de Rousseau, des auteurs aux penchants anarchistes ont pu affirmer que les humains étaient plus pacifiques et plus altruistes quand ils n'avaient pas encore de champs à labourer et de villages à construire[6]. La croyance en l'aspect corrupteur de la civilisation moderne s'est aussi invitée dans la culture populaire. Quand des Occidentaux nantis rentrent de leur voyage dans un pays « exotique », par exemple, ils aiment souvent montrer leurs photographies d'enfants souriants devant des huttes défraîchies en chantant les louanges de la « simplicité vertueuse » de ces gens.

Pour autant, si on en croit les sciences sociales, la pauvreté et la stagnation économique ne sont pas des garanties d'altruisme et encore moins de tolérance. Des bataillons d'études ont déterminé que les crises économiques provoquent le plus souvent un climat de haine, de montée de l'extrême droite, voire de violence sectaire. Selon un trio d'économistes allemands, par exemple, les crises économiques, de la Grande Dépression des années 1930 à la Grande Récession des années 2000, ont été suivies d'une hausse de popularité statistiquement significative des mouvements politiques extrémistes. En analysant vingt pays différents sur une période de cent quarante ans, ils ont déterminé que « les partis politiques d'extrême droite paraissent comme les plus grands bénéficiaires d'un krach boursier[7] », ce qui fait peser une énorme « contrainte sur les démocraties modernes[8] ».

La croissance rapide, en revanche, est souvent associée à une libéralisation significative des attitudes envers les minorités ethniques, religieuses ou sexuelles. Ainsi, selon le World Values Survey, les habitants des pays riches sont beaucoup plus enclins à déclarer accepter d'avoir pour voisins les membres d'un groupe différent du leur que les habitants des pays pauvres[9]. Comme le dit Benjamin Friedman, économiste de Harvard, la croissance économique « entraîne le plus souvent plus d'opportunités, de tolérance envers la diversité, de mobilité sociale, d'engagement pour l'équité et de dévouement pour la démocratie[10] ».

La lutte autour de la distribution des richesses ou de la juste répartition des postes est bien plus facile à tolérer quand le gâteau s'agrandit que quand il rétrécit. Toutes choses égales par ailleurs, les démocraties auront plus de chances de maîtriser les tensions induites par leur diversité grandissante si la majorité de leurs citoyens considèrent avec confiance leur futur économique.

Les défenseurs des démocraties multiethniques devraient ainsi favoriser les politiques qui stimulent la croissance. Ils devraient s'opposer aux monopoles qui autorisent des corporations inefficaces à écraser la concurrence, et ils devraient être favorables au financement généreux des recherches susceptibles de déboucher sur des innovations révolutionnaires, telles que les nouveaux vaccins à ARNm. Ils devraient aider les jeunes ambitieux à fonder leur entreprise et combattre les régulations de construction trop contraignantes qui excluent beaucoup de citoyens défavorisés du marché de l'emploi. Ils devraient travailler à une réforme du système éducatif afin d'assurer à tous les enfants une chance de développer leur talent et autoriser l'accès de tous les citoyens aux aides sociales indispensables, telles que l'assurance maladie, qu'ils travaillent ou non.

La croissance économique est insuffisante si elle ne bénéficie qu'à ce petit groupe de gens très éduqués et très talentueux qui regardaient déjà le futur avec optimisme. Elle doit bénéficier au plus grand nombre pour qu'il soit plus facile à chacun de traiter ses compatriotes avec générosité plutôt qu'avec envie.

Traditionnellement, les États modernes ont surtout cherché à répartir les bénéfices de la croissance au travers de l'État-providence, des programmes d'assurance chômage aux crédits d'impôt. Afin de créer les conditions d'une tolérance mutuelle accrue, les démocraties multiethniques devraient veiller à maintenir ces mesures. Dans les pays où les aides sociales sont clairement incomplètes, tels que les États-Unis, les gouvernements devraient enfin assurer à tous les citoyens l'accès aux services indispensables que sont une assurance maladie de bonne qualité et des congés parentaux dignes de ce nom.

Créer l'opportunité pour tous les citoyens de s'élever sur l'échelle sociale est un autre outil fondamental des démocraties multiethniques. Dans de nombreux pays, la mobilité sociale a stagné ou s'est dégradée ces dernières années. Les sociétés qui voudraient que la croissance bénéficie au plus grand nombre doivent redoubler d'efforts pour donner à chaque citoyen une chance équitable d'accéder aux positions de richesse et d'influence.

Les programmes d'aides tels que l'assurance chômage permettent d'amortir les coups du destin pour les infortunés, cependant leurs bénéficiaires auront toujours l'impression de manquer de moyens et de ne pas pouvoir être reconnus à leur juste valeur par la société. Il est important que chacun dispose de possibilités d'améliorer ses conditions de vie, mais il est impossible que tout le monde gravisse les échelons en même temps. Le besoin le plus pressant est donc d'assurer à tout le monde un salaire digne et le respect de tous, même dans les emplois les plus ordinaires.

Les pays qui parviennent à créer une économie inclusive de ce genre ont plusieurs cordes à leur arc. Ils structurent souvent la distribution des biens matériels au moyen d'un impôt sur le revenu progressif et bien pensé et d'un impôt sur les sociétés qui ne permet pas aux grosses entreprises de s'y soustraire facilement. Ils créent les conditions qui permettront aux employés même non qualifiés de nombreuses branches de négocier un salaire décent. Enfin, ils investissent lourdement dans l'enseignement professionnel et l'apprentissage, grâce auxquels les travailleurs manuels peuvent prétendre à de bonnes conditions de vie.

À l'avenir, des outils plus ambitieux pourraient se révéler nécessaires pour remplir les mêmes objectifs. Le gouvernement de Joe Biden tente d'harmoniser les systèmes d'impôts au niveau international, afin que les grandes entreprises ne puissent plus se soustraire à leurs responsabilités civiques dans les pays où elles engrangent leurs bénéfices. Les nations du G7 ont fait un premier pas encourageant quand elles se sont accordées sur un nouveau seuil minimal mondial de 15 % pour les grandes corporations[11]. D'autres idées, qui s'imposeront peut-être avec le temps, se concentrent sur les politiques industrielles[12] et le revenu universel[13].

Le mélange exact des mesures nécessaires pour atteindre une croissance inclusive ne sera pas le même dans tous les pays et pour tous les temps. L'objectif a cependant de bonnes chances de rester identique dans ces contextes : plus les démocraties multiethniques offriront à leurs citoyens une prospérité garantie, meilleures seront les chances de réussite de la grande expérience.

Solidarité universelle

Les démocraties multiethniques ne souffrent pas seulement d'inégalités entre riches et pauvres ; elles enregistrent aussi des différences significatives de revenus et d'opportunités entre les membres des groupes historiquement dominants et ceux des groupes historiquement dominés. La grande expérience ne peut réussir sans changer ça. Si les dominations passées devaient se traduire pour toujours par un désavantage, la promesse d'un traitement équitable de tous les citoyens sonnerait intolérablement creux.

Heureusement, les décennies qui s'achèvent nous ont montré que des progrès sur ce front sont plus probables que ne le croient beaucoup, partisans et adversaires de la grande expérience confondus. Dans la plupart des pays, les descendants d'immigrés et les membres des groupes minoritaires ont rapidement atteint des niveaux d'éducation supérieurs, des positions élevées et des salaires plus généreux que par le passé. Si ce passé était un prologue, la différence entre les groupes démographiques devrait continuer de s'amoindrir.

Les politiques publiques peuvent contribuer à hâter ce changement. Les démocraties multiethniques ont besoin de lois solides pour s'assurer que les employeurs ne discrimineront pas en fonction de la religion ou de la race. Elles doivent s'assurer aussi que les plus prestigieuses écoles supérieures sont réellement ouvertes à tous les candidats doués, quel que soit leur groupe social d'origine. Elles doivent enfin empêcher entreprises et institutions publiques d'avoir recours aux stages non rémunérés, qui compliquent la tâche de qui voudrait y décrocher un poste prometteur sans pouvoir compter sur un financement parental.

Toutefois, si les démocraties multiethniques veulent sortir de leurs structures de domination historique, elles doivent moins se focaliser sur la couleur de ceux qui obtiennent les meilleurs diplômes et les postes les plus prestigieux, et plus sur les chances réelles qu'auront les enfants issus de milieux défavorisés de développer leurs talents. Alors qu'il y a aujourd'hui un large consensus, en pédagogie et en psychologie du développement, sur l'importance cruciale des premières années de l'enfant pour son avenir, les pays n'investissent pas assez dans les crèches, les maternelles et les écoles élémentaires. Une hausse sensible des ressources consacrées à réaliser le plein potentiel de chaque enfant au moment clé de leur développement aiderait beaucoup, entre autres bénéfices[14], à accélérer la réduction des fractures socio-économiques entre groupes démographiques.

En particulier dans les pays où le système éducatif demeure profondément ségrégué et la qualité de l'école publique très variable d'un quartier à l'autre[15], donner une chance à chaque enfant de développer ses talents nécessitera un engagement ferme à fournir un accès facilité à une éducation d'excellence. Aux États-Unis, par exemple, le financement des écoles et les salaires des professeurs dépendent en partie des impôts locaux. Il est donc essentiel que les États et le gouvernement fédéral offrent des financements supplémentaires aux écoles des quartiers pauvres ; les élèves qui subissent déjà un lourd désavantage devraient avoir accès aux mêmes ressources pédagogiques et à la même éducation de qualité que ceux qui vivent dans les endroits les plus riches du pays[16].

Il serait aussi utile d'expérimenter de nouvelles approches plus innovantes pour donner leur chance à tous les enfants. Les *baby bonds** par exemple donneraient à tous les jeunes adultes un capital de départ pour couvrir les frais d'une éducation de qualité ou prendre un risque entrepreneurial. Cela assurerait que les enfants pauvres comme les enfants riches auront l'opportunité de réaliser leur rêve.

* « Prêts bébé », ouverture par l'État d'un compte rémunéré à chaque nouveau-né. [NdT.]

Pendant des dizaines d'années, la gauche a insisté sur le besoin de rendre le plus universelles possible les aides gouvernementales. Quand je suis entré à l'université, les politologues progressistes comme Theda Skocpol venaient de démontrer que les aides sociales qui bénéficiaient à tous les citoyens, telles que l'assurance vieillesse ou chômage, étaient bien plus favorisées dans l'opinion publique que celles ciblant des groupes particuliers, économiques ou ethniques, comme les *food stamps** américains. Skocpol en concluait que ceux qui souhaitaient construire un État-providence généreux, proposant des opportunités à tous, devaient se concentrer sur les aides universelles[17].

Ces derniers temps, un grand nombre d'auteurs et de politiciens de gauche ont adopté des positions opposées. Comme les questions raciales sont arrivées sur le devant de la scène, ils ont insisté pour que les politiques publiques tiennent compte de cet aspect[18]. Dans un grand nombre de domaines, des prêts à taux réduits[19] à l'accès aux vaccins[20], ils ont défendu des mesures qui encourageraient les gouvernements à distinguer leurs citoyens selon la race.

C'est surtout aux États-Unis que ces mesures ont vu le jour. Durant la transition présidentielle, par exemple, Joe Biden a assuré que la priorité de son gouvernement serait « les petites entreprises détenues par des Noirs, des Latinos, des Asiatiques et des Américains natifs, ainsi que par des femmes[21] ». Arrivé au pouvoir, il a tenu promesse.

* Bons alimentaires destinés aux familles à faibles revenus. [NdT.]

Là où l'Agence gouvernementale des petites entreprises, la Small Business Administration, accordait auparavant des aides d'urgence aux restaurants en fonction de leur perte de revenu au cours de la pandémie, le nouveau règlement établissait un classement prioritaire, qui plaçait en premier les commerces tenus par des Noirs, des Latinos, des Asiatiques et des femmes. Comme les fonds étaient limités, cela excluait de fait les commerces tenus par des hommes blancs de ce programme d'aides d'urgence[22].

Étant donné la persistance des problèmes économiques et éducatifs de certaines minorités, dont les Afro-Américains, il est facile d'approuver l'intention affichée de ce genre de mesures. Cependant, se résoudre à des politiques qui différencient les citoyens en fonction de leur race pour remédier aux inégalités pourrait faire de gros dégâts. La décision de l'Agence des petites entreprises a par exemple rapidement entraîné son lot de situations absurdes. Elle privait les entrepreneurs noirs de toute aide si leur conjoint était blanc et possédait la moitié de leur entreprise. Elle privilégiait les propriétaires d'entreprise asiatiques par rapport aux Blancs, alors que les Asiatiques-Américains gagnent aujourd'hui plus que les Blancs. Et comme il s'agissait de toute façon de mesures destinées aux propriétaires d'entreprise, elles faisaient bien peu pour aider les gens vraiment dans le besoin.

Il semblerait donc que les raisons pour lesquelles les progressistes ont longtemps privilégié les politiques universelles tiennent toujours. Des mesures « racialement orientées » pourraient être justifiées dans certaines circonstances rares, mais elles sont en général difficiles à mettre en place et entraînent des distinctions arbitraires dans leur application. Par ailleurs, les indices s'accumulent pour indiquer qu'elles iraient plutôt contre l'objectif de solidarité universelle dont les démocraties multiethniques ont besoin pour financer leur État-providence.

Dans une démocratie, une politique racialement orientée méritant d'être poursuivie ne doit pas seulement améliorer la situation ; elle doit aussi s'attirer le soutien de la majorité. Or, il se pourrait que cette équation soit insoluble.

Dans une étude très éclairante effectuée au Royaume-Uni, les politologues Robert Ford et Anouk Kootstra se sont posé la question : « Comment le changement de focalisation, de la classe ou du revenu à l'ethnicité, des mesures d'égalité des chances et de redistribution influence les attitudes du groupe majoritaire[23] ? » Quand Ford et Kootstra ont demandé à des Britanniques blancs pris au hasard si, selon eux, il en allait de la responsabilité du gouvernement de réduire les inégalités entre riches et pauvres, les réponses ont été enthousiastes[24]. Quand ils ont demandé à un autre groupe tiré au hasard si le gouvernement devait « réduire les inégalités entre les Blancs et les minorités ethniques[25] », elles l'ont bien moins été.

Ford et Kootstra ont ensuite testé ce qu'il se passait quand ils modifiaient les récipiendaires d'une mesure d'égalité des chances, telle que les bourses d'études. Quand ces mesures se trouvaient destinées aux enfants de la classe ouvrière sans distinction, c'était une approbation quasi générale : seuls 3 % s'y opposaient. Quand elles étaient ciblées sur des groupes ethniques défavorisés, l'opposition s'envolait, pour atteindre les 67 %[26].

La situation serait-elle différente aux États-Unis, où les mesures qui tiennent compte de l'identité raciale sont plus anciennes et les membres des minorités ethniques, exclus de l'enquête de Ford et Kootstra, bien plus nombreux en proportion ? Comme le montrent un certain nombre d'études similaires, la réponse paraît négative.

De nombreuses mesures d'extension de l'État-providence sont aujourd'hui transpartisanes. Une nette majorité d'Américains sont en faveur de taux de prélèvement plus élevés pour les riches, d'un salaire minimal plus généreux, d'une généralisation de l'école maternelle gratuite, d'une assurance maladie universelle. Mais une majorité rejette les mesures spécifiquement prévues pour favoriser un groupe démographique. En conséquence, les mesures qui aident en priorité les communautés minoritaires deviennent avec le temps bien moins populaires si leur objectif est explicitement présenté sous l'angle de l'égalité raciale[27].

Un article récent de deux politologues de Yale, par exemple, a déterminé que des mesures rigoureusement identiques perdaient beaucoup de leur soutien populaire quand on les articulait en termes de race plutôt qu'en termes de classe[28]. Les répondants américains, quand on leur présentait des justifications sans référence à la race pour des mesures comme la hausse du salaire minimal, l'annulation de la dette étudiante ou un assouplissement du zonage des villes, les soutenaient en grande partie. Mais quand exactement les mêmes mesures leur étaient présentées avec une justification « qui utilisait explicitement le vocabulaire de l'égalité raciale[29] », l'opposition remontait en flèche. Le plus frappant, c'est que ces justifications à connotations raciales rendaient les mesures moins populaires non seulement chez les répondants blancs, mais aussi parmi les Hispaniques, les Asiatiques-Américains et (dans une moindre mesure) les Afro-Américains[30].

Les citoyens des démocraties multiethniques, en France comme aux États-Unis, détestent que leurs concitoyens subissent des discriminations fondées sur la religion ou l'ethnicité. Ils soutiennent ardemment les politiques qui protègent les plus vulnérables contre les coups du sort et accordent aux enfants pauvres des chances de s'en sortir. Quand on les présente en termes universels, les politiques publiques qui aident les groupes défavorisés à combler le déficit socio-économique qui les sépare de la majorité sont très populaires, même quand elles bénéficient considérablement plus aux membres des minorités religieuses ou ethniques.

L'autre visage de cette solidarité universelle, ce sont des mesures explicitement présentées en termes d'égalité raciale qui échouent régulièrement à tenir leurs promesses. Elles tendent à placer différents groupes en compétition pour des aides matérielles essentielles, dans un jeu à somme nulle. Elles ne recueillent pas le soutien de la majorité dont tout État-providence a besoin pour perdurer. Parfois, elles dégradent les conditions de vie de ceux qu'elles visaient précisément à aider[31].

Il y a toutes les raisons de penser que, à long terme, elles contribueraient à exacerber la fragmentation, un problème qui, historiquement, a toujours empoisonné les sociétés multiethniques. Plutôt qu'encourager les citoyens à se voir comme des compatriotes partageant des intérêts communs, les mesures d'égalité raciale les conditionnent à se percevoir comme des équipes en compétition. Étant donné la forte tendance humaine à favoriser l'endogroupe et à détester l'exogroupe, cela ne présage rien de bon pour l'avenir des démocraties multiethniques.

Tous ceux investis dans le succès de la grande expérience devraient se sentir concernés par les profondes inégalités économiques qui persistent encore entre groupes démographiques. Mais, en général, le meilleur moyen de les corriger est une forme de solidarité universelle substantielle, pas des mesures d'égalité raciale explicitement conçues pour favoriser tel ou tel groupe démographique.

Des institutions efficaces et inclusives

À l'automne 2005, Silvio Berlusconi, Premier ministre de l'Italie, commença à s'inquiéter pour son avenir.

Les derniers sondages étaient serrés. Un conglomérat de parties de gauche paraissait prêt à lui voler de justesse la victoire dans les élections à venir. Or, s'il perdait son siège, Berlusconi pouvait très bien finir en prison.

Depuis qu'un gigantesque scandale de corruption avait éclaboussé tout le système politique italien dans les années 1990, l'entrepreneur milliardaire était visé par des enquêtes qui s'intéressaient de près à ses affaires louches[32]. Si Berlusconi perdait les élections, il perdait aussi la possibilité de bloquer les poursuites jusqu'à ce que soient prescrites les nombreuses accusations qui pesaient contre lui.

Le dos au mur, Berlusconi décida de manipuler le système électoral italien. Moins de six mois avant l'élection, il appuya deux changements clés de la loi électorale au Parlement, votés exclusivement par sa majorité. Convaincu d'être très populaire auprès des Italiens de l'étranger, il créa six nouveaux postes de sénateur qui représenteraient les territoires hors du pays. Et comme il estimait la droite bien plus capable que la gauche de s'unir sous une bannière commune, il offrit un énorme bonus en nombre de sièges à l'Assemblée nationale à la coalition de partis qui remporteraient le plus de voix[33].

À l'époque, les commentateurs s'accordèrent à dire de tous ces changements qu'ils favorisaient Berlusconi. Le ministre qui avait rédigé la loi admit qu'il s'agissait d'une *porcata*, une manœuvre « de porc » pour conserver le pouvoir. L'opposition était vent debout contre la réforme[34]. Aussi, quand les Italiens se rendirent aux urnes en avril 2006, le résultat prit tout le monde par surprise[35].

Comme elle avait emporté le plus de sièges de sénateurs de l'étranger, l'opposition obtenait de justesse la majorité au Sénat. Et comme la loi scélérate avait fortement incité la gauche batailleuse à mettre de côté ses différences, l'Unione nouvellement formée remporta plus de voix que la Casa delle Liberta de Berlusconi, 49,80 % contre 49,73 %[36]. Conformément au nouveau règlement électoral, ces 24 700 voix supplémentaires donnaient à

Romano Prodi, le nouveau Premier ministre, une confortable majorité à l'Assemblée[37].

Politiciens, journalistes et universitaires se croient souvent capables de prédire comment un changement dans les institutions du pays modifiera la dynamique du système et le destin de ses factions principales. Dans bien des pays, cet orgueil s'affiche ouvertement. Surtout aux États-Unis, où une grande quantité d'érudits et de militants appellent aujourd'hui de leurs vœux de profonds changements du système politique qui, prédisent-ils en confiance, résoudraient la crise des institutions démocratiques (ou, du moins, faciliteraient la victoire de leur camp).

Certains pensent que la colère populaire envers un système politique jugé dysfonctionnel ne se résorberait que si le pays adoptait une forme de représentation proportionnelle[38]. D'autres avancent que les démocrates pourraient enfin venir à bout de nombreuses injustices s'ils se résignaient à augmenter le nombre de juges à la Cour suprême[39]. Le plus probable est que ces changements auraient un tout autre effet que celui recherché. Comme Silvio Berlusconi et bien d'autres politiciens ou intellectuels ayant modifié des institutions dans un but précis, noble ou égoïste[40], ceux qui pensent prédire l'impact de telles réformes ont de bonnes chances de se tromper.

C'est ce qui me rend sceptique devant beaucoup de propositions de réforme radicale des institutions, qui ne disent rien des détournements que des personnes aux intentions moins pures pourraient en escompter.

Cependant, cela met en évidence un manque actuel dans les démocraties multiethniques : des institutions politiques inclusives qui se préoccupent de l'opinion publique. Malgré le risque inévitable qu'elles aient aussi leurs effets pervers inattendus, des réformes institutionnelles plus modestes devraient beaucoup contribuer à la correction de ces problèmes.

Partout dans le monde, des citoyens des démocraties multiethniques estiment que leur système politique ne tient pas sa promesse fondamentale, celle de laisser le peuple se gouverner lui-même. Loin de se sentir maîtres de leur propre destin, les électeurs se plaignent d'être à peine capables d'influer sur les orientations politiques de leurs gouvernements.

Ce sentiment très partagé a des origines diverses. En Europe, il naît du mode de prise de décision très indirect de l'Union européenne. Aux États-Unis, il est en partie dû aux nombreux droits de veto qui rendent difficile le passage des lois.

Aucun de ces problèmes n'a de solution simple. Mais un certain nombre de changements possibles apparaissent d'eux-mêmes.

Le projet européen demeure une tentative louable de dépasser les nationalismes étroits qui ont dirigé le continent, et le monde, durant la première moitié du XXe siècle. Mais les institutions européennes échouent souvent à se conformer aux beaux idéaux de leurs fondateurs. Afin de réduire le déficit démocratique de l'Union, les États membres devraient accroître les pouvoirs du Parlement européen. Même avec un Parlement renforcé, Bruxelles paraîtra toutefois très éloignée à la plupart des citoyens. L'Union devrait ainsi rendre le pouvoir décisionnel aux États dans certains domaines fondamentaux, particulièrement les domaines sociaux et culturels.

Les États-Unis quant à eux souffrent d'un système politique qui rend les lois plus difficiles à passer que partout ailleurs. Une proposition de loi doit ainsi réunir une majorité à la Chambre des représentants, une majorité qualifiée au Sénat, l'approbation du président et l'accord tacite ou explicite de la Cour suprême afin d'entrer en vigueur.

Ce système compliqué de contre-pouvoirs a servi le pays de bien des manières. Il est bon, par exemple, que la Cour suprême puisse déjuger le Congrès ou le président quand ces branches du gouvernement outrepassent certains droits garantis par la Constitution. Mais, afin de préserver le soutien de tous les partis dont elle a absolument besoin pour continuer à protéger ainsi les droits des plus vulnérables aux moments cruciaux, la Cour devrait aussi devenir bien plus difficile à mêler aux grands débats de politiques publiques, de l'assurance maladie au financement des campagnes électorales.

Tandis que la Cour suprême et la présidence ont beaucoup étendu leurs pouvoirs, le Congrès a perdu de plus en plus d'influence. En rendant plus difficile à une minorité de sénateurs de bloquer les lois ordinaires, il pourrait être possible de renverser cette tendance. Cependant, d'autres changements, qui eux ne sont pas au cœur des débats, pourraient fonctionner tout aussi bien. Conformément à une règle relativement récente, par exemple, le président de la Chambre des représentants refuse aujourd'hui d'organiser un vote à moins que la majorité de la majorité soutienne le projet de loi[41]. Cela garantit que bien des projets très populaires dans la nation au sens large ne seront jamais discutés. Il est temps que le Congrès modifie cela, entre autres changements, afin de redonner du pouvoir aux représentants élus.

Une réforme du système électoral pourrait aussi contribuer à atténuer la polarisation qui bloque tout travail sérieux au Congrès. Le Maine, par exemple, autorise les électeurs à classer les candidats par ordre de préférence, ce qui leur permet de soutenir leur choix véritable sans avoir peur de « gâcher leur vote » si celui-ci n'a aucune chance réelle de l'emporter[42]. En Californie, les deux candidats qui gagnent le plus grand nombre de votes dans une « primaire sauvage » non partisane s'affrontent ensuite durant l'élection, quelle que soit leur affiliation aux partis traditionnels[43]. Ces deux réformes peuvent inciter les politiciens à gagner des voix hors de leur base électorale[44].

Il y a encore un problème très américain à considérer. Comme le pays est la plus vieille démocratie du monde, son système électoral est aujourd'hui complètement dépassé et porte encore les stigmates des dominations fortes du passé, ce qui produit des injustices encore aujourd'hui.

Les Pères fondateurs de l'Amérique se sont révoltés contre l'idée de payer des impôts sans être pour autant représentés politiquement. Pourtant, le pays continue d'exclure certains de ses citoyens de la pleine participation civique en raison de leur lieu de résidence. Afin de vivre en accord avec leurs principes démocratiques, les États-Unis devraient accorder le statut d'État au district de Columbia et à Porto Rico (si ses habitants le souhaitent). Dans le même temps, les voix de nombreux habitants des cinquante États sont diluées en raison d'un découpage absurde de leur circonscription électorale, dont le seul but est de conférer un avantage décisif au parti qui l'a dessiné. Conformément à une pratique très répandue dans les démocraties, les États-Unis devraient disposer de commissions non partisanes pour dessiner les contours des circonscriptions en fonction de critères neutres, tels que la continuité géographique.

D'autres citoyens sont exclus du vote pour des questions raciales. Les démocraties ont bien sûr un intérêt légitime à garantir la sécurité de leurs élections, mais les républicains évoquent le plus souvent ce problème comme raison hypocrite de passer des lois conçues pour décourager la participation des minorités plus favorables aux démocrates. La défense juste contre de telles attaques portées au droit de vote est de rapprocher le système électoral américain de celui des autres démocraties, ce qui pourrait inclure l'inscription automatique sur les listes électorales, la multiplication des bureaux de vote, l'accès facilité et gratuit à des papiers d'identité, et des précautions raisonnables pour empêcher les fraudes.

La plus grave menace, toutefois, est plus récente. Après que Donald Trump a faussement affirmé que les résultats de l'élection présidentielle de 2020 étaient frauduleux, les législateurs républicains de nombreux États ont voté des lois qui garantissaient aux politiciens élus un rôle bien plus central dans la certification des résultats électoraux. Ils pourraient ainsi outrepasser les décisions des fonctionnaires électoraux non partisans et affirmer contre les faits que leur candidat préféré a gagné un État clé de l'élection, tel que l'Arizona, ce qui entraînerait une crise constitutionnelle sans précédent. Ces lois doivent être abrogées de toute urgence.

Des réformes institutionnelles nous aideront à rendre les démocraties multiethniques plus sensibles aux préférences de leurs électeurs, mais c'est aussi le rôle des politiciens d'être à l'écoute des opinions. Or, il existe un domaine des politiques publiques dans lequel les citoyens sont tout particulièrement susceptibles de juger que leurs représentants élus refusent d'écouter leur point de vue : l'immigration.

Dans presque toutes les démocraties du monde, les citoyens sont favorables à un contrôle renforcé des frontières. Dans un sondage récent, cinq répondants sur dix parmi les citoyens des démocraties développées s'affirmaient favorables à la réduction du nombre d'immigrés dans leur pays. Seul un sur dix souhaitait plutôt qu'il augmente[45]. (En partie à cause de la répulsion généralisée envers les attaques de Donald Trump contre les migrants[46], les États-Unis ont été, dans les années récentes, l'une des rares exceptions. Mais même dans ce pays, après les cent premiers jours de Biden à la Maison-Blanche, le domaine de politique publique dans lequel les sondés se déclaraient le moins satisfaits était le contrôle des frontières au sud du pays[47].)

Cela place les défenseurs des démocraties multiethniques dans une position difficile. Ils sont très attachés à un traitement humain des migrations. Beaucoup d'entre eux pensent également qu'une immigration élevée offre plus de bénéfices qu'elle ne pose de problèmes[48]. En même temps, ils sont – ou devraient être – attachés à l'idéal démocratique qui consiste à s'en remettre encore et toujours à l'opinion bien ancrée et fortement exprimée de la majorité. Comme la décennie passée l'a douloureusement montré, les politiciens modérés ou progressistes qui ignorent le point de vue de leurs électeurs sur les questions d'immigration risquent d'alimenter le retour de manivelle populiste, bien plus susceptible encore d'attenter à leurs valeurs fondamentales.

Quel genre de politique migratoire les partisans des démocraties multiethniques doivent-ils favoriser ?

Les principes essentiels de la démocratie libérale interdisent de discriminer les citoyens en fonction de leur religion ou de leur ethnicité. Les membres des minorités doivent jouir des mêmes droits et des mêmes protections que la majorité. Cela ne signifie pas que les démocraties libérales n'ont pas le droit de déterminer légitimement le nombre de personnes qu'elles admettront sur leur sol, ni de poser des conditions. Il n'y a rien de fondamentalement illégitime à limiter l'accès à la citoyenneté pour ceux qui ne vivent pas dans le pays.

En pratique, chaque pays devra décider quels immigrés accepter sur la base de critères aussi variés que son roman national, sa position géographique et ses besoins économiques. Les États-Unis sont, pour de bonnes raisons, susceptibles d'adopter une politique migratoire très différente de celle de la Suède, et la Suède de celle du Japon. Un principe très large est tout de même utile pour guider la décision des législateurs dans tous ces contextes très différents.

Il semblerait qu'un lien empirique étroit existe entre le contrôle des frontières et l'opinion publique sur l'immigration. En résumé, les pays qui ont réduit leur détermination à contrôler leurs propres frontières ont connu une hausse du sentiment d'hostilité à l'égard de l'immigration. Au contraire, dans les pays qui ont renforcé leur contrôle, les citoyens y sont devenus plus favorables. Cela peut paraître contre-intuitif, mais ceux qui espèrent persuader leurs compatriotes des bénéfices d'un niveau élevé d'immigration ont tout intérêt à démontrer qu'ils sont capables d'exercer un réel contrôle sur les arrivées dans le pays.

Respect mutuel

La polarisation politique s'est accentuée dans toutes les démocraties du monde ces dernières années. Plutôt que de voir les militants et politiciens du camp opposé comme de simples adversaires, un nombre croissant les considère comme des ennemis ou des traîtres. Le respect mutuel que les électeurs entretenaient par le passé s'évapore à grande vitesse.

L'ascension des populistes qui accusent leurs opposants de corruption ou les frappent d'illégitimité est la première cause directe de cette polarisation nouvelle. Mais dans beaucoup de pays, le problème est né des fractures sociales et culturelles entre les ruraux et les urbains, les riches et les pauvres, les diplômés et tous les autres.

Dans l'Amérique d'après-guerre, les identités fondamentales qui définissaient les citoyens tendaient à s'opposer. Les luthériens se méfiaient des bouddhistes, les démocrates des républicains. Mais dans les églises luthériennes et les temples bouddhistes, on trouvait à la fois des républicains et des démocrates. Quand deux Américains s'opposaient sur l'un de leurs caractères sociaux essentiels, ils avaient de bonnes chances d'en partager beaucoup d'autres.

Aujourd'hui, les divisions sociales les plus profondes ont tendance à se renforcer mutuellement. Les luthériens sont à présent en grande majorité républicains et les bouddhistes démocrates[49]. De plus en plus d'Américains se répartissent entre deux blocs, deux « supergroupes » hostiles. Quand deux Américains sont opposés sur un aspect de leur identité sociale, ils ont aussi de fortes chances de l'être sur un, deux ou trois autres[50].

La polarisation raciale de la politique américaine rend cette situation plus explosive encore. En cas de défaite électorale, ce n'est plus seulement leurs valeurs politiques et leurs loyautés partisanes que les électeurs sentent menacées. Ils estiment maintenant que leurs compatriotes, par leur vote, ont manqué de respect à leur groupe ethnique ou racial.

Il est facile d'imaginer toutes sortes de réformes et de politiques qui contribueraient à combattre cette polarisation dangereuse de la société américaine. Les politiciens ont une responsabilité morale urgente, celle d'élargir leur électorat en dehors des groupes démographiques qui les ont traditionnellement soutenus. Des réformes du Code électoral pourraient fournir les incitations nécessaires vers cet élargissement des bases électorales.

D'autres mesures pourraient intervenir. Des réformateurs idéalistes cherchent par exemple à constituer une sorte de Peace Corps (« Corps de la paix ») intérieur, qui permettrait aux jeunes gens de rencontrer des communautés différentes de la leur au sein de leur propre pays[51]. D'autres voudraient que l'école participe au retour d'une forme d'éducation civique qui valoriserait les vieux idéaux de la démocratie libérale sans pour autant balayer sous le tapis les injustices actuelles[52]. D'autres encore mettent en garde les élites dirigeantes, qui devraient se prémunir de verser dans la monoculture idéologique afin que les futurs gouvernants ne considèrent pas la moitié de leurs compatriotes avec dédain et mépris[53].

Mais toutes ces mesures et ces prescriptions risquent de pâlir en comparaison du défi à grande échelle qu'elles se proposent de résoudre. Le champ de bataille principal pour réintégrer un minimum de respect mutuel dans la société et éviter la formation de deux supergroupes diamétralement opposés sur l'échiquier politique est donc le champ social, et même individuel.

À mesure que s'intensifie la polarisation des démocraties et que les extrémistes empoisonnent le débat public, la tentation s'accroît de transformer la politique en une lutte manichéenne entre un « nous » et un « eux ». La pérennité de ce développement et des transformations qu'il impose dans la vie des démocraties multiethniques dépend du type d'arguments que tous les citoyens emploieront, encourageront et toléreront. C'est pourquoi nous devrions tous nous résoudre à appliquer du mieux que nous pourrons, et à faire appliquer à nos amis, nos proches et nos compatriotes, ces trois maximes simples :

Tenir bon sur les principes : plus un pays se polarise, plus il devient facile de déléguer ses idées à ses pires ennemis. Plutôt que de s'en remettre à leurs propres jugements, un nombre terrifiant de nos concitoyens se contentent d'observer les positions de leurs adversaires les plus méprisés et d'adopter le point de vue inverse. Aussi astucieux que soit ce stratagème, penser que l'ennemi de mon ennemi est mon ami est stratégiquement stupide : cela permet à ceux qui ont le plus de raisons de vous détester et de vous nuire de définir vos croyances et opinions. Plus important, c'est un désastre sur le plan normatif, car cela vous pousse vers une vision manichéenne du monde où chacun sera soit totalement bon, soit totalement mauvais, et vous force pour toujours à trouver des excuses au moindre mal. La seule manière de progresser demeure ainsi la même que depuis toujours : appliquer vos propres principes, en toute cohérence.

Rester disposé à critiquer les siens : une difficulté qu'on rencontre en appliquant ses propres principes est que cela pousse parfois à devoir critiquer des gens de son bord. Or, dès que vous avez le malheur de juger que certaines personnes habituellement dans votre équipe pourraient bien avoir pris un problème à l'envers, le risque est grand qu'on vous accuse de ménager la chèvre et le chou, de chercher à équilibrer les fautes, de faire du « en même temps ». Seulement, si ceux qui se voient du bon côté de l'histoire s'interdisent de critiquer leur camp de peur qu'on leur reproche de minimiser les péchés de leurs adversaires, il leur deviendra impossible de lutter contre les bas instincts à l'œuvre dans leur propre maison. Cela bloque les critiques internes et permet aux plus immoraux et aux plus cyniques de s'élever dans chaque camp. C'est pourquoi il faut demeurer prêt à critiquer les siens, même quand on estime leurs péchés bien véniels comparés à ceux de leurs adversaires politiques.

Ne pas ridiculiser ni diaboliser : discuter et persuader. Le débat sur le futur des démocraties est parasité par les tentatives de ridiculiser ou de diaboliser plutôt que de discuter ou de persuader. Plutôt que de nous dénoncer les uns les autres, nous ferions mieux d'engager un débat véritable sur le genre de pays que nous cherchons à construire. Notre ambition ultime ne devrait pas être la victoire rhétorique ni électorale, mais le ralliement du plus grand nombre à la cause de la grande expérience.

*

En tant que citoyens dans des pays démocratiques, nous détenons collectivement un pouvoir politique colossal. Nous sommes donc aussi chargés d'une responsabilité afférente, celle de faire entendre nos voix dans les périodes de crise. Il nous incombe de voter pour les partis qui s'engagent à contribuer à la réussite de la grande expérience, de défendre les mesures conformes aux promesses des démocraties multiethniques, et bien sûr de protester quand les gouvernements prennent les minorités pour cible ou aggravent les discriminations.

Cependant, hors d'un noyau de fanatiques, le champ de bataille politique paraît souvent lointain. Les questions les plus susceptibles de passionner les gens ne concernent ni les élections et leur impact ni les grands changements de politique publique, mais les actes concrets à entreprendre dans leur vie quotidienne pour que progresse la cause de la démocratie multiethnique.

Là, une grande partie de la réponse relève du domaine individuel.

Créer des démocraties multiethniques prospères revient à nous construire une vie sainement partagée. Plus les liens seront resserrés entre les groupes, plus leur empathie et leur solidarité seront fortes, plus ce projet aura de chances d'aboutir. Cela dépendra au bout du compte des millions de petits choix individuels que nous prenons tous quand il s'agit de décider où investir notre temps et notre énergie.

La meilleure chose à faire pour que les démocraties multiethniques épanouies deviennent une réalité vivante, c'est tout simplement de sortir de votre bulle. De chercher des occasions de bâtir des ponts vers les membres des autres groupes. De se forger des groupes d'amis et de connaissances plus divers. De s'engager dans des actions caritatives ou des associations interconfessionnelles. D'inviter vos voisins à prendre le café ou d'organiser une fête de quartier. De passer un peu moins de temps à discuter de l'état des démocraties multiethniques et beaucoup plus à modeler le futur que vous vous souhaitez.

Conclusion

Une grande partie du monde entre en territoire inconnu.

Dans l'histoire de l'humanité, certaines sociétés se sont démarquées par leur diversité ethnique et religieuse. Presque toutes ont soumis leurs minorités à des traitements cruels, à moins qu'elles n'aient souffert d'une situation d'anarchie structurée ou d'une profonde fragmentation. Une poignée seulement étaient des démocraties et, même dans celles-ci, l'égalité prétendue de tous les citoyens n'était qu'une façade.

Dans certaines démocraties multiethniques, telles que les États-Unis, une structure de domination explicite privait les membres d'une sous-classe fondée sur l'ethnie de leurs droits fondamentaux et des libertés essentielles dont jouissait la majorité. Dans une grande partie de l'Europe, une structure de domination implicite transformait les immigrés et leurs descendants en citoyens de seconde zone ou en « invités » à perpétuité. La stabilité de ces démocraties a été achetée au prix de l'exclusion de millions de gens.

Dans les longues annales de l'histoire, une unique forme de *polis* a brillé par son intrigante absence : une démocratie qui assurerait une égalité véritable à tous les membres de sa population très diversifiée. Et pourtant, des dizaines de pays, partout dans le monde, tentent aujourd'hui de bâtir cette société.

C'est la *grande expérience*. Pourra-t-elle réussir ?

Au vu de la décennie passée, nous pourrions être tentés de répondre non.

Quand je suis arrivé aux États-Unis, le premier candidat noir à l'élection présidentielle ayant de bonnes chances de l'emporter faisait campagne sur un message d'espoir et de changement. Quand Barack Obama a été élu 44e président des États-Unis, de nombreux commentateurs ont déclaré que le pays entrait dans une « ère postraciale ».

Durant les années qui ont suivi, il est rapidement apparu que ces prédictions étaient plus que naïves. La Grande Récession a prélevé un tribut particulièrement lourd sur la situation économique des minorités[1]. L'opposition au président en place se concentrait de plus en plus sur une théorie du complot autour de son lieu de naissance[2]. Les téléphones portables munis d'un appareil photo se généralisaient et faisaient éclater au grand jour la violence de la police à l'égard des Afro-Américains[3].

Poussés à analyser plus en profondeur leurs propres pratiques, des gens et des institutions qui vantaient leur tolérance ont commencé à reconnaître qu'elles avaient fréquemment failli à s'élever à la hauteur de leurs idéaux. Quand je vivais à New York, au cours d'un échange universitaire à Columbia, j'ai été impressionné par la diversité de la ville et du campus. Plus je restais en Amérique, plus je me rendais compte que même les institutions qui se voulaient hautement inclusives, telles que les universités de l'Ivy League, demeuraient structurées le long de lignes de fracture raciales. Les étudiants noirs s'asseyaient à côté des Noirs, les étudiants blancs se liaient d'amitié avec les Blancs.

C'est allé de pis en pis. Donald Trump est devenu le 45e président des États-Unis en humiliant les minorités et remettant en cause la légitimité de ses prédécesseurs. Des populistes autoritaires dans certaines des démocraties les plus peuplées du monde, de l'Inde au Brésil, ont créé le même genre de mauvaises surprises. Leurs victoires ont rendu les enjeux de la grande expérience plus clairs que jamais. Si les démocraties multiethniques échouent, leurs membres les plus vulnérables seront soumis aux pires cruautés et même ceux dont leur appartenance au groupe majoritaire leur évitera les injustices les plus criantes pourront perdre leurs droits démocratiques en un claquement de doigts.

Les reculs récents ont provoqué deux réactions, qui aujourd'hui cherchent chacune à s'imposer dans le débat autour du futur des démocraties multiethniques.

La première consiste en un pessimisme désespéré. Les pays comme le Royaume-Uni ou les États-Unis ont toujours été caractérisés, selon leurs citoyens les plus critiques, par des injustices énormes. Ils ont peu de chances d'enregistrer le moindre progrès à l'avenir. Les groupes socialement dominants trouveront toujours le moyen de s'accrocher au pouvoir et d'éviter l'indignité d'être traité d'égal à égal. Le futur des démocraties multiethniques est bien sombre.

La seconde réaction repose sur l'hypothèse d'une lutte existentielle fondamentale à l'œuvre entre les différents groupes identitaires dans toutes les démocraties multiethniques. En Amérique du Nord et en Europe occidentale, c'est ce qui a historiquement permis à la majorité blanche de soumettre toutes les autres communautés. Comme l'équilibre démographique est en train de changer, l'avenir s'annonce bien différent. Un jour, bientôt, les dominés d'hier hériteront du royaume.

Du point de vue de la lutte nécessaire contre les injustices historiques, la seconde réaction paraît plus prometteuse. Mais plus on l'analyse, plus elle semble dystopique, car elle aussi suppose que les membres des démocraties multiethniques se considéreront toujours les uns les autres comme des ennemis plutôt que des compatriotes.

C'est pourquoi il est temps de s'engager de nouveau en faveur d'une vision plus ambitieuse. Pour que la grande expérience réussisse, il faut proposer un récit réaliste de la nature humaine et se montrer honnête sur les injustices passées. Il faut aussi préserver résolument notre optimisme quant à la capacité des citoyens de toutes les communautés à se rassembler pour construire des démocraties justes et prospères dont tous les membres partageront un sentiment d'unité.

*

Les humains sont grégaires.

Nous sommes conçus pour opérer une distinction entre ceux qui sont « des nôtres » et ceux qui sont « des leurs ».

Notre manière de traiter les autres dépend fortement de la catégorie à laquelle ils appartiennent. Même les individus sans chaleur particulière traiteront les membres de leur endogroupe avec considération et générosité. Et même ceux qui ne sont pas plus mauvais qu'un autre peuvent, dans de mauvaises circonstances, traiter les membres de l'exogroupe avec un mépris ou une cruauté étourdissants.

Notre grégarisme présente beaucoup d'avantages. Il est la raison pour laquelle le monde ne ressemble pas à la guerre de tous contre tous qui terrifiait tant Thomas Hobbes. C'est de lui que naît notre aptitude spécifique à la coopération à grande échelle. Il joue un rôle dans toutes les merveilles civilisationnelles, des édifices religieux splendides aux concerts symphoniques les plus bouleversants.

Mais notre grégarisme est aussi responsable de certaines des plus terribles tragédies de l'histoire et de ses pires injustices. Il explique comment des croyants peuvent massacrer les infidèles avec bonne conscience et des êtres hautement civilisés souhaiter en tuer d'autres à coups de bombes ou de baïonnettes.

Face au défilé d'horreurs que nous présente l'histoire, bien des gens désespèrent de leur pays, de leur culture ou de leur ethnie. « Comment avons-*nous* pu faire ça ? » demandent-ils. Leur réponse tient souvent à un attribut particulier de leur groupe. Ils parlent des heures les plus sombres de leur histoire, des préjugés les plus nocifs ayant infiltré leur culture, de la dangereuse tendance de certains de leurs compatriotes à se considérer comme les membres d'une race supérieure.

Ces lamentations contiennent toujours une part de vérité. La plupart des pays ont connu des heures sombres, souvent liées à des traits caractéristiques de la société qui les a vues naître. Les raisons d'avoir honte sont nombreuses et le besoin de commémoration bien réel.

Mais c'est précisément parce que la capacité de faire le mal est universellement partagée que ces réponses oublient un point essentiel. Dans l'histoire, les guerres et les massacres, les oppressions et les soumissions sont plutôt la norme que l'exception. Les sociétés qui jamais n'ont infligé d'injustices ont hérité cette supériorité morale d'un manque d'opportunités plutôt que d'un trop-plein de vertu. À en croire les leçons de l'histoire, pour corrompre un groupe, il suffit de lui confier le pouvoir.

Toute tentative de comprendre une horreur particulière en s'abstrayant de toutes les autres entraînera des conclusions au mieux partielles. La grande énigme de l'histoire n'est pas que des sociétés aient pu perpétrer de terribles crimes, puisque toutes ou presque en sont coupables ; c'est bien plutôt de savoir pourquoi certaines sociétés ont parfois fait un peu mieux que ça, et comment pourraient-elles s'améliorer encore ?

Au regard de l'histoire, ce qui doit nous frapper dans l'état actuel de la France, du Japon, de l'Australie ou des États-Unis, ce ne sont pas les erreurs que ces sociétés commettent encore, aussi enrageantes soient-elles. C'est ce qu'elles font bien.

La plupart des démocraties du monde sont bien plus justes et plus inclusives aujourd'hui qu'il y a cinquante ans. Les États-Unis ont aboli l'esclavage, accordé aux Afro-Américains les droits civiques et adopté des points de vue et des pratiques bien plus tolérants dans des domaines qui vont de la représentation culturelle aux mariages interraciaux. Des pays comme l'Allemagne et l'Espagne ont rejeté le fascisme, élargi leur conception de l'appartenance et développé une culture populaire profondément diversifiée. Même des démocraties à première vue plus homogènes comme le Japon sont depuis les décennies récentes plus enclines à considérer d'égal à égal les autres cultures et à accepter les immigrés comme des compatriotes[4].

Un état des lieux objectif des conditions actuelles de ces pays doit tenir compte du bon comme du mauvais. Les États-Unis d'aujourd'hui se caractérisent aussi bien par leurs sérieux problèmes de violences policières que par les millions de gens qui ont manifesté contre elles au beau milieu d'une pandémie mortelle. L'Allemagne actuelle n'est pas plus marquée par la résurgence des mouvements d'extrême droite que par les millions de citoyens qui ont eu le courage d'affronter le passé nazi du pays. Le Japon d'aujourd'hui est caractérisé à la fois par des Premiers ministres qui vont honorer les tombes de criminels de guerre et par son attitude graduellement plus accueillante envers les immigrés et les minorités. Dans tous ces pays, des membres des groupes minoritaires et des descendants d'immigrés gravissent rapidement les échelons économiques et académiques. Ils occupent aujourd'hui des postes prestigieux, dont leurs parents ou leurs grands-parents n'osaient même pas rêver.

Il est fréquent que les auteurs sous-estiment le côté positif du bilan. Parler de progrès quand tant d'imperfections demeurent pourrait être interprété comme une forme de quiétisme, s'inquiètent-ils ; on les accusera même peut-être de chercher à préserver les injustices en minimisant leur gravité. C'est mal comprendre l'importance du progrès. Ce n'est pas pour soulager sa conscience qu'il faut s'efforcer d'être aussi objectif avec ce qui va bien qu'avec ce qui va mal ; il s'agit bien plutôt de se donner le courage indispensable de lutter pour un avenir meilleur et d'indiquer la voie à suivre.

Les partisans des démocraties multiethniques ont besoin de confiance et de courage pour combattre leurs détracteurs.

Beaucoup pensent encore, de l'Europe aux États-Unis, de l'Asie à l'Australie, que nous devrions abandonner la grande expérience avant qu'il ne soit trop tard. Ils affirment que l'immigration et la diversité ethnique amènent plus de problèmes que d'avantages. La meilleure chose à faire serait de limiter ou de stopper net les arrivées, et de faire bien comprendre aux étrangers déjà installés que ce sera toujours le groupe historiquement dominant qui décidera. Si ça ne leur convient pas, ils peuvent toujours partir.

L'emporter contre ces thèses nécessite d'avoir foi en un avenir meilleur. Les scénarios de film d'horreur que les ennemis de la démocratie multiethnique apprécient tant ont fort peu de chances de se réaliser. Contrairement à ce qu'ils disent, nos pays sont capables d'intégrer les nouveaux venus, de créer un lien nouveau avec ceux qui ne partagent pas notre ethnie ni notre religion, d'adhérer à de nouveaux romans nationaux. Le futur ne consistera pas nécessairement en une bataille rangée entre différents groupes démographiques.

Pour rallier les suffrages, les avocats des démocraties multiethniques devront maîtriser les pessimistes dans leurs rangs. Certaines des opinions les plus bruyantes actuellement consistent à considérer que la race et la religion sépareront les citoyens à tout jamais, à un tel point qu'ils sont à peine capables de se comprendre. Selon elles, la société sera toujours organisée autour de la lutte entre les dominants et les opprimés d'hier, ou entre les Blancs et les « gens de couleur ». Même dans trente ou soixante ans, la race demeurera le principal attribut des habitants des démocraties multiethniques.

Une telle vision d'avenir a peu de chances d'aboutir à la solidarité politique dont nous avons besoin pour vaincre les injustices historiques. Plutôt que d'affermir la résolution de ceux attachés à la grande expérience, elle valide par mégarde les peurs de ses pires détracteurs. Ce serait une erreur morale aussi bien que stratégique de se contenter de cette vision cynique de l'avenir.

Heureusement, un autre chemin existe. Les partisans des démocraties multiethniques devraient se fixer comme objectif d'établir une société dans laquelle le plus de citoyens possible auront le sentiment de s'embarquer pour une vie commune sainement partagée. Sans se faire d'illusions sur la difficulté de se comprendre entre ethnie ou religion différentes, ils devraient avoir foi en la possibilité d'un futur dans lequel le plus de citoyens possible considéreront leurs voisins quels qu'ils soient comme des compatriotes, avec empathie et respect. Mieux encore, les démocraties multiethniques qu'ils cherchent à bâtir devront avec le temps accorder de moins en moins d'importance aux aspects raciaux, non parce que leurs citoyens s'aveugleraient sur leur rôle prépondérant dans la structure de nos sociétés actuelles, mais parce qu'ils auront vaincu les injustices que ces aspects inspirent encore aujourd'hui.

*

J'ai beaucoup écouté Manu Chao ces derniers temps. Il y a quelque chose de joyeux et d'entraînant dans sa musique. Le genre de rythme qui vous aide à vous extirper du lit le matin, le genre de son que vous aimeriez écouter lors d'un long voyage en voiture. Durant les mois solitaires de la pandémie, où, dans mon cas, à l'isolement du confinement obligatoire est venue s'ajouter la discipline qu'imposait l'écriture d'un livre, sa promesse d'aventures à venir m'a réconforté.

Mais j'identifie à présent autre chose qui m'a plu dans des albums comme *Próxima Estación... Esperanza*. Ils m'ont rappelé la foi en une humanité partagée et la compassion requise pour la déceler chez autrui, deux choses devenues bien rares aujourd'hui.

Manu Chao est né en France en 1961, de parents espagnols qui avaient fui la dictature fasciste de Francisco Franco[5]. Il a grandi en banlieue parisienne, où il a pu absorber des influences culturelles très diverses, venues de toute l'Europe, d'Afrique, des Caraïbes et du Proche-Orient[6]. Je ne partage absolument pas ses opinions politiques (même si j'aurais probablement été d'accord avec lui sur tout à 15 ans). J'ai foi en les vertus de la démocratie libérale ; lui a longtemps soutenu les mouvements insurrectionnels violents.

Et pourtant, il y a quelque chose de savoureux dans son style et ses chansons. Manu Chao a décrit sa musique comme de la *patchanka*, un patchwork, qui agglomère une grande variété de genres musicaux, du punk à la salsa, de la chanson française au ska jamaïquain. Ses partenaires et lui chantent dans un nombre ahurissant de langues différentes, espagnol, anglais, arabe, wolof. Il est le son de la rencontre, de l'influence culturelle mutuelle, de gens issus de différents pays qui se percutent et qui, ensemble, recréent le monde à neuf[7].

Les chansons de Manu Chao ne taisent pas pour autant les difficultés et les injustices que doivent affronter tant d'habitants des démocraties multiethniques. Le plus gros de *Clandestino*, son premier album solo, adopte le point de vue de migrants confrontés à l'indifférence[8]. Dans la deuxième chanson de l'album, « Desaparecido », il fait une description très vivante de la situation d'un vendeur de rue qui doit constamment fuir la police, une complainte touchante pour qu'on le considère tout simplement comme un être humain :

« On m'appelle le disparu
Un fantôme qui n'est nulle part
On m'appelle l'ingrat
Mais ce n'est pas vrai
Je porte dans mon corps une douleur
Qui m'empêche de respirer
Je porte dans mon corps une sentence,
Qui me fait toujours partir[9]. »

Ces vers contiennent l'essence du message culturel de l'album de Manu Chao, de tout un monde humaniste qui paraît aujourd'hui bizarrement anachronique. Or, malgré tous les défauts de ce monde, déjà à l'époque, et malgré tous les amendements que les années récentes ont rendu absolument inévitable de lui adjoindre, ce serait selon moi une terrible erreur de l'abandonner complètement.

Les appels à notre humanité commune, même chantés sur un air entraînant, ne feront pas tout. « Desaparecido » ne contient pas plus une recette réaliste pour la construction de démocraties multiethniques et prospères que « Kumbaya » et « We Are the World ».

Cependant, je crois qu'il y a un esprit à retrouver dans les chansons de Manu Chao, cette foi en l'humanité et en la compassion qu'elle inspire, autrefois partie du courant culturel dominant. C'est une vision optimiste, qui croit en notre capacité de construire des sociétés meilleures, de nous considérer d'égal à égal, une vision bien plus séduisante que les nombreuses dystopies des pessimistes qui dominent aujourd'hui les débats.

Bâtir des démocraties diverses qui emporteront les suffrages enthousiastes de la majorité sera difficile. Nous sommes réellement embarqués dans une expérience sans précédent. Elle pourrait tout à fait échouer. Mais, pour ceux d'entre nous qui sommes attachés à ses valeurs, afin de mettre toutes les chances de son côté, il faudra trouver le courage de proposer une vision d'un avenir commun qui fera bel et bien envie à la plupart ; un avenir dans lequel la majorité des citoyens pourra se dire fière et optimiste de vivre dans une démocratie multiethnique, et choisira de mettre l'accent sur ce qui nous rapproche plutôt que sur ce qui nous divise.

Allons-y.

Notes

De la page 9 à la page 10

Introduction

1. « Das hatte die Redaktion der Tagesthemen nicht geplant », *Tichys Einblick*, 22 février 2018, https://www.tichyseinblick.de/dailies-sentials/das-hatte-die-redaktion-der-tagesthemen-nicht-geplant/

2. « *Daily Stormer*: cloudflare drops neo-nazi site », *BBC News*, https://www.bbc.com/news/technology-40960053

3. Anglin, Andrew. « (((Yascha Mounk)))'s "Unique Historical experiment": transforming a mono-ethnic country into a multi-ethnic one », *The Daily Stormer*, 23 février 2018, https://dailystormer.su/yascha-mounks-unique-historical-experiment-transforming-a-mono-ethnic-mono-cultural-democracy-into-a-multi-ethnic-one/

4. *Ibid.*

5. Traduction de la définition d'« Experiment » dans *Lexico*, https://www.lexico.com/en/definition/experiment, consulté le 6 juin 2021.

NdT : en français, le CNRTL nous donne « Épreuve destinée à vérifier une hypothèse ou à étudier des phénomènes. » https://www.cnrtl.fr/definition/exp%C3%A9rience

6. Au moment de l'interview, j'étais maître de conférences en sciences politiques à Harvard.

7. Traduction de la définition de « *Experiment* » dans *Lexico*. https://www.lexico.com/en/definition/experiment, consulté le 6 juin 2021.

NdT : en français, le CNRTL nous donne « Mise à l'essai de tout ce qui est nouveau dans son usage et dans sa pratique », https://www.cnrtl.fr/definition/exp%C3%A9rience

De la page 11 à la page 18

8. « Creating the United States », *Library of Congress*, https://www.loc.gov/exhibits/creating-the-united-states/interactives/declaration-of-independence/abuses/index.html, consulté le 6 juin 2021.

9. Lowe, Keith. « Five times immigration changed the UK », *BBC*, 20 janvier 2020, https://www.bbc.com/news/uk-politics-51134644

10. Voir « Migrants in the UK: An Overview », *The Migration Observatory*, University of Oxford, 6 novembre 2020, https://migrationobservatory.ox.ac.uk/resources/briefings/migrants-in-the-uk-an-overview/ ; Lowe, Keith. « Five times immigration changed the UK », *BBC*, 20 janvier 2020, https://www.bbc.com/news/uk-politics-51134644

11. « Foreign-Born Population: Sweden », données OCDE, 2016-2019, https://data.oecd.org/migration/foreign-born-population.htm

12. Wirtz, Bill. « The German economic miracle depended on immigrants », *Foundation for Economic Education*, 28 mars 2018, https://fee.org/articles/the-german-economic-miracle-depended-on-immigrants/

13. Liebig, T. *et al.* « The labour market integration of immigrants and their children in Switzerland », *OECD Social, Employment and Migration Working Papers*, n° 128, Directorate for Employment, Labour and Social Affairs, OECD Publishing, 2012, https://www.oecd.org/migration/49654710.pdf

14. Bleich, Erik. « Colonization and Immigrant Integration in Britain and France », *Theory and Society*, vol. 34, n° 2, avril 2005, p. 171-195, https://www.jstor.org/stable/4501720?seq=1

15. La proclamation d'émancipation avait aboli dans les faits l'esclavage dans une grande partie des États-Unis deux ans plus tôt, en 1863. Mais il fallut attendre la ratification du 13e amendement, en 1865, pour que le processus parvienne à son terme dans tout le pays.

16. Pour une histoire classique des promesses et de l'échec final de la reconstruction, voir Foner, Eric. *Reconstruction: America's Unfinished Revolution 1863-1877*, Harper Perennial (rev. ed.), 2014.

17. Leonard, Kevin Allen. « "Is that what we fought for ?", Japanese Americans and racism in California, the impact of World War II », *The Western Historical Quarterly*, vol. 21, n° 4, novembre 1990, p. 463-482.

De la page 18 à la page 19

18. En tant que rapporteur d'une loi clé, le député Horace F. Page a bien insisté pour dire que son objectif était « de faire halte au danger des travailleurs chinois à bon marché et de l'immoralité des femmes chinoises » (Peffer, George Anthony. « Forbidden families: Emigration experiences of Chinese women under the Page Law, 1875-1882 », *Journal of American Ethnic History*, vol. 6, n° 1, 1986, p. 28). Moins de dix ans plus tard, le Chinese Exclusion Act a étendu cette interdiction partielle à tous les immigrés chinois. Voir « Immigration and relocation in U.S. History: legislative harassment », *Library of Congress*, https://www.loc.gov/classroom-materials/immigration/chinese/legislative-harassment/ ; « Chinese Exclusion Act », *Britannica Academic*, Encyclopædia Britannica, 2 octobre 2019, academic-eb-com.proxy1.library.jhu.edu/levels/collegiate/article/Chinese-Exclusion-Act/605479

19. Voir « Modern Immigration Wave Brings 59 Million to U.S., Driving Population Growth and Change Through 2065 – Chapter 1: The Nation's Immigration Laws, 1920 to Today », Pew Research Center, 28 septembre 2015, https://www.pewresearch.org/hispanic/2015/09/28/chapter-1-the-nations-immigration-laws-1920-to-today/ et « The Immigration Act of 1924 (The Johnson-Reed Act) », US State Department: Office of the Historian, https://history.state.gov/milestones/1921-1936/immigration-act

20. « Modern Immigration Wave Brings 59 Million to U.S... », *op. cit.*

21. « LBJ on Immigration: President Lyndon B. Johnson's Remarks at the Signing of the Immigration Bill Liberty Island, New York », *LBJ Presidential Library*, 3 octobre 1965, http://www.lbjlibrary.org/lyndon-baines-johnson/timeline/lbj-on-immigration

22. « Modern Immigration Wave Brings 59 Million to U.S., Driving Population Growth and Change Through 2065 – Chapter 3: The Changing Characteristics of Recent Immigrant Arrivals Since 1970 », *Pew Research Center*, 28 septembre 2015, https://www.pewresearch.org/hispanic/2015/09/28/chapter-1-the-nations-immigration-laws-1920-to-today/

De la page 24 à la page 25

23. Quand Donald Trump a cherché à imposer ce qu'il appelait lui-même un « *Muslim ban* » (une interdiction des musulmans), les cours locales ont jugé que sa proposition violait la Constitution, qui interdit de favoriser une religion. Quand son gouvernement a promulgué un décret légèrement rectifié, qui indiquait qu'il s'agissait d'interdire l'entrée du territoire aux citoyens d'un certain nombre de pays à majorité musulmane, la Cour suprême lui a accordé le bénéfice du doute, aussi peu crédible fût-il. Dans les faits, Trump a interdit le territoire à des millions de gens sur la base de leur religion, qui n'était pas celle de la majorité. (Joe Biden a depuis abrogé ce décret.)

Narendra Modi, Premier ministre de l'Inde, est mieux parvenu encore à modifier le caractère profond du pays. Sur proposition de son gouvernement, un Registre national des citoyens regroupera bientôt tous les habitants en indiquant s'ils ont le droit d'être dans le pays ou s'ils sont susceptibles d'être déportés. Comme les certificats de naissance y sont d'apparition récente, cette mesure risque de violer les droits de millions de musulmans qui ne disposeront pas des papiers officiels nécessaires pour le faire valoir. Même s'ils ont tous les droits d'être là, ils risqueront la déportation. (Techniquement, ce registre pourra aussi piéger les immigrés hindous qui auront rejoint l'Inde à partir d'un autre pays. Pour les rassurer, Modi fournit aux immigrants illégaux issus des pays à majorité musulmane une voie de régularisation accélérée s'ils y subissent des persécutions en raison de leur appartenance religieuse. Alors que deux cents millions de musulmans indiens lui demandaient exactement la même chose, il a catégoriquement refusé de les rassurer de même.) Voir Gettleman, Jeffrey et Suhasini Raj. « India Steps Toward Making Naturalization Harder for Muslims », *The New York Times*, 9 décembre 2019, https://www.nytimes.com/2019/12/09/world/asia/india-muslims-citizenship-narendra-modi.html

24. Kamp, David. « Heidi Schreck Is Giving New Meaning to Political Theater », *Vogue*, 16 octobre 2020, https://www.vogue.com/article/heidi-schreck-political-theater-vogue-august-2019-issue

25. « The Shadows of the Constitution », *NPR: Throughline*, 12 novembre 2020, https://www.npr.org/transcripts/933825483

De la page 25 à la page 40

26. Ferguson, Andrew. « Who is the Constitution For? », *The Atlantic*, 28 août 2019, https://www.theatlantic.com/ideas/archive/2019/08/who-constitution/596341/

27. Green, Jesse. « Review: Can a Play Make the Constitution Great Again ? », *The New York Times*, 31 mars 2019, https://www.nytimes.com/2019/03/31/theater/what-the-constitution-means-to-me-review.html

28. Khan, Naureen. « The Tony-Nominated Play That Savages the U.S. Constitution », *The Atlantic*, 8 juin 2019, https://www.theatlantic.com/entertainment/archive/2019/06/what-constitution-means-me-takes-easy-out/591040/

29. Douglass, Frederick. « What to the Slave is the Fourth of July ? », *The Speeches of Frederick Douglass*, Yale University Press, p. 55-92, 2018.

30. « The 1963 March on Washington », NAACP, https://naacp.org/find-resources/history-explained/1963-march-washington

31. Je développerai bien plus en détail au chapitre 8 les raisons d'un certain optimisme face aux progrès socio-économiques des immigrés et des groupes minoritaires dans la plupart des démocraties multiethniques.

32. Il pourrait sembler que j'adopte implicitement ici le point de vue de la majorité. Mais les sondages nous indiquent que bien des descendants d'immigrés et de membres des groupes minoritaires sont tout aussi partagés sur cette question. Par exemple, une partie substantielle d'entre eux est en faveur de mesures sévères contre l'immigration illégale. Pour un développement plus approfondi sur le traitement des opinions culturelles et politiques des minorités, surtout aux États-Unis, voir le chapitre 9.

PARTIE I
QUAND LES SOCIÉTÉS MULTIETHNIQUES TOURNENT MAL

1. Rekers, Yvonne, Daniel B.M. Haun, et Michael Tomasello. « Children, but not Chimpanzees, Prefer to Collaborate », *Current Biology*, vol. 21, 2011, p. 1756-1758.

De la page 40 à la page 45

2. Cité dans Haidt, Jonathan. *The Righteous Mind: Why Good People Are Divided by Politics and Religion*, First Vintage Books, 2013, p. 237.

3. Voir par exemple Tomasello, Michael, P. Melis, Alicia, Tennie, Claudio, Wyman, Emily, et Esther Herrmann. « Two Key Steps in the Evolution of Human Cooperation: The Interdependence Hypothesis », *Current Anthropology*, vol. 53, n° 6, 2012, https://www.journals.uchicago.edu/doi/10.1086/668207#sc2

1. Pourquoi tout le monde ne s'entend pas toujours

1. Pour un aperçu de sa vie, voir par exemple Jahoda, Gustav. *Oxford Dictionary of National Biography*, « Tajfel, Henri [*formerly* Hersz Mordche] », en ligne, 23 septembre 2004.

2. Sur l'Australie, voir : Kilham, Wesley, et Leon Mann. « Level of Destructive Obedience as a Function of Transmitter and Executant Roles in the Milgram Obedience Paradigm », *Journal of Personality and Social Psychology*, vol. 29, n° 5, 1974, p. 696-702, en ligne. Sur l'Allemagne, voir : Mantell, David Mark, « The Potential for Violence in Germany », *Journal of Social Issues*, vol. 27, n° 4, 1971, p. 101-112, en ligne. Sur la Jordanie, voir : Shanab, M.E., et Yahya, Khawla A. « A Cross-Cultural Study of Obedience », *Bulletin of the Psychonomic Society*, vol. 11, 1978, p. 267-269, en ligne.

3. Voir Muzafer Sherif, B. Jack White, et O. J. Harvey. « Status in Experimentally Produced Groups ». Pour une analyse critique, voir Konnikova, Maria. « Revisiting Robbers Cave: The Easy Spontaneity of Intergroup Conflict », *Scientific American*, 5 septembre 2012, https://blogs.scientificamerican.com/literally-psyched/revisiting-the-robbers-cave-the-easy-spontaneity-of-intergroup-conflict/

4. Tajfel, Henri. « Experiments in Intergroup Discrimination », *Scientific American*, vol. 223, n° 5, 1970, p. 96-103, https://www.jstor.org/stable/10.2307/24927662

5. En réalité, les groupes étaient formés de manière parfaitement aléatoire, afin d'écarter la possibilité lointaine que leur tendance à sous-estimer ou surestimer le nombre de points dans un exercice arbitraire puisse être corrélée aux tâches qu'on leur demandait d'exécuter ensuite.

De la page 47 à la page 50

6. @DavidJHauser. « Au cas où vous devez enseigner bientôt de la psycho sociale, sachez qu'il est facile de reproduire l'effet du paradigme du groupe minimal en classe, en remplaçant “quelle œuvre préférez-vous ?” par “est-ce qu'un hot-dog est un sandwich ?” », Twitter, 5 décembre 2019, 10:26 AM, https://twitter.com/DavidJHauser/status/1202610237934592000

7. Tajfel, Henri. « Experiments in Intergroup Discrimination », *op. cit.*, p. 96-103, cité : p. 102.

8. « “Your ancestors were Gauls”, France's Sarkozy tells migrants », *Reuters*, 20 septembre 2016, https://www.reuters.com/article/us-france-election-sarkozy/your-ancestors-were-gauls-frances-sarkozy-tells-migrants-idUSKCN11Q22Y

9. Kwong, Luke S. K. « What's in a Name: Zhongguo (Or Middle Kingdom) Reconsidered », *Historical Journal*, vol. 58, n° 3, 2015, p. 781-804.

10. Garlick, Jennifer, Basil Keane, et Tracey Borgfeldt. *Te taiao = Māori and the Natural World*, New Zealand Ministry for Culture and Heritage, 2010, https://manukau.primo.exlibrisgroup.com/discovery/fulldisplay?context=L&vid=64MANUKAU_INST:64MANUKAU&search_scope=MyInst_and_CI&tab=Everything&docid=alma994276853405101

11. Sur les zoroastriens, voir : Lopez, Saioa, *et al.* « The Genetic Legacy of Zoroastrianism in Iran and India: Insights into Population Structure, Gene Flow and Selection », *Cold Spring Harbor: Cold Spring Harbor Laboratory Press*, 2017. Sur les Juifs, voir : Balter, Michael. « Tracing the Roots of Jewishnewss », *Science*, 3 juin 2010, https://www.sciencemag.org/news/2010/06/tracing-roots-jewishness ; et Atzmon, Gil, *et al.*, « Abraham's Children in the Genome Era: Major Jewish Diaspora Populations Comprise Distinct Genetic Clusters with Shared Middle Eastern Ancestry », *American Journal of Human Genetics*, vol. 86, n° 6, 2010, p. 850-859.

12. Li, Hui, Svetlana Borinskaya, Kimio Yoshimura, Nina Kal'Ina, Andrey Marusin, Vadim A. Stepanov, Zhendong Qin *et al.*, « Refined Geographic Distribution of the Oriental ALDH2* 504Lys (nee 487Lys) variant », *Annals of Human Genetics*, vol. 73, n° 3, 2009, p. 335-345.

De la page 50 à la page 53

13. Voir par exemple le Centers for Disease Control & Prevention, « Data & Statistics on Sickle Cell Disease », https://www.cdc.gov/ncbddd/sicklecell/data.html, consulté le 24 mars 2020 et Solovieff, Nadia *et al.*, « Ancestry of African Americans with Sickle Cell Disease », *Blood Cells, Molecules, and Diseases*, vol. 47, 2011, p. 41-45.

14. Centers for Disease Control & Prevention. « Jewish Women and BRCA Gene Mutations », https://www.cdc.gov/cancer/breast/young_women/bringyourbrave/hereditary_breast_cancer/jewish_women_brca.htm, consulté le 24 mars 2020 ; Warner, Ellen *et al.* « Prevalence and Penetrance of BRCA1 and BRCA2 Gene Mutations in Unselected Ashkenazi Jewish Women With Breast Cancer », *Journal of the National Cancer Institute*, vol. 91, n° 14, 1999, p. 1241-1247.

15. Voir Telles, Edward. *Race in Another America: The Significance of Skin Color in Brazil* ainsi que *id.* « Race Relations: Slavery's Legacies », *The Economist*, 10 septembre 2016, https://www.economist.com/international/2016/09/08/slaverys-legacies

16. Je ne veux absolument pas laisser entendre que ces unions étaient toutes volontaires. Comme dans toutes les colonies, il y eut de très nombreux viols. Mais l'existence d'unions légales entre membres de groupes différents avait d'importantes conséquences pour la structure globale de classification raciale. Contrairement aux États-Unis, qui ont adopté la « *one-drop rule* » (la règle du « une goutte suffit ») en partie parce que les enfants d'un père blanc et d'une mère noire n'étaient pas vus comme « légitimes », les enfants issus de ces mariages mixtes bénéficiaient d'un statut légal et social différent.

17. Telles, Edward. « Racial Discrimination and Miscegenation: The Experience in Brazil », *United Nations Chronicle*, https://www.un.org/en/chronicle/article/racial-discrimination-and-miscegenation-experience-brazil

18. Pour une analyse complète de l'origine et du développement de la « *one-drop rule* » dans la structure de classification raciale et dans le recensement aux États-Unis, voir par exemple Hickman, Christine B. « The Devil and the One Drop Rule: Racial Categories, African Americans, and the U.S. Census », *Michigan Law Review*, vol. 95, n° 5, 1997, p. 1161-265.

Page 54

19. Le public pouvait vouloir la victoire finale de l'amour en partie parce que Zoe, l'octavonne, était blanche dans ses manières et son apparence. Malgré sa classification légale, la pièce sous-entend qu'elle n'était pas « vraiment noire ». Boucicault, Dion. *The Octoroon*, The Winter Garden Theatre, New York, NY, 1859.

20. Je ne compare pas le Brésil et les États-Unis dans le but de conclure que l'un ou l'autre des principes de classification raciale employés serait moins injuste ou plus éclairé que l'autre.

L'histoire de l'esclavage au Brésil n'est pas moins cruelle qu'aux États-Unis. Les propriétaires des plantations ont amené de force un nombre encore plus important de gens dans le pays, plus que partout ailleurs. Comme en Amérique du Nord, une grande partie d'entre eux mourut de maladie, d'épuisement, de malnutrition ou sous les punitions violentes administrées en vertu d'infractions supposées. Les deux pays sont les produits de profondes injustices historiques.

Durant longtemps, les Brésiliens ont loué la relative fluidité de leurs catégories raciales. Un des célèbres historiens du pays a ainsi parlé de « démocratie raciale » pour le désigner. Il est indubitable que le tabou social autour du contact entre races y a été bien moindre qu'aux États-Unis, ce qui a aidé le pays à éviter *certaines* des injustices le plus pernicieuses contre lesquelles les États-Unis se battent encore aujourd'hui, comme la ségrégation résidentielle.

Pourtant, il est aussi évident que la fluidité des catégories raciales du Brésil ne peut compenser l'histoire des injustices qui ont accablé de nombreux habitants. Même de nos jours, les Brésiliens plus clairs de peau sont mieux vus, tandis que les peaux plus sombres doivent subir les préjugés et les discriminations. L'élite du pays est majoritairement blanche, et ses énormes favelas, bien que moins ségréguées que certains quartiers de centre-ville aux États-Unis, comptent une population à la peau sombre de manière disproportionnée.

21. Voir « About Hispanic Origin », *United States Census Bureau*, dernière révision le 16 octobre 2020, consulté le 26 mars 2021, https://www.census.gov/topics/population/hispanic-origin/about.html ;

De la page 54 à la page 60

et Benadiaz, Lucia. « Why Labeling Antonio Banderas A "Person of Color" Triggers Such A Backlash », *NPR*, 9 février 2020, consulté le 26 mars 2021, https://www.npr.org/2020/02/09/803809670/why-labeling-antonio-banderas-a-person-of-color-triggers-such-a-backlash

22. Gibson, Ginger. « Democratic Hopeful Warren Apologizes for Native American Ancestry Claims », *Reuters*, 19 août 2019, https://www.reuters.com/article/us-usa-election-warren/democratic-hopeful-warren-apologizes-for-native-american-ancestry-claims-idUSKCN1V91QY

23. « The Road Map to Reparations », *ADOS: American Descendants of Slavery*, https://ados101.com/roadmap-to-reparations

24. Fields, Karen E. et Barbara Fields. *Racecraft: The Soul of Inequality in American Life*, Verso Books, 2012, p. 262.

25. Mtika, Collins. « "Malawi and Zambia Struggle to Mark their Border" », *DW*, 7 septembre 2009, https://www.dw.com/en/malawi-and-zambia-struggle-to-mark-their-border/a-4459275

26. Une explication évidente de la différence entre la Zambie et le Malawi, par exemple, serait que les villageois d'un côté de la frontière soient moins au courant de leurs différences culturelles. Mais Posner a su éliminer cette possibilité. Les répondants en Zambie étaient bien moins hostiles entre eux, mais ils savaient tout aussi bien énumérer les différences culturelles qui les séparaient.

Une autre explication évidente serait que l'un des pays soit plus « moderne » ou plus « développé » que l'autre, ce qui amoindrirait la portée des différences ethniques et culturelles aux yeux de ses habitants. Mais Posner a éliminé cette possibilité aussi. Les villages des deux côtés de la frontière étaient de niveau d'éducation et de développement économique similaires. (Citation complète : Posner, Daniel N. « The Political Salience of Cultural Difference: Why Chewas and Tumbukas are Allies in Zambia and Adversaries in Malawi », *American Political Science Review*, vol. 98, nº 4, 2004, p. 529-545, *Worldwide Political Science Abstracts*. Web.)

27. Patterson, Orlando. « Context and Choice in Ethnic Allegiance: A Theoretical Framework and Caribbean Case Study », *Ethnicity: Theory and Experience*, 1975, p. 305-349.

De la page 60 à la page 62

28. Voir par exemple : Bates, Robert H. « Ethnic Competition and Modernization in Contemporary Africa », *Comparative Political Studies*, vol. 6, n° 4, 1974, p. 457-484, Periodicals Archive Online, Periodicals Index Online : https://journals.sagepub.com/doi/pdf/10.1177/001041407400600403)

Voir aussi : Bates, Robert H. *Markets and States in Tropical Africa: the Political Basis of Agricultural Policies*, University of California Press, 2014.

29. Posen, Barry R. « The Security Dilemma and Ethnic Conflict », *Survival*, vol. 35, n° 1, 1993, p. 27-47.

30. Schatz, Daniel. « Poland Reckons with its 1968 Campaign Against Jews », *CNN*, 15 mars 2018. 26 mars 2021, https://www.cnn.com/2018/03/15/opinions/expulsion-polish-jews-50th-anniversary-schatz

31. Les politologues qui étudient les sujets du tribalisme, de l'ethnicité et de la guerre civile ont des avis très divergents sur les racines des conflits intergroupes.

Un premier ensemble estime que les groupes qui se combattent tendent à avoir une longue histoire d'identification à l'endogroupe et d'hostilité envers l'exogroupe. Ils insistent sur l'importante valeur de vérité des explications « primordiales » des conflits.

Un autre ensemble appuie plutôt la dimension stratégique ou « instrumentale » des conflits intergroupes. Ils tendent à se concentrer sur la manière dont les coalitions ethniques ou religieuses partagent le pouvoir et distribuent les bénéfices. Que ces auteurs s'intéressent à des leaders sans scrupule qui bâtissent des coalitions dans le seul but de gagner le pouvoir ou sur les comportements autonomes de citoyens ordinaires qui espèrent engranger des bénéfices concrets en s'organisant selon des lignes ethniques, leurs théories montrent combien les incitations politiques aident à dessiner les contours de l'endogroupe et de l'exogroupe.

Un dernier ensemble d'auteurs mettent l'accent sur le pouvoir de la rhétorique. Ils se concentrent sur la « construction » des identités au travers des mesures des administrations coloniales, des choix de gouvernement ou de l'influence des médias de masse.

De la page 62 à la page 71

Ces trois théories ne sont pas si mutuellement exclusives que le prétendent leurs principaux avocats. Toutes trois décrivent un aspect important de la réalité. Ce n'est qu'en discernant les interactions entre tous ces traits sur lesquelles chacune attire notre attention que nous pourrons comprendre les défis que doivent surmonter les démocraties multiethniques partout dans le monde.

2. Les trois écueils des sociétés multiethniques

1. Hobbes, Thomas, *Léviathan*, trad. François Tricaud, Sirey, 1971, chapitre 13.

2. *Ibid.*

3. Lomas, William. « Conflict, Violence and Conflict Resolution in Hunter-Gatherer Societies », 3 novembre 2018, https://brewminate.com/conflict-violence-and-conflict-resolution-in-hunting-and-gathering-societies/ Fondé sur : Briggs, Jean L. « Conflict Management in a Modern Inuit Community », Schweitzer, Biesle, et Hitchcock (dir.), *Hunters & Gatherers in the Modern World: Conflict, Resistance, and Self-Determination*, Berghahn Books, 2010, p. 110-124.

4. Martin, Debra L., et Ryan P. Harrod. « Bioarchaeological Contributions to the Study of Violence », *American Journal of Physical Anthropology*, vol. 156, 2015, p. 116-145.

5. Pinker, Steven. *The Better Angels of our Nature: Why Violence has Declined*, Viking, 2011, p. XXIV.

6. Données de 2017. Pour Singapour et le Salvador, voir UNODC, *Global Study on Homicide 2019. Booklet 2*, p. 17, https://www.unodc.org/documents/data-and-analysis/gsh/Booklet2.pdf

7. Institute for Economics & Peace. *Global Peace Index 2020*, p. 9. Consulté ici : https://reliefweb.int/sites/reliefweb.int/files/resources/GPI_2020_web.pdf. Sur le Venezuela, voir Finnegan, William. « Venezuela, a Failing State. » *New Yorker*, 6 novembre 2016. Consulté ici : https://www.newyorker.com/magazine/2016/11/14/venezuela-a-failing-state. Sur la République centrafricaine, voir Heumgoup, Hans de Marie. « In Search of the State in the Central African Republic », International Crisis Group, 13 mars 2020, https://www.crisisgroup.org/africa/central-africa/central-african-republic/search-state-central-african-republic

De la page 73 à la page 75

8. Drury, Flora. « Afghan Maternity Ward Attackers “Came To Kill The Mothers” », *BBC News*. 15 mai 2020, https://www.bbc.com/news/world-asia-52673563. Pour des détails sur cette attaque, voir d’autres récits dans l’actualité contemporaine, dont « Babies Among 24 killed as Gunmen Attack Maternity Ward in Kabul », Al-Jazeera, 13 mai 2020, https://www.aljazeera.com/news/2020/5/13/babies-among-24-killed-as-gunmen-attack-maternity-ward-in-kabul ; Hakimi, Orooj, Abdul Qadir Sediqi, et Hamid Shalizi. « Maternity Ward Massacre Shakes Afghanistan and its Peace Process », *Reuters*, 13 mai 2020, https://www.reuters.com/article/us-afghanistan-attacks-hospital-insight/maternity-ward-massacre-shakes-afghanistan-and-its-peace-process-idUSKBN22P2F5

9. Gannon, Kathy et Tameen Akhgar. « US blames brutal attack on Afghan maternity hospital on IS », *AP News*, 15 mai 2020, https://apnews.com/article/eebcd4af6c821e5530f3795352542f9f

10. Pour un bon résumé journalistique, voir : Khapalwak, Ruhullah, David Rohde, et Bill Marsh. « Tribal Custom and Power in Daily Life », *The New York Times*, 31 janvier 2010, https://archive.nytimes.com/www.nytimes.com/imagepages/2010/01/31/weekinreview/13rohde-grfk-2.html?action=click&module=RelatedCoverage&pgtype=Article&region=Footer

11. Voir les recherches récentes et intéressantes sur l’idée d’un « marché des idées » dans des pays comme la Somalie et des parties de l’Afrique. Voir De Waal, Alex. *The Real politics of the Horn of Africa: Money, War and the Business of Power*, John Wiley & Sons, 2015 ; *id.* « Introduction to the Political Marketplace for Policymakers », *JSRP Policy Brief*, n° 1, 2016.

12. Barfield, Thomas J. *Afghanistan: A Cultural and Political History*, Princeton University Press, 2010. p. 18.

13. Khapalwak, Ruhullah, David Rohde, et Bill Marsh. « Tribal Custom and Power in Daily Life », *The NewYork Times*, 31 janvier 2010, https://archive.nytimes.com/www.nytimes.com/imagepages/2010/01/31/weekinreview/13rohde-grfk-2.html?action=click&module=RelatedCoverage&pgtype=Article&region=Footer

De la page 75 à la page 78

14. Voir par exemple « Support for Gender Equality: Lessons from the US Experience in Afghanistan », Special Inspector General for Afghanistan Reconstruction. Government Printing Office, 2021.

15. Shalizi, Hamid. « Who is an Afghan ? Row over ID Cards Fuels Ethnic Tension », *Reuters*, 8 février 2018, https://www.reuters.com/article/uk-afghanistan-politics-idUKKBN1FS1WH

16. Unicef, « Afghanistan – Education », https://www.unicef.org/afghanistan/education

17. « The Islamic Republic of Afghanistan: Updating and Improving the Social Protection Index », Asia Development Bank, août 2012, https://www.adb.org/sites/default/files/project-document/76049/44152-012-reg-tacr-01.pdf

18. « Coronavirus Pushing Millions into Poverty: SIGAR », Al-Jazeera, 31 juillet 2020, https://www.aljazeera.com/economy/2020/7/31/coronavirus-pushing-millions-of-afghans-into-poverty-sigar

19. « Afghanistan », CIA World Factbook, 21 avril 2021, https://www.cia.gov/the-world-factbook/countries/afghanistan

20. Unesco Institute for Lifelong Learning. « Interview: "Literacy Rate in Afghanistan Increased to 43 %" », https://uil.unesco.org/interviewliteracy-rate-afghanistan-increased-43-cent#:~:text=Currently%2C%20over%2010%20million%20youth,increased%20to%2043%20per%20cent

21. Unicef. Country Profile: Afghanistan. Key Demographic Indicators. Child Survival data table. Consulté ici : https://data.unicef.org/country/afg/

22. Banque mondiale, données 2018 : World Bank, « Life expectancy at birth, female (years) and Life expectancy at birth, male (years) », https://data.worldbank.org/indicator/SP.DYN.LE00.MA.IN?locations=AF

23. Rothman, Joshua D. « Anthony Burns and the Resistance to the Fugitive Slave Act » ; We're History: America then for Americans Now, 27 juillet 2018, http://werehistory.org/anthony-burns-and-the-resistance-to-the-fugitive-slave-act/

24. Stevens, Charles Emery. *Anthony Burns, a History*, J.P. Jewett and Co, 1856 ; *id. Sabin Americana: History of the Americas, 1500-1926 ; Gale*, p. 154-155, consulté en ligne.

De la page 78 à la page 84

25. *Ibid.*, p. 172.
26. *Ibid.*, p. 172-173.
27. *Ibid.*, p. 177.
28. Rothman, Joshua D. « Anthony Burns and the Resistance to the Fugitive Slave Act », *op. cit.*
29. Stevens, Charles Emery. *Anthony Burns, a History.* Boston: J.P. Jewett and Co, 1856. *Sabin Americana: History of the Americas, 1500-1926 ; Gale*, consulté en ligne. p. 16.
30. Almestoy, Jeffrey L. « Richard Henry Dana's Second Act », *Los Angeles Times*, 31 juillet 2015, https://www.latimes.com/opinion/op-ed/la-oe-amnestoy-richard-dana-birthday-20150831-story.html
31. Rothman, Joshua D. « Anthony Burns and the Resistance to the Fugitive Slave Act », *op. cit.*
32. PBS, Africans in America Program. People & Events, 1854, « Anthony Burns Captured », https://www.pbs.org/wgbh/aia/part4/4p2915.html
33. Rothman, Joshua D. « Anthony Burns and the Resistance to the Fugitive Slave Act », *op. cit.*
34. *Ibid.*
35. « Slave Voyages: Trans-Atlantic Slave Trade: Estimates: 1501-1866. » Trans-Atlantic Slave Trade Database, https://www.slavevoyages.org/assessment/estimates
36. « On Views of Race and Inequality, Blacks and Whites are Worlds Apart. » *Pew Research Center.* 27 juin 2016, p. 18-26, https://www.pewresearch.org/social-trends/2016/06/27/1-demographic-trends-and-economic-well-being/
37. Sur l'éducation, voir : « Australia's Welfare: Indigenous Education and Skills », Australian Government. Australian Institute of Health and Welfare, 11 septembre 2019, https://www.aihw.gov.au/reports/australias-welfare/indigenous-education-and-skills. Sur les revenus, voir : « Australia's Welfare: Indigenous income and finance », Australian Government. Australian Institute of Health and Welfare, 11 septembre 2019, https://www.aihw.gov.au/reports/australias-welfare/indigenous-income-and-finance

De la page 84 à la page 89

38. Das, Maitreyi Bordia et Soumya Kapoor Mehta. « Poverty and Social Exclusion in India: Dalits », 2012, World Bank, Washington, DC, https://openknowledge.worldbank.org/handle/10986/26336. License: CC BY 3.0 IGO.

39. « Reconquista », *Britannica Academic*, Encyclopædia Britannica, 19 août 2019, academic-eb-com.proxy1.library.jhu.edu/levels/collegiate/article/Reconquista/62907, consulté le 23 avril 2021.

40. Voir « History of Europe: Wars of Religion », *Britannica Academic*, Encyclopædia Britannica, 26 octobre 2020, academic-eb-com.proxy1.library.jhu.edu/levels/collegiate/article/history-of-Europe/106072 et « Peace of Augsburg », *Britannica Academic*, Encyclopædia Britannica, 3 février 2016, academic-eb-com.proxy1.library.jhu.edu/levels/collegiate/article/Peace-of-Augsburg/11244

41. Voir par exemple Cockburn, Andrew. « Iraq's Oppressed Majority », *Smithsonian Magazine*, décembre 2003, https://www.smithsonianmag.com/history/iraqs-oppressed-majority-95250996/ ; « Rwanda Genocide: 100 Days of Slaughter », *BBC News*, 4 avril 2019, https://www.bbc.com/news/world-africa-26875506 ; Eventon, Ross, Haklai, Oded. « A Minority Rule Over a Hostile Majority: The Case of Syria », *Nationalism and Ethnic Conflict*, vol. 6, n° 3, 2000, p. 19-50 ; « Guatemala's State Corruption and the Heirs of Colonial Privilege », Al-Jazeera, 18 juillet 2019, https://www.aljazeera.com/opinions/2019/7/18/guatemalas-state-corruption-and-the-heirs-of-colonial-privilege

42. Les racines possibles de la domination d'une minorité sont légion. Dans certaines colonies, les puissances étrangères ont hissé un groupe minoritaire aux postes de pouvoir parce qu'elles les estimaient moins capables de les défier ; une fois les puissances expulsées par les indépendances, ces groupes minoritaires se sont trouvés en bonne position pour contrôler l'appareil d'État.

Dans d'autres pays, les origines de la loi de la minorité sont à trouver dans des traditions culturelles ou religieuses. En Inde, par exemple, les castes supérieures qui ont longtemps dominé les rangs du gouvernement et du patronat sont bien moins populeuses que les castes inférieures qu'on reléguait aux tâches subalternes.

De la page 89 à la page 91

Comme toutes partageaient l'ensemble de croyances qui fournissait la justification religieuse de cette hiérarchie, les désirs de la renverser ont toujours été bien plus discrets que ne le suggèrent les profondes inégalités du pays.

Des taux de croissance démographique différents sont encore une raison possible de la domination d'une minorité. Les familles régnantes des Émirats arabes unis, par exemple, partagent par tradition l'ethnie et la religion de leurs sujets. Mais comme le pays a attiré un nombre énorme d'immigrants durant des décennies de croissance rapide, les citoyens émiratis sont maintenant largement dominés, numériquement, par les non-citoyens, bien plus diversifiés dans leurs cultures et leur ethnicité. Aux Émirats, la minorité règne tout simplement parce qu'elle fut la majorité et n'a jamais abandonné le pouvoir depuis.

43. Van den Berghe, Pierre L. *Race and Racism: A Comparative Perspective*, John Wiley & Sons, Inc, 1967.

44. « South Africa – The National Party and Apartheid », *Britannica Academic*, Encyclopædia Britannica. https://www.britannica.com/place/South-Africa/The-National-Party-and-apartheid

45. Tavernise, Sabrina. « For Sunnis, Dictator's Degrading End Signals Ominous Dawn for the New Iraq », *The New York Times*, https://www.nytimes.com/2007/01/01/world/middleeast/01sunnis.html ; voir aussi Packer, George. *The Assassins' Gate: America in Iraq*.

46. Le Rwanda est une autre illustration tragique de ce schéma horriblement fréquent. En 1959, les Hutus sont parvenus à renverser la très longue domination exercée par la minorité tutsie en forçant le roi à fuir le pays. Les Tutsis en exil ont formé une rébellion qui a envahi le Rwanda en 1990. Un accord de partage du pouvoir signé en 1993 s'est révélé insuffisant pour maintenir la paix. Quand un avion qui transportait le président du Rwanda, hutu, a été abattu l'année suivante, les leaders extrémistes ont incité leurs partisans à exercer leur vengeance sur des centaines de milliers de Tutsis innocents. En trois mois, les soldats et les villageois hutus ont assassiné au moins 500 000 Tutsis dans tout le Rwanda.

De la page 94 à la page 96

47. Hellemans, Staf. « Pillarization ("Verzuiling"). On Organized "Self-Contained Worlds" in the Modern World », *The American Sociologist*, vol. 51, 2020, p. 124-147, publié en ligne le 29 avril 2020.

48. Podcast : Thompson, Nivek. « Patterns of Democracy with Professor Lijphart », *Real Democracy Now*, saison 3, épisode 2, 24 septembre 2017, https://realdemocracynow.com.au/podcast/podcasts/season-3-elections/, à 2 minutes et 30 secondes.

49. Lijphart se propose de répondre à cette question. Dans son livre *The Politics of accommodation: pluralism and democracy in the Netherlands* (p. 70), il demande : « Qu'est-ce que le cas de la Hollande nous dit des conditions de stabilité et d'efficacité d'une démocratie ? »

50. Horowitz, Donald L. « Democracies in Divided Societies », *Journal of Democracy*, vol. 4, n° 4, octobre 1993, p. 18-38, p. 29. Voir aussi sa discussion des classes parmi les problèmes rencontrés par les sociétés démocratiques divisées dans *id. Ethnic Groups in Conflict*, University of California Press, 2000.

51. *Id.* « Democracies in Divided Societies », *op. cit.*, p. 29. L'équilibre du pouvoir entre différents groupes ethniques n'est pas toujours le même dans tous les pays. Mais, quand deux groupes sont suffisamment hostiles l'un envers l'autre, chacun craindra que l'autre change le système à son avantage à la première occasion. L'enjeu des élections prend alors une tout autre ampleur.

52. Lijphart, Arend. *The Politics of Accommodation: Pluralism and Democracy in the Netherlands*. Cambridge University Press ; University of California Press, 1968, p. 112-113. Le Conseil économique et social des Pays-Bas comptait alors quarante-cinq membres, chacun soigneusement sélectionné par différents processus de recrutement dirigés par les syndicats de travailleurs socialistes, catholiques et protestants, le patronat et le gouvernement. Le Conseil était ainsi conçu dans l'intention de représenter proportionnellement la population de socialistes, de catholiques et de protestants. Ses pouvoirs politiques réels étaient limités, cependant Lijphart écrit que les avis du Conseil étaient souvent « prescriptifs des politiques nationales futures ».

De la page 96 à la page 99

53. *Id. The Politics of Accommodation: Pluralism and Democracy in the Netherlands. The Institutionalization of Accommodation*, University of California Press, 1968, p. 112. Voir aussi : *id.* « Typologies of Democratic Systems », *Comparative Political Studies*, vol. 1, n° 1, avril 1968, p. 7-44.

54. Pour un résumé, voir Harb, Imad. *Lebanon's Confessionalism: Problems and Prospects*, United States Institute of Peace (USIP), 30 mars 2006, https://www.usip.org/publications/2006/03/lebanons-confessionalism-problems-and-prospects

55. Lijphart, Arend. « Typologies of Democratic Systems », *op. cit.*

56. *Ibid.*, L'articulation canonique de la théorie est venue un an plus tard, en 1969, dans un article de *World Politics* intitulé « Consociational Democracy. » (*Id.*, « Consociational Democracy », vol. 21, n° 2, janvier 1969, p. 207-225.

57. American Political Science Association, « APSA Presidents and Presidential Addresses: 1903 to Present », https://www.apsanet.org/ABOUT/Leadership-Governance/APSA-Presidents-1903-to-Present

58. Lijphart, Arend. *Democracy in Plural Societies: A Comparative Exploration*, Yale University Press, 1977.

59. « Lebanon: History: Lebanon After Independence: Civil War », *Britannica Academic*, Encyclopædia Britannica, 5 octobre 2020, academic-eb-com.proxy1.library.jhu.edu/levels/collegiate/article/Lebanon/108463

60. Il était probablement absurde dès le départ de penser que des institutions qui avaient fonctionné aux Pays-Bas fonctionneraient tout aussi bien au Liban.

Les Pays-Bas ont une longue tradition de tolérance religieuse qui remonte à la République hollandaise du XVIIe siècle. Les principaux piliers de cette société ont longtemps consisté en différentes dénominations de ce qui était à peu de choses près la même religion. Le pays est resté une nation souveraine sous une forme ou une autre durant des siècles. Dans les années 1960, quand Lijphart développait sa théorie, le pays devenait de moins en moins croyant. Il avait rejoint la Communauté européenne (comme on l'appelait alors), organisation supranationale puissante qui contribuait à protéger les droits des minorités religieuses et ethniques. Il était entouré de tous côtés par des pays riches et pacifiques.

De la page 99 à la page 101

Le Liban, lui, a souvent connu des accès de violences ethniques. La population du pays est divisée entre des religions porteuses d'une longue tradition d'hostilité réciproque. Ses frontières étaient artificielles en grande partie. Certains segments de population entretiennent des liens puissants avec des pays voisins. La région est très volatile. Depuis sa fondation, le Liban a été impliqué dans plusieurs conflits réguliers avec un ou plusieurs de ses voisins immédiats.

Dans de nombreux pays où les politologues ont tenté d'appliquer les leçons héritées du consociationalisme, des problèmes similaires se sont posés. Tous étaient plus pauvres, plus divisés que les Pays-Bas, et placés dans des environnements plus hostiles. Avec le recul, on perçoit mieux la dose d'orgueil qu'il y avait dans cette idée qu'il suffisait de mettre en place quelques mécanismes institutionnels astucieux (qu'ils soient plutôt consensuels comme en Belgique ou en Suisse ou plutôt majoritaristes comme en Australie et au Royaume-Uni) pour régler les problèmes des pays comme le Liban.

61. Pour plus de détails sur le mariage, de même que sur le cas plus général des mariages non confessionnels au Liban, voir : Chulov, Martin. « Society Couple Said "I do" – but Lebanon Won't Accept That They Are Married », *The Guardian*, 25 août 2019, https://www.theguardian.com/world/2019/aug/25/lebandon-high-society-wedding-tests-civil-freedom

62. « Interfaith Marriages Still a Rarity in the Muslim World », *DW*, 11 septembre 2019, https://www.dw.com/en/interfaith-marriages-still-a-rarity-in-the-muslim-world/a-50391076

63. Chulov, Martin. « Society couple said "I do"… », *op. cit.*

64. *Ibid.*

65. Geagea, Nayla et Lama Fakih. « Unequal and Unprotected: Women's Rights Under Lebanese Personal Status Laws », *Human Rights Watch*, 19 janvier 2015, https://www.hrw.org/report/2015/01/19/unequal-and-unprotected/womens-rights-under-lebanese-personal-status-laws#:~:text=Sunni%20and%20Shia%20laws%20in,divorce%20without%20her%20husband's%20consent

De la page 101 à la page 104

66. Fordham, Alice. « A Wedding and a Challenge: Lebanese Couples Fight For Civil Marriage », *NPR: All Things Considered*, 22 mai 2015, https://www.npr.org/sections/parallels/2015/05/22/407769876/a-wedding-and-a-challenge-lebanese-couples-fight-for-civil-marriage

Comme le Liban, l'Inde a des lois différentes pour les principaux groupes religieux, dont les hindous, les musulmans, les chrétiens et les parsis. Pour éviter que les autorités religieuses n'acquièrent trop de pouvoir, l'Inde a choisi de voter ces lois par la voie législative habituelle : un vote majoritaire au Lok Sabha, le Parlement. Cela crée un problème de légitimité immédiat, puisque cela signifie que des représentants élus par des centaines de millions d'hindous et de musulmans auront à voter la « loi sur le mariage et le divorce parsi », qui régentera la vie intime des 60 000 zoroastriens du pays.

67. Une approche consisterait à introduire des institutions « centripètes ». Leur nature exacte dépend du contexte local, mais il s'agit de forcer les acteurs politiques à coopérer par-delà les clivages traditionnels de la société. Dans les pays très divisés, en particulier géographiquement, ces institutions peuvent par exemple rendre la représentation au Parlement national dépendante de la capacité d'un parti à réunir les suffrages dans tout le pays. Pour une explication et une critique du centripétalisme, voir par exemple : Horowitz, Donald L. « Ethnic Power Sharing: Three Big Problems », *Journal of Democracy*, vol. 25, n° 2, 2014, p. 5-20.

68. Lijphart, Arend. « Typologies of Democratic Systems », *op. cit.*, p. 25-26.

69. Sur l'Allemagne, voir Palmer, Edith. « Citizenship Pathways and Border Protection: Germany », *Library of Congress*, mars 2013, dernière mise à jour : 30 décembre 2020, https://www.loc.gov/law/help/citizenship-pathways/germany.php#:~:text=The%20path%20to%20citizenship%20is,five%20years%20of%20temporary%20status. Sur l'Uruguay et autres pays d'Amérique latine, voir Del Real, Deisy. « Migrant Legalization and Rights: Ideas and Strategies From South America », *University of Sourthern California, Dornsife School: Equity Research Institute*, 6 avril 2021, https://dornsife.usc.edu/eri/blog-migrant-legalization-rights-ideas-strategies/ ; et Acosta, Diego.

De la page 104 à la page 106

« Free Movement in South America: The Emergence of an Alternative Model? », *Migration Policy Institute*, 23 août 2016, https://www.migrationpolicy.org/article/free-movement-south-america-emergence-alternative-model. Sur le Japon, voir Milly, Deborah J. « Japan's Labor Migration Reforms: Breaking with the Past ? », *Migration Policy Institute*, 20 février 2020, https://www.migrationpolicy.org/article/japan-labor-migration-reforms-breaking-past

70. « Civil Rights Act; July 2, 1964 », Yale Law School, Lillian Goldman Law Library, The Avalon Project: Documents in Law, History and Diplomacy, https://avalon.law.yale.edu/20th_century/civil_rights_1964.asp

71. Sur l'Amérique du Nord, voir par exemple Wetts, R., et Willer, R. « Privilege on the Precipice: Perceived Racial Status Threats Lead White Americans to Oppose Welfare Programs », *Social Forces*, vol. 97, n° 2, 2018, p. 793-822. Sur l'Europe, voir Larsen, Christian Albrekt. « Ethnic Heterogeneity and Public Support for Welfare: Is the American Experience Replicated in Britain, Sweden and Denmark ? », *Scandinavian Political Studies*, vol. 34, n° 4, 2011, p. 332-353 ; Spies, Dennis C., et Alexander W. Schmidt-Catran. « Immigration and Welfare Support in Germany: Methodological Reevaluations and Substantive Conclusions », *American Sociological Review*, vol. 84, n° 4, 2019, p. 764-768 ; et Eger, Maureen A. « Even in Sweden: The Effect of Immigration on Support for Welfare State Spending », *European Sociological Review*, vol. 26, n° 2, 2010, p. 203-217.

Certaines fractions de la gauche ont violemment rejeté ces découvertes, peut-être en partie par crainte qu'elles ne servent à justifier des politiques anti-immigration. Pourtant, une thèse structurellement très semblable est très populaire à gauche aux États-Unis : l'idée que les électeurs blancs se sont détournés des politiques de service public généreuses quand ils ont dû en partager les bénéfices avec les Afro-Américains. Voir par exemple McGhee, Heather. *The Sum of Us: What Racism Costs Everyone and How We Can Prosper Together*, One World, 2021 ; et Wiltse, Jeff. *Contested Waters: A Social History of Swimming Pools in America*, University of North Carolina Press, 2007.

De la page 107 à la page 110

72. Voir par exemple Collard, Rebecca. « How Sectarianism Helped Destroy Lebanon's Economy », *Foreign Policy*, 13 décembre 2019, https://foreignpolicy.com/2019/12/13/sectarianism-helped-destroy-lebanon-economy/

73. Francis, Ellen et Alaa Kanaan. « Protests Sweep Lebanon as Fury at Ruling Elite Grows Over Economic Corruption », *Reuters*, 18 octobre 2019, https://www.reuters.com/article/us-lebanon-economy-protests/protests-sweep-lebanon-as-fury-at-ruling-elite-grows-over-economic-corruption-idUSKBN1WX0Q8

3. Comment préserver la paix

1. Tully, Mark. « Tearing Down the Babri Masjid », *BBC News*, 5 décembre 2002, http://news.bbc.co.uk/2/hi/south_asia/2528025.stm

2. Frayer, Lauren. « Nearly 27 Years After Hindu Mob Destroyed A Mosque, The Scars In India Remain Deep. », NPR News, 25 avril 2019, https://www.npr.org/2019/04/25/711412924/nearly-27-years-after-hindu-mob-destroyed-a-mosque-the-scars-in-india-remain-dee

3. Bisht, Akash. « Babri Mosque Demolition Case: India's BJP leaders acquitted », Al-Jazeera, 30 septembre 2020.

4. Voir Jain, Praveen. « Babri Mosque: The Build-up to a Demolition That Shook India », *BBC News*, 5 décembre 2017 ; et Bisht, Akash. « Babri Mosque Demolition Case: India's BJP Leaders Acquitted », Al-Jazeera, 30 septembre 2020. (Des politiciens du Vishva Hindu Parishad, le VHP, parti hindouiste allié, étaient aussi présents en grand nombre.)

5. Jain, Praveen. « Babri Mosque… », *op. cit.*

6. Voir Tully, Mark. « Tearing Down the Babri Masjid », *op. cit.*, et Jain, Praveen. « Babri Mosque… », *op. cit.*

7. « Timeline: Ayodhya Holy Site Crisis », *BBC News*, 6 décembre 2012, https://www.bbc.com/news/world-south-asia-11436552

8. Pour des détails supplémentaires sur cet événement terrible, voir Varshney, Ashutosh. « Ethnic Conflict and Civil Society: India and Beyond », *World Politics*, vol. 53, avril 2001, p. 362-398, p. 381 ; et Crosette, Barbara. « Aligarh Journal ; Campus Under Fire: Not Just a Crisis of Identity », *The New York Times*, 10 janvier 1991, https://www.nytimes.com/1991/01/10/world/aligarh-journal-campus-under-fire-not-just-a-crisis-of-identity.html

De la page 110 à la page 113

9. Hazarika, Sanjoy. « Muslim-Hindu Riots in India Leave 93 Dead in 3 Days », *The New York Times*, 10 décembre 1990, https://www.nytimes.com/1990/12/10/world/muslim-hindu-riots-in-india-leave-93-dead-in-3-days.html

10. Pour un exemple de l'utilisation du terme, voir Yamunan, Sruthisagar et Ipsita Chakravarty. « Divided city: How Violence Occurred on Frontiers Between Hindu and Muslim Neighbourhoods in Delhi », *Scroll.In*, 28 février 2020, https://scroll.in/article/954560/divided-city-how-delhi-violence-occurred-on-frontiers-between-hindu-and-muslim-neighbourhoods

11. Varshney, Ashutosh. « Ethnic Conflict and Civil Society: India and Beyond », *op. cit.*

12. *Ibid.*, p. 373.

13. *Ibid.*, p. 380.

14. *Ibid.*, p. 381-382.

15. *Ibid.*, p. 380.

16. « Gordon Allport », *Britannica Academic*, Encyclopædia Britannica, 12 mars 2005, https://academic-eb-com.proxy1.library.jhu.edu/levels/collegiate/article/Gordon-Allport/5833/history

17. Adams, Samuel Hopkins. *The Great American Fraud: Articles on the Nostrum Evil and Quackery.* Press of American Medical Association, P.F. Collier and Son Inc, 1912, p. 11, https://archive.org/details/greatamericanfra00adamuoft/page/118/mode/2up.

18. « Gordon Allport of Harvard Dies: "Maverick" Psychologist, 69, Outspoken on Prejudice », *The New York Times*, 10 octobre 1967, p. 47, https://timesmachine.nytimes.com/timesmachine/1967/10/10/83635986.pdf?pdf_redirect=true&ip=0

19. Allport, G. W. *The Nature of Prejudice*, Addison-Wesley Publishing Company, Inc, 1954. p. XIII.

20. Pettigrew, Thomas F. « Intergroup Contact Theory », *Annual Review of Psychology*, vol. 49, 1998, p. 65-85.

21. Allport, G. W. *The Nature of Prejudice*, *op. cit.*, p. 267.

22. *Ibid.*, p. 277.

23. *Ibid.*, p. 271.

De la page 113 à la page 117

24. Pour un aperçu global récent, voir par exemple Vezzali, Loris et Sofia Stathi (dir.), *Intergroup Contact Theory: Recent Developments and Future Directions*, Taylor & Francis Group, 2016.

25. Allport, G. W. *The Nature of Prejudice*, *op. cit.*, p. 274.

26. Comme l'a écrit Thomas F. Pettigrew, professeur de l'université de Californie à Santa Cruz, dans une méta-analyse retentissante sur des centaines d'étude en 1998, les conditions d'Allport « conservent leur pertinence pour grande variété de situations, de troupes et de sociétés ». (Pettigrew, Thomas F. « Intergroup Contact Theory », *op. cit.*, p. 68.) Le résumé des conditions du contact intergroupe dans le paragraphe suivant se fonde sur les formulations de Pettigrew.

27. C'est la base de l'idée fondamentale de la « *jigsaw pedagogy* » (la « classe en puzzle ») décrite par Elliot Aronson. Voir Aronson, Elliot. *The Jigsaw Classroom*, Sage, 1978.

28. Pettigrew, Thomas F. « Intergroup Contact Theory », *op. cit.*, p. 65-85.

29. Allport, G. W. *The Nature of Prejudice*, *op. cit.*, p. 281.

30. L'œuvre classique sur le capital social est Putnam, Robert D. *Making Democracy Work: Civic Traditions in Modern Italy*, Princeton University Press. Voir aussi *id. Bowling Alone: the Collapse and Revival of American Community*, Simon & Schuster, 2000.

31. Sur la distinction entre capital « pair à pair » et capital « transversal », voir Putnam, Robert D. « E Pluribus Unum: Diversity and Community in the Twenty First Century the 2006 Johan Skytte Prize Lecture », *Scandinavian Political Studies*, vol. 30, n° 2, 2007, p. 137-174 ; voir aussi *id.*, *Bowling Alone: the Collapse and Revival of American Community*, *op. cit.*, p. 22.

32. Varshney, Ashutosh. « Ethnic Conflict and Civil Society: India and Beyond », *op. cit.*

33. *Id. Ethnic Conflict and Civic Life: Hindus and Muslims in India*. Yale University Press, 2002. p. 383.

34. *Ibid.*, p. 381.

35. *Ibid.*, p. 384-385.

36. *Ibid.*, p. 384.

37. *Ibid.*, p. 384.

De la page 117 à la page 133

38. *Ibid.*, p. 388.

39. Comme le dit Elizabeth Anderson, expliquant qu'il est préférable de se concentrer sur ce que les philosophes appellent la « théorie non idéale » pour parler d'intégration et de ségrégation, « nous devons adapter nos principes aux facultés cognitives et incitatives humaines… Les institutions justes doivent être conçues de façon à bloquer, contourner ou annuler nos défauts cognitifs, à détourner nos incitations non morales vers des buts moraux, à compenser nos limitations en mettant en commun nos connaissances et nos volontés. Pour cela, nous devons analyser nos biais cognitifs et incitatifs, déterminer comment ils poussent des gens à en maltraiter d'autres, et comment les institutions pourraient inciter ceux-ci à adopter des conduites plus vertueuses » (Anderson, Elizabeth. *The Imperative Of Integration*, Princeton University Press, 2010, p. 3-4.)

PARTIE II

DE L'AVENIR SOUHAITABLE DES DÉMOCRATIES MULTIETHNIQUES

4. Quel rôle pour l'État ?

1. MacIntyre, Alasdair. *After Virtue: a Study In Moral Theory*, University of Notre Dame Press, 1984, p. 33-34. Patrick Deneen critique le libéralisme en termes plus féroces encore. Dans *Why Liberalism Failed*, il avance que certains des problèmes fondamentaux du monde moderne seraient directement issus des défauts de cette idéologie. Comme le libéralisme place l'autonomie individuelle sur un piédestal, elle accorde aux citoyens des droits et des libertés qui nuisent à l'intérêt général. Puisque pourri au cœur, le libéralisme devrait être abandonné, conclut Deneen (Deneen, Patrick J. *Why Liberalism Failed*, Yale University Press, 2018.)

2. Depuis quelque temps, des penseurs plus subtils ont conçu des arguments plus raffinés en défense de la loi de la majorité. Bizarrement, on compte parmi eux des auteurs issus de communautés n'ayant que très peu de chances de devenir majoritaires un

jour dans leur pays d'origine. Selon Adrian Vermeule, professeur à la Harvard Law School, par exemple, « les acteurs non libéraux devraient se placer eux-mêmes dans des institutions libérales afin d'y travailler à abattre le libéralisme depuis l'intérieur » (Vermeule, Adrian. « Integration from Within », *American Affairs*, vol. 2, n° 1, printemps 2018,https://americanaffairsjournal.org/2018/02/integration-from-within/). Sohrab Ahmari, éditorialiste au *New York Post*, va jusqu'à dire que les conservateurs devraient viser à établir « un espace public réordonné vers le bien commun, et au-delà vers le meilleur des mondes possibles » (Ahmari, Sohrab « Against David French-ism », *First Things*, 29 mai 2019, https://www.firstthings.com/web-exclusives/2019/05/against-david-french-ism

3. Kukathas, Chandran. « Cultural Toleration », *Nomos*, vol. 39, 1997, p. 69-104, p. 94.

4. Orban, Andre. « An S7 Flight With Alexey Navalny onboard Diverted After Suspected Poisoning Of Russian Opposition Leader », *Aviation24.be*, 20 août 2020, https://www.aviation24.be/airlines/s7-airlines/an-s7-flight-with-alexey-navalny-onboard-diverted-after-suspected-poisoning-of-russian-opposition-leader/

5. *BBC Russian*, « Alexei Navalny: Two Hours That Saved Russian Opposition leader's Life », *BBC News*, 4 septembre 2020, https://www.bbc.com/news/world-europe-54012278

6. *Ibid.*

7. Zverev, Anton et Gleb Stolyarov. « Exclusive: Russian Paramedics' Accounts Challenge Moscow's Explanation for Navalny's Coma – Sources », *Reuters*, 14 septembre 2020, https://www.reuters.com/article/us-russia-politics-navalny-health-exclus/exclusive-russian-paramedics-accounts-challenge-moscows-explanation-for-navalnys-coma-sources-idUSKBN265298

8. « Doctor Who Treated Navalny and Denied Novichok Poisoning Promoted to Regional Health Minister », *The Moscow Times*, 7 novembre 2020, https://www.themoscowtimes.com/2020/11/07/omsk-doctor-who-treated-navalny-and-denied-novichok-poisoning-promoted-to-regional-health-minister-a71980

9. Harding, Luke, et Andrew Roth. « A Cup of Tea, Then Screams of Agony: How Alexei Navalny Was Left Fighting for His Life »,

De la page 136 à la page 137

The Guardian, 20 août 2020, https://www.theguardian.com/world/2020/aug/20/a-cup-of-tea-then-screams-of-agony-how-alexei-navalny-was-left-fighting-for-his-life

10. « Alexei Navalny: Russian Doctors Agree to Let Putin Critic Go to Germany », *BBC News*, 21 août 2020, https://www.bbc.com/news/world-europe-53865811

11. « Statement by Charité: Clinical Findings Indicate Alexei Navalny Was Poisoned », Charité: Universitätsmedizin Berlin, 24 août 2020, communiqué de presse, https://www.charite.de/en/service/press_reports/artikel/detail/statement_by_charite_clinical_findings_indicate_alexei_navalny_was_poisoned/

12. Troianovski, Anton. « Aleksei Navalny Says He'll Return to Russia on Sunday », *The New York Times*, 13 janvier 2021, https://www.nytimes.com/2021/01/13/world/europe/aleksei-navalny-russia-return.html

13. Associated Press. « Poisoned Kremlin Critic Alexei Navalny Detained After Landing in Moscow », *Los Angeles Times*, 17 janvier 2021, https://www.latimes.com/world-nation/story/2021-01-17/navalny-plans-to-return-to-russia-after-recovery-in-germany

14. Troianovski, Anton, et Ivan Nechepurenko. « Navalny Arrested on Return to Moscow in Battle of Wills With Putin », *The New York Times*, 17 janvier 2021, https://www.nytimes.com/2021/01/17/world/europe/navalny-russia-return.html

15. *Ibid.*

16. Troianovski, Anton. « Russian Activist Navalny Sentenced to More Than 2 Years in Prison », *The New York Times*, 2 février 2021, https://www.nytimes.com/2021/02/02/world/europe/russia-navalny-putin.html

17. *Ibid.*

18. « Opinion: Navalny's Fiery Indictment of the "Small Man in a Bunker" Could Rattle Putin's Autocracy », *The Washington Post*, 2 février 2021, https://www.washingtonpost.com/opinions/global-opinions/navalnys-fiery-indictment-of-the-small-man-in-a-bunker-could-rattle-putins-autocracy/2021/02/02/2a79140e-657e-11eb-8468-21bc48f07fe5_story.html

De la page 137 à la page 138

19. « Opinion: Vladimir the Poisoner of Underpants », *The New York Times*, 4 février 2021, https://www.nytimes.com/2021/02/03/opinion/navalny-putin-speech.html

20. « North Korea: Systematic Repression », Human Rights Watch, 14 janvier 2020, https://www.hrw.org/news/2020/01/14/north-korea-systematic-repression

21. « Report of the Commission of Inquiry on Human Rights in the Democratic People's Republic of Korea », United Nations Human Rights Council. UN Document Number A/HRC/25/CRP.1, p. 62, https://www.ohchr.org/EN/HRBodies/HRC/CoIDPRK/Pages/ReportoftheCommissionofInquiryDPRK.aspx

22. Pour des exemples frappants de peines capitales ou autres châtiments cruels imposés pour des transgressions minimes, voir Greenwood, Faine. « North Korean Military Officer Executed–By Mortar Round–for Drinking During Mourning Period For Kim Jong Il », *PRI: The World*, 25 octobre 2012, https://www.pri.org/stories/2012-10-25/north-korean-military-officer-executed-mortar-round-drinking-during-mourning ; Salam, Maya, et Matthew Haag. « Atrocities Under Kim Jong-un: Indoctrination, Prison Gulags, Executions », *The New York Times*, 11 juin 2018, https://www.nytimes.com/2018/06/11/world/asia/north-korea-human-rights.html

23. Sur le Nicaragua, voir par exemple Price, Ned. « Nicaragua's Foreign Agents Law Drives Nicaragua Toward Dictatorship, Silencing Independent Voices », United States Department of State: Press Statement, 8 février 2021, https://www.state.gov/nicaraguas-foreign-agents-law-drives-nicaragua-toward-dictatorship-silencing-independent-voices/. Sur la Turquie, voir par exemple Tisdall, Simon. « Recep Tayyip Erdoğan: a Dictator in All But Name Seeks Complete Control », *The Guardian*, 19 avril 2018, https://www.theguardian.com/world/2018/apr/19/recep-tayyip-erdogan-turkey-president-election-dictator-seeks-total-control Sur le Zimbabwe, voir par exemple Mutsaka, Farai. « Zimbabwe Continues Arrests of Critics, Says Opposition Party », *The Washington Post*, 3 août 2020, https://www.washingtonpost.com/world/africa/zimbabwe-continues-arrests-of-critics-says-opposition-party/2020/08/03/1434e6ba-d586-11ea-a788-2ce86ce81129_story.html

De la page 139 à la page 142

24. Aux Philippines, par exemple, le président, Rodrigo Duterte, a déclaré légal de tuer à vue les vendeurs de drogue. Sans surprise, ses séides tuent souvent des innocents. Voir Johnson, Howard et Christopher Giles. « Philippines Drug War: Do We Know How Many Have Died ? », *BBC News*, 12 novembre 2019, https://www.bbc.com/news/world-asia-50236481

25. Diamond, Larry. « Facing Up to the Democratic Recession », *Journal of Democracy*, vol. 26, n° 1, janvier 2015, p. 141-155.

26. « Ces coups successifs marquent la quinzième année consécutive de baisse de la liberté mondiale. Les pays dans laquelle elle se détériore dépassent en nombre ceux dans laquelle elle s'améliore par la plus grosse marge jamais enregistrée depuis le début de cette tendance négative, en 2006. La longue récession démocratique s'aggrave » (Repucci, Sarah, et Amy Slipowitz. « Freedom in the World 2021: Democracy under Siege », Freedom House Annual Freedom in the World Report, 2021, https://freedomhouse.org/report/freedom-world/2021/democracy-under-siege)

27. « Conclusion : avec la dégradation de l'Inde, de "libre" à "partiellement libre", moins de 20 % de la population mondiale vit aujourd'hui dans un pays libre, niveau le plus bas depuis 1995 » (« New Report: The Global Decline in Democracy Has Accelerated », Freedom House: Press Release, 3 mars 2021, https://freedomhouse.org/article/new-report-global-decline-democracy-has-accelerated)

28. Sur les échecs du « paradigme de la consolidation » et la possibilité d'une dégradation de la démocratie dans les pays développés, voir Foa, Roberto Stefan, et Yascha Mounk. « The Signs of Deconsolidation », *Journal of Democracy*, vol. 28, n° 1, janvier 2017, p. 5-15, Johns Hopkins University Press/Project MUSE.

29. Dans certains cas, ces persécutions tolérées par l'État peuvent même être perpétrées par des groupes minoritaires motivés par une idéologie particulière, avec l'aval des autorités.

30. Pour plus de détails sur cet épisode, voir Jain, Shruti. « Bikaner: Hindu Woman's Family Kill Muslim Man Ahead of Her "Arranged" Marriage », *The Wire*, 3 mai 2018, https://thewire.in/communalism/in-rajasthans-bikaner-man-killed-over-inter-faith-relationship ;

et Singh, Harsha Kumari. « Bikaner Man, Killed By Girlfriend's Family, Was Also Run Over », *NDTV*, 5 mai 2018, https://www.ndtv.com/india-news/bikaner-man-killed-by-girlfriends-family-was-also-run-over-by-car-1847509. Sur la longue tradition d'opposition aux mariages interconfessionnels, voir aussi le roman essentiel de Vikram Seth, *A Suitable Boy*.

L'histoire d'une petite communauté punissant un jeune homme pour être tombé amoureux d'une personne extérieure au groupe n'a malheureusement rien d'exceptionnel. C'est désespérément fréquent en Inde et dans d'autres pays tout autour du monde. Quelques mois plus tôt, par exemple, Ankit Saxena, un jeune hindou de 23 ans, est tombé amoureux de Shehzadi, jeune femme musulmane. Quand la famille de Shehzadi a découvert qu'elle avait accepté d'épouser Ankit sans leur permission, ils ont organisé un accident de la route très élaboré pour exercer leur vengeance. Dans la matinée du 1er février 2018, la mère de Shehzadi a délibérément percuté la voiture d'Ankit en scooter. Quand il en est sorti pour l'aider, toute la famille lui est tombé dessus et le père de sa fiancé lui a tranché la gorge. (Voir Sunny, Shiv. « Eyewitnesses Recount Delhi Street Horror, Say Girl's Family Feigned Road Rage To Stab Ankit to Death », *Hindustan Times: New Delhi News*, 5 février 2018, https://www.hindustantimes.com/delhi-news/girl-s-mother-feigned-road-rage-to-draw-ankit-out-of-car-eyewitnesses/story-Fj1W2VBCvc3V4nTe4SGNhM.html ; et Bhandari, Hemani. « Over a Year After Ankit Saxena's Death, Shehzadi Talks About Her Transformation to a Woman in Charge of her Life », *The Hindu*, 9 juin 2019, https://www.thehindu.com/news/cities/Delhi/ankit-saxena-murder-shehzadi-opens-up/article27700098.ece)

31. Acemoglu, Daron, et James A. Robinson. *The Narrow Corridor: States, Societies, and the Fate of Liberty*, Penguin Press, 2019.

32. Hobbes, Thomas. *Le Léviathan, op. cit.*

33. Acemoglu, Daron, et James A. Robinson. *The Narrow Corridor, op. cit.*

34. Topeka, au Kansas, est le quartier général de l'Église baptiste de Westboro. Voir aussi Larissa MacFarquhar. « When One Parent Leaves a Hasidic Community, What Happens to the

De la page 144 à la page 149

Kids ? » https://www.newyorker.com/magazine/2020/12/07/when-one-parent-leaves-a-hasidic-community-what-happens-to-the-kids ; Orange, Richard, et Alexandra Topping. « FGM Specialist Calls For Gynecological Checks for All Girls in Sweden », *The Guardian*, 27 juin 2014, https://www.theguardian.com/society/2014/jun/27/female-genital-mutilation-fgm-specialist-sweden-gynaecological-checks-children ; Yassin Musharbash « Man lebte in Kreuzberg, aber wohl nicht in Deutschland », *De Spiegel*, 4 avril 2006, https://www.spiegel.de/panorama/justiz/ehrenmord-prozess-man-lebte-in-kreuzberg-aber-wohl-nicht-in-deutschland-a-411283.html

35. Ahistrom, Sydney. « Lord Acton's Famous Remark », *The New York Times*, 13 mars 1974, https://www.nytimes.com/1974/03/13/archives/lord-actons-famous-remark.html

36. Locke, John, *Traité du gouvernement civil*, trad. David Mazel, 1795.

37. L'exception évidente aux États-Unis est la Cour suprême, composée de juges nommés à vie, qui exerce une influence énorme sur la vie politique du pays.

38. Mugabe a perdu la présidentielle en novembre 2017, à 93 ans, soit trente-sept ans après sa prise de pouvoir en tant que Premier ministre. Voir par exemple Alan Cowell. « Robert Mugabe, Zimbabwe's "Founding Father" and Tyrant, Dies », *The New York Times*, 7 septembre 2019, https://www.nytimes.com/2019/09/06/obituaries/robert-mugabe-dead.html

39. Certains philosophes parlent ici du devoir de « préservation de la neutralité des points de vue », devoir de l'État (pour une discussion [et une critique limitée] de cette théorie, voir par exemple : Brettschneider, Corey. « Value Democracy as The Basis For Viewpoint Neutrality: A Theory Of Free Speech And its Implications for the State Speech and Limited Public Forum Doctrines », *Northwestern University Law Review*, vol. 107, n° 2, 2013, p. 603-645), de même que de « respect de l'autonomie morale des citoyens » (voir par exemple Raz, Joseph. *The Morality of Freedom* ; et Mills, Chris. « How Should Liberal Perfectionists Justify the State ? », *Moral Philosophy and Politics*, vol. 4, n° 1, 2017, p. 43-65). D'autres évoquent la « primauté du droit sur la morale » (voir par exemple Rawls, John.

Théorie de la justice [Seuil, 1987], de même que les reformulations ultérieures dans Rawls, John. *Libéralisme politique* [PUF, 1995] et Rawls, John. « The Priority of Right and Ideas of the Good », *Philosophy and Public Affairs*, vol. 17, n° 4, 1988, p. 251-276). Cependant, si ces formulations en accentuent des aspects différents, il s'agit de la même volonté centrale : les démocraties multiethniques devraient reconnaître que, pour certains aspects fondamentaux de la vie, les questions de foi et de morale, de conscience et de convictions, l'État doit laisser aux citoyens leur liberté de choix.

40. Comme le philosophe britannico-ghanéen Anthony Kwame Appiah l'a révélé, les sociétés communautaristes font plutôt moins bien que les autres quand il s'agit de reconnaître le droit de réunion et d'association des organisations relativement nouvelles. Traiter une communauté avec respect ou au contraire en autoriser d'autres à exercer leur souveraineté sur celle-ci peut ainsi y dépendre d'un agent de l'État, qui devra juger si cette communauté dispose des caractéristiques nécessaires à sa reconnaissance officielle. Comme l'a dit Appiah au cours d'un débat sur le genre de pratiques sociales que les communautaristes devraient autoriser s'il fallait en référer aux décisions d'un groupe reconnu : « Comment pouvons-nous, en bref, établir les contours du groupe et ainsi savoir lesquels de ses membres méritent notre attention ? On peut imaginer une vaste cohorte d'ethnographes fonctionnaires chargés de certifier la légitimité de telle ou telle pratique au regard de l'histoire de tel ou tel groupe social » (Appiah, Kwame Anthony. *The Ethics of Identity*, Princeton University Press, 2010, p. 76).

41. Pour ne rien arranger, les démocraties qui se décrivent comme une « association d'associations » limiteraient aussi la capacité de leurs citoyens à se mélanger. Dans un État organisé autour de groupes ethniques ou religieux qui protègent jalousement leur droit à gouverner « les leurs », tout individu qui ne rentrerait pas dans une catégorie préexistante deviendrait une menace pour le système tout entier. S'il a des racines dans plus d'un groupe, un conflit de juridiction pourrait lui interdire d'obtenir un certificat de naissance ou d'accepter un héritage. S'il voulait trouver conjoint hors de sa tribu, il lui faudra, comme mon ami Abdallah, affronter

De la page 151 à la page 157

un gouvernement qui pourrait tout simplement refuser d'officialiser leur union.

42. Il ne s'agit pas ici de nier que les libéraux, comme les partisans d'autres philosophies, devront aussi dans ce domaine prendre parfois des décisions arbitraires sur des sujets difficiles. Les démocraties multiethniques doivent, dans certains cas, équilibrer le besoin de libérer les individus des cages de normes avec une prudence indispensable dès lors qu'il s'agit de prescrire leur organisation aux communautés religieuses et culturelles. Aucune construction philosophique ne pourra dissiper ces cas compliqués d'un claquement de doigts. L'essentiel est alors d'évaluer si la doctrine est capable de rendre compte de ces considérations contraires, et le libéralisme, contrairement au communautarisme, passe ce test.

5. Le patriotisme peut-il agir pour le bien ?

1. Orwell, George. *Hommage à la Catalogne.*

2. *Id.* « Wells, Hitler and The World State », *Horizon*, vol. 4, n° 20, 1941, p. 133, traduit dans *Dans le ventre de la baleine* sous le titre « Wells, Hitler et l'état mondial », Ivréa, 2005. trad. Anne Krief, Michel Pétris et Jaime Semprun, NdT.

3. Les articles les plus connus d'Orwell sur le patriotisme sont « Notes on Nationalism » et « The Lion and the Unicorn: Socialism and the English Genius » (« Notes sur la nationalisme » est traduit en français dans *Tels, tels étaient nos plaisirs*, Ivrea 2005 ; « Le Lion et la licorne » se trouve dans *Dans le ventre de la baleine*, *op. cit.*, NdT). Mais c'est dans « Wells, Hitler and the World State » qu'il formule le plus clairement le problème que pose l'absence d'un patriotisme sain. Voir Orwell, George. « Notes on Nationalism », The Orwell Foundation: Essays and Other Works. https://www.orwellfoundation.com/the-orwell-foundation/orwell/essays-and-other-works/notes-on-nationalism/ ; *id.* « The Lion and the Unicorn: Socialism and the English Genius », The Orwell Foundation: Essays and Other Works, https://www.orwellfoundation.com/the-orwell-foundation/orwell/essays-and-other-works/the-lion-and-the-unicorn-socialism-and-the-english-genius/ ; et *id.* « Wells, Hitler and The World State », *op. cit.*

De la page 158 à la page 163

4. *Ibid.* Traduit dans *Dans le ventre de la baleine* sous le titre « Wells, Hitler et l'état mondial », *op. cit.*

5. *Ibid.*

6. La meilleure défense du cosmopolitanisme se trouve dans Appiah, Kwame Anthony. *Cosmopolitanism: Ethics in a World of Strangers*, Norton, 2007. Voir aussi Nussbaum, Martha. « Patriotism and Cosmopolitanism », *The Cosmopolitan Reader*, 1994, p. 155-162.

7. La formulation classique de cet argument, qui s'applique aussi bien à d'autres attachements locaux, au-delà de la nation, a été établie par Peter Singer. « Famine, Affluence, and Morality », *Philosophy & Public Affairs*, 1972, p. 229-243.

8. Je dis « certainement » car de nombreuses entreprises altruistes de ce genre ont échoué à avoir un impact positif. Voir Easterley, William. *The White Man's Burden: Why the West's Efforts to Aid the Rest Have Done So Much Ill and So Little Good*, Penguin Press, 2006.

9. Ces derniers paragraphes se fondent sur mes arguments développés dans Mounk, Yascha. *The People Versus Democracy: Why Our Freedom Is in Danger and How to Save It*, Harvard University Press, 2018, chapitre 7, traduit sous le titre *Le Peuple contre la démocratie*, L'Observatoire, 2018.

10. Sur l'Inde, voir par exemple : « Republic Day, January 26: History, Significance & Celebration », *The Times of India*, 25 janvier 2020, https://timesofindia.indiatimes.com/home/education/news/republic-day-january-26-history-significance-celebration/articleshow/73604790.cms ; et Jaffrelot, Christophe. « The Fate of Secularism in India », *The BJP in Power: Indian Democracy and Religious Nationalism. Carnegie Endowment for International Peace*, 4 avril 2019, https://carnegieendowment.org/2019/04/04/fate-of-secularism-in-india-pub-78689

11. Voir Sternberger, Dolf. *Verfassungspatriotismus*, Insel-Verlag, 1990 ; et Habermas, Jürgen. « Eine Art Schadensabwicklung », *Die Zeit*, 11 juillet 1986, p. 40, https://www.zeit.de/1986/29/eine-art-schadensabwicklung

12. Voir « Pericles », *Britannica Academic*, Encyclopædia Britannica, 22 décembre ; et Martin, Thomas R. *Pericles: A Biography in Context*, Cambridge University Press, 2016, p. 155.

De la page 164 à la page 169

13. Sur les privilèges des citoyens, voir Davies, John K. « Athenian Citizenship: The Descent Group and the Alternatives », *The Classical Journal*, vol. 73, nº 2, décembre 1977-janvier 1978 : p. 105-121. p. 105. Sur les ancêtres, voir Walters, K. R. « Perikles' Citizenship Law », *Classical Antiquity*, vol. 2, nº 2, octobre 1983, p. 314-336, p. 316-317.

14. Voir par exemple « Civitas », *Britannica Academic*, Encyclopædia Britannica, 20 juillet 1998 et « Roman citizenship », *Oxford Reference*, https://www.oxfordreference.com/view/10.1093/oi/authority.20110803095613737 ; et « Africa », *Britannica Academic*, Encyclopædia Britannica, 20 juillet 1998, academic-eb-com.proxy1.library.jhu.edu/levels/collegiate/article/Africa/3935.

15. Idi Amin a ordonné l'expulsion de tous les Asiatiques, dont la plupart étaient musulmans. Sur l'Ouganda, voir par exemple : Shaddad, Reem. « Uganda's Asian Exodus: Rose-tinted Memories and Current Realities », Al-Jazeera, 19 juin 2018, https://www.aljazeera.com/features/2018/6/19/ugandas-asian-exodus-rose-tinted-memories-and-current-realities ; et « 1972: Asians Given 90 days to Leave Uganda », *BBC: On This Day*. 7 août 1972, http://news.bbc.co.uk/onthisday/hi/dates/stories/august/7/newsid_2492000/2492333.stm. Sur le Bangladesh, voir Ashraf, Ajaz. « Interview: Hindus in Bangladesh have Faced Ethnic Cleansing Since 1947 », *Scroll.In*, 17 septembre 2017, https://scroll.in/article/847725/interview-hindus-in-bangladesh-have-faced-ethnic-cleansing-since-1947

16. Les plus grosses exceptions à la règle sont les nations, telles que l'Inde et les États-Unis, qui ont été fondées sur une forme de patriotisme civique. J'en parlerai plus loin dans ce chapitre.

17. Voir, par exemple, Whitehead, David. « Aristotle the Metic », *Proceedings of the Cambridge Philological Society*, vol. 21, nº 201, 1975, p. 94-99.

18. Pour une célèbre défense du modèle républicain de patriotisme civique, opposé au nationalisme ethnique, voir Viroli, Maurizio. *For Love of Country: An Essay on Patriotism and Nationalism*, Clarendon Press, 2003.

De la page 170 à la page 174

19. Guha, Ramachandra. « The Indian Tragedy », *Liberties*, vol. 1, n° 1, 2021, p. 65.

20. Voir Habermas, Jürgen. « Eine Art Schadensabwicklung », *Die Zeit*, n° 29, 11 juillet 1986, p. 40, (https://www.zeit.de/1986/29/eine-art-schadensabwicklung) ; et *id. The Crisis of the European Union: A Response*. Voir aussi Müller, Jan-Werner. *Constitutional Patriotism*, Princeton University Press, 2007.

21. Ibrahim, Azeem. « Modi's Slide Towards Autocracy », *Foreign Policy*, 13 juillet 2020, https://foreignpolicy-com.proxy1.library.jhu.edu/2020/07/13/modi-india-hindutva-hindu-nationalism-autocracy/

22. « Partisan Antipathy: More Intense, More Personal », Pew Research Center, 10 octobre 2019, https://www.pewresearch.org/politics/2019/10/10/how-partisans-view-each-other/

23. Cillizza, Chris. « Americans Know Literally Nothing About the Constitution », CNN, 13 septembre 2017, https://www.cnn.com/2017/09/13/politics/poll-constitution/index.html

24. Major, John. « Mr. Major's Speech to Conservative Group for Europe–22 April 1993 », *The Rt. Hon. Sir John Major KG CH*, 22 avril 1993, https://johnmajorarchive.org.uk/1993/04/22/mr-majors-speech-to-conservative-group-for-europe-22-april-1993/. Pour une remise en contexte, voir aussi Perraudin, Frances. « How Politicians Have Struggled to Define Britishness », *The Guardian*, 10 juin 2014, https://www.theguardian.com/uk-news/2014/jun/10/how-politicians-have-struggled-to-define-britishness

25. « Leading Article: What a Lot of Tosh », *Independent*, 24 avril 1993, https://www.independent.co.uk/voices/leading-article-what-a-lot-of-tosh-1457335.html

26. Quand j'ai demandé à William Seward, vieil ami qui m'explique régulièrement les arcanes des traditions anglaises, la signification de ce *pools fillers* [expression très énigmatique pour qui n'est pas parfaitement au fait des coutumes anglaises, ici traduite par « paris sportifs », NdT], voici ce qu'il m'a répondu : « Je suppose qu'il s'agit des gens qui parient sur les matchs de football. Ironie de l'histoire, c'est John Major qui a tué le pari sportif en introduisant la National Lottery, en 1994. »

De la page 175 à la page 181

27. Orwell, George. « The Lion and the Unicorn: Socialism and the English Genius », *op. cit.*

28. Hambourg était un membre clé de la Ligue hanséatique, qui comprenait aussi des cités libres comme Stettin, dans la Pologne actuelle, Stockholm, aujourd'hui en Suède, et Königsberg, appelée de nos jours Kaliningrad et placée en territoire russe. Voir par exemple Harreld, Donald. *A Companion to the Hanseatic League*, Brill, 2015.

29. Offenbourg était dans la zone d'occupation française après la Seconde Guerre mondiale. https://frenchmoments.eu/strasbourg-history/

30. Goddard, Cliff, et Anna Wierzbicka. « Cultural Scripts: What Are They and What Are They Good For? », *Intercultural Pragmatics*, vol. 1, n° 2, janvier 2004, p. 153-166, p. 157.

31. *Ibid.*

32. Voir par exemple « Umfrage: Das essen die Deutschen am liebsten » (https://www.volksstimme.de/leben/gesundheit/umfrage-das-essen-die-deutschen-am-liebsten-549578#:~:text=Damit%20liegt%20der%20SPD%2DKanzlerkandidat,auf%20fast%20acht%20Kilo%20Nudeln) et Khalil, Shireen. « Germany's Favourite Fast Food », *BBC*, 9 février 2017, http://www.bbc.com/travel/story/20170203-germanys-favourite-fast-food

33. Nowak, Claire. « This Is Officially America's Favorite Food–It's Not Burgers », *Reader's Digest*, 16 novembre 2020, https://www.rd.com/article/america-favorite-food/

34. Voir par exemple Allan, Frankie. « In Pictures: South Asian Culture in Scotland Over 30 Years », *BBC*, 9 décembre 2018, https://www.bbc.com/news/uk-scotland-46291009 ; et Nerukar, Sonal. « Kilt Meets Kirpan », *The Times of India*, 21 septembre 2014, https://timesofindia.indiatimes.com/home/sunday-times/deep-focus/kilt-meets-kirpan/articleshow/43047014.cms

35. Orwell, George. « The Lion and the Unicorn: Socialism and the English Genius », *op. cit.*

De la page 187 à la page 191

6. La diversité devrait-elle ne faire qu'un ?

1. Shumsky, Neil Larry. « Zangwill's "The Melting Pot": Ethnic Tensions on Stage », *American Quarterly*, vol. 27, n° 1, 1975, p. 29-41. p. 29.
2. Zangwill, Israel. *The Melting-pot: Drama in Four Acts*, Macmillan, 1909, p. 40. [Toutes les traductions de *The Melting-pot* sont du traducteur, NdT.]
3. *Ibid.*, p. 47.
4. *Ibid.*, p. 150.
5. *Ibid.*, p. 37.
6. *Ibid.*
7. *Ibid.*
8. *Ibid.*, p. 38.
9. *Ibid.*, p. 18.
10. *Ibid.*, p. 143-145.
11. *Ibid.*, p. 98.
12. *Ibid.*, p. 160-165.
13. *Ibid.*, p. 166.
14. *Ibid.*, p. 173.
15. *Ibid.*, 173-174.
16. *Ibid.*, p. 192.
17. *Ibid.*, p. 193.
18. *Ibid.*, p. 197.
19. *Ibid.*
20. *Ibid.*
21. Shumsky, Neil Larry. « Zangwill's "The Melting Pot"... », *op. cit.*, p. 29-41.
22. Voir par exemple Wallace, Mike. « Against the "Melting Pot" Metaphor », *LitHub*, 30 octobre 2017, https://lithub.com/against-the-melting-pot-metaphor/ ; Booth, William. « The Myth of the Melting Pot: One Nation, Indivisible: Is It History? », *The Washington Post*, 22 février 1998, https://www.washingtonpost.com/wp-srv/national/longterm/meltingpot/melt0222.htm ; et Egan, Timothy. « A Narrative Shattered by Our National Crack-up », *The New York Times*, 27 octobre 2017. https://www.nytimes.com/2017/10/27/opinion/the-national-crackup.html

De la page 192 à la page 194

23. Voir Grievo, Elizabeth M., Edward Trevelyan, Luke Larsen, Yesenia D. Acosta, Christine Gambino, Patricia de la Cruz, Tom Gryn et Nathan Walters. « The Size, Place of Birth, and Geographic Distribution of the Foreign-Born Population in the United States: 1960 to 2010 », *US Census Bureau. Population Division Working Paper*, n° 96, octobre 2012, https://www.census.gov/content/dam/Census/library/working-papers/2012/demo/POP-twps0096.pdf ; et Gibson, Campbell et Kay Jung. « Historical Census Statistics on the Foreign-Born Population of the United States: 1850 To 2000 », *US Census Bureau. Population Division Working Paper*, n° 81, février 2006, https://www.census.gov/content/dam/Census/library/working-papers/2006/demo/POP-twps0081.pdf, table 1, page 37 du PDF. (« Nativity of the Population and Place of Birth of the Native Population: 1850-2000 ».)

24. Ratner, Sidney. « Horace M. Kallen and Cultural Pluralism », *Modern Judaism*, vol. 4, n° 2, mai 1984, p. 185-200.

25. Sur la mosaïque et la salade composée, voir par exemple : Higgins, Julia. « The Rise and Fall of the American "Melting Pot" », *The Wilson Quarterly*, décembre 2015, https://www.wilsonquarterly.com/stories/the-rise-and-fall-of-the-american-melting-pot/

26. La défense philosophique standard du multiculturalisme se trouve dans Kymlicka, Will. *Multicultural Citizenship: A Liberal Theory of Minority Rights*, Clarendon Press, 1995 ; et Taylor, Charles, et Amy Gutmann. *Multiculturalism: Examining the Politics of Recognition*, Princeton University Press, 1994.

27. Sur l'Allemagne, voir Mounk, Yascha. *A Stranger in My Own Country: A Jewish Family in Modern Germany*, Farrar, Straus and Giroux, 2014, p. 200. Sur l'Italie, voir le chapitre 3 de Papademetriou, Demetrios G., et Kimberly A. Hamilton. *Converging Paths to Restriction: French, Italian, and British Responses to Immigration*, Carnegie Endowment for International Peace, 1996.

28. Sur l'opposition au changement culturel provoqué par l'immigration au plus haut niveau de la politique européenne, voir par exemple Altaner, Carl. « The Weight of Public Opinion: Tracing the Social and Political Genealogy of the British Nationality Act 1981 », University of Oxford, Centre on Migration, Policy and Society,

Working Paper No. 152, 2020, p. 17-18 ; Hecking, Claus. « Kohl Wanted Half of Turks Out of Germany », *Der Spiegel*, 1er août 2013. https://www.spiegel.de/international/germany/secret-minutes-chancellor-kohl-wanted-half-of-turks-out-of-germany-a-914376.html

29. Cela se reflétait aussi au niveau national et au niveau européen dans les politiques culturelles. Voir, par exemple, Calligaro, Oriane. « From "European Cultural Heritage" to "Cultural Diversity" ? The Changing Core Values of European Cultural Policy », *Politique européenne*, vol. 45, n° 3, 2014, p. 60-85, https://www.cairn.info/revue-politique-europeenne-2014-3-page-60.htm

30. « The integration debate in Germany: is multi-kulti dead ? », *The Economist*, 22 octobre 2010. Voir aussi la description de Claudia Roth dans Mounk, Yascha. « How a Teen's Death Became a Political Weapon », *New Yorker*.

31. « Cool Britannia », *The Economist*, 12 mars 1998, https://www.economist.com/leaders/1998/03/12/cool-britannia

32. Voir par exemple Lijphart, Arend. « Typologies of Democratic Systems », *op. cit.* ; et Kukathas, Chandran. « Cultural Toleration », *Nomos*, 39, 1997, p. 69-104, p. 94.

33. Voir par exemple « Facts About Faith Schools », *The Guardian*, 14 novembre 2001, https://www.theguardian.com/education/2001/nov/14/schools.uk2 ; et Dugan, Emily. « Inside Britain's First Hindu State-Funded Faith Schools », *The Independent*, 10 février 2014, https://www.independent.co.uk/news/education/education-news/inside-britain-s-first-hindu-state-funded-faith-school-1711566.html

34. Voir Halpin, Tony. « Islamic Schools Are Threat to National Identity », *The Sunday Times*, 18 janvier 2005, https://www.thetimes.co.uk/article/islamic-schools-are-threat-to-national-identity-says-ofsted-tmhw6w2sgtb ; et Smithers, Rebecca. « Anger at Muslim Schools Attack », *The Guardian*, 18 janvier 2005, https://www.theguardian.com/uk/2005/jan/18/schools.faithschools

35. Lipsett, Anthea. « MPs to Voice Concerns Over Faith Schools », *The Guardian*, 2 janvier 2008, https://www.theguardian.com/education/2008/jan/02/schools.faithschools

De la page 197 à la page 199

36. Helm, Toby, et Mark Townsend. « Taxpayers' Cash Should Not Be Used to Fund Faith Schools, Say Voters », *The Guardian*, 14 juin 2014, https://www.theguardian.com/education/2014/jun/14/taxpayers-should-not-fund-faith-schools?guni=Keyword:news-grid%20main-1%20Main%20trailblock:Editable%20trailblock%20-%20news:Position2

37. Hill, Dave. « Labour's Tower Hamlets Win is Deserved, but John Biggs Cannot be Complacent », *The Guardian*, 12 juin 2015, https://www.theguardian.com/commentisfree/2015/jun/12/labour-tower-hamlets-lutfur-rahman-john-biggs

38. Rickett, Oscar. « London's Most Controversial Mayor Got Kicked Out of Office for Corruption », *Vice*, 24 avril 2015, https://www.vice.com/en/article/yvxz95/lutfur-rahman-kicked-out-corruption-399

39. Hill, Dave. « Opinion: Labour's Tower Hamlets Win Is Deserved, But John Biggs Cannot Be Complacent », *The Guardian*. 12 juin 2015. Pour plus de détails sur Rahman, voir aussi Davey, Ed. « Tower Hamlets election case witnesses "intimidated" », *BBC News*, 31 octobre 2014, https://www.bbc.com/news/uk-england-london-29850569

40. Kool, Renée, et Wahedi, Sohail. « Criminal Enforcement in the Area of Female Genital Mutilation in France, England and the Netherlands: A Comparative Law Perspective », *International Law Research*. vol. 3, n° 1, avril 2014, p. 1-15 ; et Orange, Richard, et Alexandra Topping. « FGM specialist calls for gynecological checks for all girls in Sweden », *The Guardian*, 27 juin 2014, https://www.theguardian.com/society/2014/jun/27/female-genital-mutilation-fgm-specialist-sweden-gynaecological-checks-children

41. *Ibid.*

42. Gruenbaum, Ellen. *The Female Circumcision Controversy: an Anthropological Perspective*, University of Pennsylvania Press, 2001.

43. Orange, Richard et Alexandra Topping. « FGM specialist calls for gynecological checks... », *op. cit.*

44. Plus on y pense, moins la métaphore de la salade composée est appétissante. Personne ne voudrait d'une salade complètement

sèche, ou majoritairement composée de croûtons. Les ingrédients peuvent donc conserver un peu de leur caractère naturel, mais afin de rendre la salade comestible, il faudra bien faire une belle sauce et sélectionner avec soin les ingrédients et leurs proportions.

Quand on la prend au sérieux, la métaphore évoque ainsi une vision bizarrement paranoïaque du fonctionnement d'une démocratie multiethnique. Les politiciens doivent-ils doser avec précision les groupes d'immigrants qui viendront s'ajouter au mélange afin que nul n'en vienne à prédominer, à jurer avec les autres ou à faire déborder le saladier ? Avons-nous besoin d'imposer une culture partagée qui servira de liant au plat ? (Des objections semblables s'appliquent à la métaphore de la mosaïque, qui consiste en une multitude d'éléments séparés mais doivent être disposés avec le plus grand soin pour former un tout cohérent.)

Bien sûr, peu de métaphores fonctionnent quand on les prend à ce point au pied de la lettre. Mais les difficultés bien réelles qu'on rencontre quand les démocraties se pensent comme des assemblages d'éléments complètement séparés qui communiquent à peine sont bien plus difficiles à évacuer.

7. Pouvons-nous construire une vie sainement partagée ?

1. Il existe de nombreuses façons de répondre aux débats du jour et de l'heure, et encore plus de manières de rassembler toutes ces réponses en une vision cohérente. Il y a une infinité de futurs possibles et toute tentative de les condenser en quelques modèles standard, comme je m'y essaie ici, sera nécessairement incomplète. J'estime tout de même qu'une grande partie du débat public est occupée par ces trois grands courants de pensée pourvus d'une cohérence interne. Ils ne rendront pas compte des positions de tous les participants, mais ils constitueront un « modèle standard » qui nous aidera à choisir parmi les futurs possibles des démocraties multiethniques.

2. La description de Benjamin Jahn Zschocke et des manifestations d'extrême droite à Chemnitz est tirée d'un article que j'ai d'abord publié dans le *New Yorker* : « How a Teen's Death Became a Political Weapon », *op. cit.*

De la page 211 à la page 213

3. Donadio, Rachel. « The New Populist Playbook », *The Atlantic*, 5 septembre 2019, https://www.theatlantic.com/international/archive/2019/09/matteo-salvini-italy-populist-playbook/597298/

4. Seipel, Brooke. « Trump: "Make America Great Again" slogan "was made up by me" », *The Hill*, 2 avril 2019, https://thehill.com/homenews/administration/437070-trump-make-america-great-again-slogan-was-made-up-by-me

5. Sur l'Europe centrale, voir par exemple « Multiculturalism doesn't work in Hungary, says Orban », 3 juin 2015, *Reuters*, https://www.reuters.com/article/us-hungary-orban/multiculturalism-doesnt-work-in-hungary-says-orban-idUSKBN0OJ0T920150603 ; et Karath, Kata. « Viktor Orbán's Bigoted Vision Leaves me Ashamed to Be Hungarian », *The Guardian*, 7 mars 2021, https://www.theguardian.com/commentisfree/2018/mar/07/hungary-young-national-pride-viktor-orban-europe. Sur l'Extrême-Orient, voir par exemple Schubach, Alanna. « The Case for a More Multicultural Japan », 12 novembre 2014.

6. Cumming-Bruce, Nick, et Steven Erlanger. « Swiss Ban Building of Minarets on Mosques », *The New York Times*, 29 novembre 2009, https://www.nytimes.com/2009/11/30/world/europe/30swiss.html

7. Voir Staff of the Global Legal Research Center. « Legal Restrictions on Religious Slaughter in Europe », The Law Library of Congress, mars 2018, https://www.loc.gov/law/help/religious-slaughter/religious-slaughter-europe.pdf ; et « EU Court Backs Ban on Animal Slaughter Without Stunning », *BBC*, 17 décembre 2020, https://www.bbc.com/news/world-europe-55344971

8. Voir Frey, William H. « The Nation is Diversifying Even Faster Than Predicted, According To New Census Data », *Brookings*, 1er juillet 2020, https://www.brookings.edu/research/new-census-data-shows-the-nation-is-diversifying-even-faster-than-predicted/ ; et « Polling Update: Americans Continue to Resist Negative Messages About Immigrants, But Partisan Differences Continue to Grow », *National Immigration Forum*, 18 septembre 2020, https://immigrationforum.org/article/polling-update-americans-continue-to-resist-negative-messages-about-immigrants-but-partisan-differences-continue-to-grow/

De la page 218 à la page 223

9. Le terme a été inventé par Wesley Yang. Voir par exemple mon entretien avec Wesley Yang ici : « The Woke Future », *Persuasion*, 6 janvier 2021, https://www.persuasion.community/p/the-woke-future

10. Fields, Karen Elise, et Barbara J. Fields. *Racecraft: The Soul of Inequality in American Life*, Verso, 2012.

11. Spivak, Gayatri. *The Spivak Reader: Selected Works of Gayati Chakravorty Spivak*, Donna Landry, et Gerald MacLean (dir.), Taylor & Francis Group, 1995, p. 204-205.

12. *The Merchant of Venice*, Royal Shakespeare Company, https://www.rsc.org.uk/shakespeare-learning-zone/the-merchant-of-venice/language/if-you-prick-us-do-we-not-bleed, consulté le 30 mai 2021. Trad. François-Victor Hugo.

13. Humans of New York, https://www.humansofnewyork.com/ consulté le 1er juin 2021.

14. Robert Andrews. *The Columbia Dictionary of Quotations*, Columbia University Press, 1993, p. 531.

15. Kidd, David Comer, et Emanuele Castano. « Reading Literary Fiction Improves Theory of Mind », *Science*, vol. 342, n° 6156, octobre 2013, p. 377-380, https://science.sciencemag.org/content/342/6156/377.abstract?sid=f192d0cc-1443-4bf1-a043-61410da39519

16. Pour une discussion universitaire de l'« épistémologie du point de vue », voir par exemple Harding, Sandra. « Rethinking Standpoint Epistemology: What's "Strong Objectivity ?" ». Pour un exemple d'épistémologie du point de vue dans le débat public, voir par exemple : Wilke, Lorraine Devon. « No, White People Will Never Understand the Black Experience », *Huffington Post*, 6 décembre 2017, https://www.huffpost.com/entry/no-white-people-will-neve_b_7875608

17. Ross Coggins. « The Development Set », https://morenewsfromafar.wordpress.com/2012/01/27/the-development-set-by-ross-coggins-2/. Le poème continue : « *Eye-level photographs subtly assure / That your host is at home with the rich and the poor* » (« Des photographies à hauteur d'œil assurent subtilement / Que votre hôte se sent chez lui tant chez les riches que chez les pauvres. »)

De la page 224 à la page 225

18. Morris, Wesley. « Pendant des siècles, la musique noire, forgée dans les chaînes, a été le son de la liberté artistique radicale. Rien d'étonnant que tout le monde la pille toujours », *The New York Times*, 14 août 2019, https://www.nytimes.com/interactive/2019/08/14/magazine/music-black-culture-appropriation.html

19. Tang, Terry. « Debate Erupts over Halloween Costumes Crossing Racial Lines », *PBS*, 28 octobre 2018, https://www.pbs.org/newshour/nation/debate-erupts-over-halloween-costumes-crossing-racial-lines

20. Pour des discussions philosophiques à propos de l'appropriation culturelle, voir par exemple Richard A. Rogers. « From Cultural Exchange to Transculturation: A Review and Reconceptualization of Cultural Appropriation » ; O. Young, James. « Profound Offense and Cultural Appropriation » ; Matthes, Erich Hatala. « Cultural Appropriation Without Cultural Essentialism ? » ; Nguyen, C. Thi, et Matthew Strohl. « Cultural appropriation and the intimacy of groups », *Philosophical Studies*, vol. 176, n° 4, 2019, p. 981-1002, et Matthes, Erich Hatala. « Cultural appropriation Without Cultural Essentialism ? », *Social Theory and Practice*, 2016, p. 343-366.

Pour une enquête journalistique sur la question, voir Galchen, Rivka, et Anna Holmes. « What Distinguishes Cultural Exchange from Cultural Appropriation ? », *The New York Times*, 8 juin 2017, https://www.nytimes.com/2017/06/08/books/review/bookends-cultural-appropriation.html

21. Moreno, Carolina. « Portland Burrito Cart Closes After Owners Are Accused Of Cultural Appropriation », *Huffington Post*, 25 mai 2017, https://www.huffpost.com/entry/portland-burrito-cart-closes-after-owners-are-accused-of-cultural-appropriation_n_5926ef7ee4b062f96a348181

22. Miller, Mira. « New Toronto clothing store ditches broth bar after cultural appropriation complaints », *blogTo*, novembre 2020, https://www.blogto.com/eat_drink/2020/11/toronto-clothing-store-ditches-broth-bar-cultural-appropriation-complaints/

23. Reyes, Raul A. « Hispanic Republicans ? Yep, and they're here to stay, says author Geraldo Cadava », *NBC News*, 2 juin 2020,

https://www.nbcnews.com/news/latino/hispanic-republicans-yep-they-re-here-stay-says-author-geraldo-n1215556

24. Fulton, Jessica and Ryan Pougiales. « A Nuanced Picture of What Black Americans Want in 2020 », *Third Way*, 30 décembre 2019, http://thirdway.imgix.net/pdfs/a-nuanced-picture-of-what-black-americans-want-in-2020.pdf

25. Gupta, Shekhar. « India has a New Political Divide – Majority Kanwarias vs Elite Halloweeners », *The Print*, 10 novembre 2018, https://theprint.in/national-interest/kanwarias-vs-halloweeners-indias-new-political-faultline/147733/

26. Sharma, Aditya. « India's Modi Gets Invitation for Valentine's Day From Citizenship Law Protesters. » *DW*, 14 février 2020, https://www.dw.com/en/indias-modi-gets-invitation-for-valentines-day-from-citizenship-law-protesters/a-52376124

27. Leight, Elias. « Lil Nas X's "Old Town Road" Was a Country Hit. Then Country Changed Its Mind », *Rolling Stone*, 26 mars 2019, https://www.rollingstone.com/music/music-features/lil-nas-x-old-town-road-810844/

28. Pour une défense philosophique subtile de la nécessité de tels groupes, particulièrement dans un contexte afro-américain, voir Shelby, Tommie. *We Who Are Dark: The Philosophical Foundations of Black Solidarity*, Harvard University Press, 2009.

PARTIE III
COMMENT LES DÉMOCRATIES MULTIETHNIQUES POURRAIENT S'ÉPANOUIR

8. Quelques raisons d'être optimiste

1. Pour la France, voir *Le Suicide français*, d'Éric Zemmour, et Beardsley, Eleanor. « A French Best-Seller's Radical Argument: Vichy Regime Wasn't All Bad », *NPR*, 5 novembre 2014, https://www.npr.org/2014/11/05/361790018/a-french-best-sellers-radical-argument-vichy-regime-wasnt-all-bad. Pour le Japon, voir *Manga Kenkanryu* de Sharin Yamano, Lewis, Leo. « Neighbor Fails to See

De la page 243 à la page 249

Funny Side of Comic », *The Times*, 1er novembre 2005, https://www.thetimes.co.uk/article/neighbour-fails-to-see-funny-side-of-comic-tcjqpjwdmg7 ; et les livres de Ko Bunyu. Sur l'Allemagne, voir Sarrazin, Thilo. *Deutschland Schaffst Sich Ab: Wie wir unser Land aufs Spiel setzen*, DVA 2010. Pour les États-Unis, voir par exemple Coulter, Ann, *Adios America: The Left's Plan to Turn Our Country into a Third World Hellhole*, Regnery, 2015.

2. « Europe's Largest Wastewater Project Gets Boost by KSB Pumps », *Waterworld*, 7 avril 2017, https://www.waterworld.com/international/wastewater/article/16203176/europes-largest-wastewater-project-gets-boost-by-ksb-pumps

3. La description de Lamya Kaddor est tirée d'un article que j'ai publié dans le *Harper's Magazine*. Mounk, Yascha. « Echt Deutsch », *Harper's*.

4. Voir « German Population of Migrant Background Rises to 21 million », *DW*, 28 juillet 2020, https://www.dw.com/en/german-population-of-migrant-background-rises-to-21-million/a-54356773 et « Germany: In 20 years, 1 in 3 People Will Have Migrant Roots », *DW*, 11 avril 2019, https://www.dw.com/en/germany-in-20-years-1-in-3-people-will-have-migrant-roots/a-51101172

5. Voir Edwards, Catherine. « What Does it Mean to Be a "New Italian" ? The Question Facing a Divided Italy », *The Local*, 21 juillet 2017, https://www.thelocal.it/20170721/who-are-the-new-italians-second-generation-children-migrants-ius-soli-citizenship/ ; et AFP, « "We're Italian too": Second-generation Migrants Renew Calls For Citizenship », *The Local*, 25 août 2020, https://www.thelocal.it/20200825/were-italian-too-second-generaton-immigrants-renew-calls-for-citizenship/

6. Olterman, Philip. « Switzerland Puzzles Over Citizenship Test After Lifelong Resident Fails », *The Guardian*, 18 juillet 2017, https://www.theguardian.com/world/2017/jul/18/switzerland-puzzles-over-citizenship-test-after-lifelong-resident-fails

7. Stokes, Bruce. « What It Takes to Be Truly "one of us: 3. Birthright nationality" », Pew Research Center, 1er février 2017, https://www.pewresearch.org/global/2017/02/01/birthright-nationality/

8. Maldonado, Marta Maria. « "It Is Their Nature To Do Menial Labour": The Racialization of "Latino/a Workers" By Agricultural

De la page 249 à la page 252

Employers », *Ethnic and Racial Studies*, vol. 32, n° 6, juillet 2009, p. 1017-1036.

9. Taylor, Ros. « "I Want to Try and Tell Them The Facts", Adolescents Challenging The Negative Stereotypes of Polish Migration », LES Blog, 24 juin 2019, https://blogs.lse.ac.uk/brexit/2019/06/24/i-want-to-try-and-tell-them-the-facts-adolescents-challenging-the-negative-stereotypes-of-polish-migration/

Un phénomène semblable contribue à limiter les perspectives d'une minorité américaine qui obtient pourtant parmi les meilleurs résultats. Grâce à leurs remarquables résultats académiques et économiques, les Asiatiques-Américains sont souvent cités comme « minorité modèle ». Mais, comme l'a écrit Wesley Yang, ils rencontrent souvent un « plafond de bambou ». Perçus comme ne disposant pas des caractères intangibles qu'on prête aux leaders, les conseillers d'admission universitaires les éliminent en raison de leurs « personnalités inadéquates » et les grandes firmes les privent de promotions aux postes de management. Dans l'Amérique des entreprises, écrit Yang dans un article de 2011 devenu viral et publié à l'origine dans le *New York Magazine*, il y a « quantité d'Asiatiques juniors, beaucoup de responsables et presque aucun aux échelons de direction » (Yang, Wesley. « Paper Tigers », *New York Magazine*, 6 mai 2011, https://nymag.com/news/features/asian-americans-2011-5/.)

10. Sarrazin, Thilo. *Deutschland Schaffst Sich Ab*, *op. cit.*

11. « L'évaluation des statistiques d'inscription a montré qu'en 2045, 48 %, en 2075 seulement 30 % et en 2015 seulement 20 % des élèves inscrits choisiront l'allemand comme matière d'enseignement. » Extrait de Sarrazin, Thilo. « Deutschland in 100 Jahren – Traum oder Albtraum », *Bild*, 28 août 2010, https://www.bild.de/politik/2010/deutschland-in-100-jahren-traum-oder-albtraum-13775464.bild.html

12. Huntington, Samuel P. « The Hispanic Challenge », *Foreign Policy*, mars 2004, https://foreignpolicy.com/2009/10/28/the-hispanic-challenge/

13. Stokes, Bruce. « What It Takes to Be Truly "one of us"… », *op. cit.*

De la page 253 à la page 254

14. Comparés aux Latinos et aux Asiatiques, les Noirs sont depuis longtemps considérés comme plus susceptibles d'être de « vrais Américains ». La plupart des Américains blancs peuvent faire remonter l'arrivée de leur famille dans le Nouveau Monde au XIXe ou au XXe siècle. Une majorité d'Africains-Américains ont au moins quelques ancêtres emmenés de force autour de la fondation de la République américaine, à la fin du XVIIIe siècle. Si les autres minorités pourront ainsi se voir demander de « rentrer chez elles », même les plus racistes et les plus fermés accorderont aux Noirs une légitimité certaine à habiter le pays, que seuls les peuples natifs seraient autorisés à contester. Comme on le constate très bien, cela ne protège absolument pas les Noirs des autres formes de discrimination, qui sont d'une certaine façon plus pernicieuses encore. Pour une discussion sur ce défi en particulier, voir la fin de la section suivante « Travail et éducation ».

15. Voir Nowrasteh, Alex, et Forrester, Andrew C. « Immigrants Recognize American Greatness: Immigrants and Their Descendants Are Patriotic and Trust America's Governing Institutions », 4 février 2019, *CATO Institute*, https://www.cato.org/publications/immigration-research-policy-brief/immigrants-recognize-american-greatness-immigrants ; et Jilani, Zaid. « Immigrants Are Far More Patriotic Than the Right Fears Or the Left Hopes », *Persuasion*, 29 juillet 2020, https://www.persuasion.community/p/immigrants-are-far-more-patriotic

16. Voir par exemple Alba, Richard. « Bilingualism persists, but English still dominates », Migration Policy Institute, 1er février 2005, https://www.migrationpolicy.org/article/bilingualism-persists-english-still-dominates ; Skapinker, Michael. « Immigrants' Descendants Lose the Language – Sadly », *Financial Times*, 14 mai 2019, https://www.ft.com/content/d16f54b6-730f-11e9-bbfb-5c68069fbd15 ; et Cho, David. « Separated By a Wall of Words », *Financial Times*, 11 avril 2001, https://www.washingtonpost.com/archive/politics/2001/04/11/separated-by-a-wall-of-words/ed1cb1d3-18ed-4c0b-ac2a-da629399f68f/

De la page 254 à la page 257

17. Mark Hugo Lopez, Jens Manuel Krogstad et Antonio Flores. « Most Hispanic parents speak Spanish to their children but this is less the case in later immigrant generations », Pew Research Center, 2 avril 2018, https://www.pewresearch.org/fact-tank/2018/04/02/most-hispanic-parents-speak-spanish-to-their-children-but-this-is-less-the-case-in-later-immigrant-generations/

18. Crul, Maurice, et Jens Schneider. « The Second Generation in Europe: Education and the Transition to the Labor Market », TIES: The Integration of the European Second Generation University of Amsterdam, juin 2009, https://www.migrationpolicy.org/pubs/Crul2010.pdf

19. Heath, Anthony, et Wouter Zwysen. « The European Union: Entrenched disadvantage ? Intergenerational mobility of young natives with a migration background », OCDE. Publishing. *Catching Up ? Country Studies on Intergenerational Mobility and Children of Immigrants*, OCDE, 2018, p. 145.

20. « Migrant integration statistics – at risk of poverty and social exclusion », European Commission, janvier 2021, https://ec.europa.eu/eurostat/statistics-explained/index.php?title=Migrant_integration_statistics_-_at_risk_of_poverty_and_social_exclusion

21. « Finding the Way: A Discussion of the Swedish Migrant Integration System." *OCDE*. Juillet 2014, particulièrement p. 5-7, https://www.oecd.org/migration/swedish-migrant-intergation-system.pdf. Certains groupes d'immigrés s'en sortent particulièrement mal. Seul environ un immigré somalien sur quatre dispose d'un emploi stable, par exemple.

22. « New CSI Research Reveals High Levels of Job Discrimination Faced by Ethnic Minorities in Britain », Centre for Social Investigation, Nuffield College, Oxford, 18 janvier 2019, http://csi.nuff.ox.ac.uk/?p=1299

23. Sur le Japon, voir Baron, Jonathon. « Mass Attitudes and Discrimination Against Hypothetical Job Candidates in Japan: A Resume-based Survey Experiment », Yale University, Dept of Political Science, 19 juin 2020. Sur la Suisse, voir Zschirnt, Eva, et Rosita Fibbi. « Do Swiss Citizens of Immigrant Origin Face Hiring Discrimination in the Labour Market ? », février 2019, *Working Paper #20*

De la page 257 à la page 260

in « NCCR – National Center of Competence in Research–The Migration-Mobility Nexus ». Sur les Pays-Bas, voir Andriessen, Iris, Eline Nievers, et Jaco Dagevos. « Ethnic Discrimination in the Dutch Labor Market: Its Relationship with Job Characteristics and Multiple Group Membership », *Work and Occupations*, vol. 39, n° 3, août 2012, p. 237-269, https://journals.sagepub.com/doi/10.1177/0730888412444783. Sur les États-Unis, voir Quillian, Lincoln, Devah Pager, Ole Hexel et Arnfinn H. Midtbøen. « Meta-analysis of field experiments shows no change in racial discrimination in hiring over time », *Proceedings of the National Academy of Sciences*, vol. 114, n° 41, 2017, p. 10870-10875.

24. Voir *Adios America*, d'Ann Coulter, *Le Suicide français*, d'Éric Zemmour, et les livres de Ko Bunyu. Bunyu est de Taïwan, mais il écrit pour un public avant tout japonais. Voir par exemple : Ryall, Julian. « China should pay its respects at Japan's Yasukuni Shrine, says Taiwan author Ko Bunyu », *South China Morning Post*, 24 avril 2015, https://www.scmp.com/news/asia/article/1774876/taiwanese-author-ko-bunyu-says-china-should-pay-its-respects-japans

25. Voir par exemple Gilman, Sander L. « Thilo Sarrazin and the Politics of Race in The Twenty-First Century », *New German Critique*, vol. 39, n° 3, 2012, p. 47-59.

26. Pour un résumé des débats français, voir par exemple : Fieschi, Catherine. « Muslims and the secular city: How right-wing populists shape the French debate over Islam », *Brookings*, 28 février 2020,https://www.brookings.edu/research/muslims-and-the-secular-city-how-right-wing-populists-shape-the-french-debate-over-islam/#cancel

27. Sonwalkar, Prasun. « Indians Earn More Than White British Employees in UK, Says Report », *Hindustan Times*, 9 juillet 2019, https://www.hindustantimes.com/india-news/indians-earn-more-than-whites-in-uk-says-report/story-qd02npVJaFvVjzFvXtQa4I.html

28. Perry, Mark J. « Chart of the Day », 17 mars 2016, https://www.aei.org/carpe-diem/chart-of-the-day-4/

29. Oberdabernig, Doris, et Alyssa Schneebaum. « Catching up ? The educational mobility of migrants and natives children

in Europe », *Applied Economics*, vol. 49, n° 37, 2017, p. 3701-3728, p. 3716. Sur onze pays étudiés, les deux exceptions étaient l'Estonie et la Lettonie. Les découvertes étaient en revanche valables pour la Belgique, l'Allemagne, la France et le Royaume-Uni.

D'autres ensembles de données suggèrent des conclusions semblables. Seul un immigré africain en France sur sept détient un diplôme qui lui donne accès à l'enseignement supérieur, par exemple, pourtant la moitié de leurs enfants obtiendra un diplôme de niveau universitaire. De même, au Royaume-Uni, les enfants issus des minorités ethniques dont les parents sont pauvres ont aujourd'hui de grandes chances d'aller tout de même à l'université. À Londres, deux enfants pauvres d'origine chinoise sur trois, trois enfants pauvres issus du Sud-Est asiatique sur cinq, et un enfant noir pauvre sur deux entrera dans le supérieur. On constate la même chose aux États-Unis. Au Canada, les immigrés de première et seconde génération ont même plus de chances d'aller à l'université que les Canadiens dont les ancêtres sont arrivés là il y a très longtemps.

30. Abramitzky, Ran, Platt Boustan, Leah, Jácome, Elisa, et Pérez, Santiago. « Intergenerational mobility of immigrants in the us over two centuries », National Bureau of Economic Research, No. w26408, 2019, p. 30.

31. *Ibid.*, p. 31.

32. Patten, Eileen. « Racial, Gender Wage Gaps Persist in U.S. Despite Some Progress », Pew Research Center, 1er juillet 2016, https://www.pewresearch.org/fact-tank/2016/07/01/racial-gender-wage-gaps-persist-in-u-s-despite-some-progress/

33. McIntosh, Kriston, Moss, Emily, Nunn, Ryan et Jay Shambaugh. « Examining the Black-white wealth gap », *Brookings*, 27 février 2020, https://www.brookings.edu/blog/up-front/2020/02/27/examining-the-black-white-wealth-gap/

34. Wilson, Valerie. « Racial Disparities in Income and Poverty Remain Largely Unchanged Amid Strong Income Growth in 2019 », *Economic Policy Institute*, 16 septembre 2020, https://www.epi.org/blog/racial-disparities-in-income-and-poverty-remain-largely-unchanged-amid-strong-income-growth-in-2019/

De la page 263 à la page 265

35. « Criminal Justice Fact Sheet », *NAACP*, https://www.naacp.org/criminal-justice-fact-sheet/, consulté le 22 février 2021.

36. LoBianco, Tom, et Ashley Killough. « Trump Pitches Black Voters: "What the hell do you have to lose ?" », CNN, 19 août 2016, https://www.cnn.com/2016/08/19/politics/donald-trump-african-american-voters/index.html

37. Chetty, Raj. « Racial Disparities », https://opportunityinsights.org/race/

38. Badger, Emily, Cain Miller, Claire, Pearce, Adam, et Kevin Quealy. « Income Mobility Charts for Girls, Asian-Americans and Other Groups. Or Make Your Own », *New York Times*, 27 mars 2018, https://www.nytimes.com/interactive/2018/03/27/upshot/make-your-own-mobility-animation.html.

Voir aussi Chetty, Raj, Hendren, Nathaniel, R. Jones, Maggie, et Sonya R. Porter. « Race And Economic Opportunity in the United States: An Intergenerational Perspective », *NBER Working Paper Series. Working Paper 24441*, mars 2018, https://www.nber.org/system/files/working_papers/w24441/w24441.pdf

39. Badger, Emily, Cain Miller, Claire, Pearce, Adam, et Kevin Quealy. « Income Mobility Charts for Girls… », *op. cit.*

40. « Black men in America are living almost as long as white men », *The Economist*, 15 juin 2019, https://www.economist.com/united-states/2019/06/15/black-men-in-america-are-living-almost-as-long-as-white-men

41. Dans la description qui suit, je passe en revue les faits les plus représentatifs des conditions socio-économiques des Africains-Américains. Certains s'appliquent à plus de la moitié d'entre eux. D'autres à une grande minorité. (Par exemple, 46 % des Américains noirs disposent de la couverture maladie de leur employeur, le reste étant composé de personnes qui s'assurent elles-mêmes, de personnes éligibles aux programmes Medicare ou Medicaid, ou dénuées de toute forme d'assurance santé.)

42. Semuels, Alana. « No, Most Black People Don't Live in Poverty–or Inner Cities », *The Atlantic*, 12 octobre 2016, https://www.theatlantic.com/business/archive/2016/10/trump-african-american-inner-city/503744/

Page 265

43. Cheeseman Day, Jennifer. « 88 % of Blacks Have a High School Diploma, 26 % a Bachelor's Degree » US Census Bureau, 10 juin 2020, « Gap Narrower Among the Young" », https://www.census.gov/library/stories/2020/06/black-high-school-attainment-nearly-on-par-with-national-average.html

44. Voir « Report: Labor Force Characteristics by Race and Ethnicity », US Bureau of Labor Statistics, octobre 2019, surtout la section sur l'industrie, consulté ici : https://www.bls.gov/opub/reports/race-and-ethnicity/2018/home.htm

45. Bittker, Bobbi M. « Racial and Ethnic Disparities in Employer-Sponsored Health Coverage », *American Bar Association*, 8 septembre 2020, https://www.americanbar.org/groups/crsj/publications/human_rights_magazine_home/health-matters-in-elections/racial-and-ethnic-disparities-in-employer-sponsored-health-coverage/

46. Voir par exemple Parker, Kim, Rich Morin, et Juliana Menasce Horowitz. « Pew Research Center. Social and Demographic Trends. "America in 2050" », 21 mars 2019, https://www.pewresearch.org/social-trends/2019/03/21/america-in-2050/ ; Berman, Russel. « As White Americans Give Up on the American Dream, Blacks and Hispanics Embrace It », *The Atlantic*, 4 septembre 2015, https://www.theatlantic.com/politics/archive/2015/09/the-surprising-optimism-of-african-americans-and-latinos/401054/ ; et Graham, Carol. « Why are Black Poor Americans More Optimistic Than White Ones ? », *Brookings*, 30 janvier 2018, https://www.brookings.edu/articles/why-are-black-poor-americans-more-optimistic-than-white-ones/

47. « Centre for Community, Gender and Social Justice: What Is Learning Together ? », University of Cambridge, https://www.ccgsj.crim.cam.ac.uk/LT/What, consulté le 1er juin 2021.

48. « Fishmongers' Hall: Usman Khan described education project as "kind of family" », *BBC*, 23 avril 2021, https://www.bbc.com/news/uk-england-london-56858078

49. « Fishmongers' Hall: Usman Khan unlawfully killed Cambridge graduates », *BBC News*, 30 mai 2021, https://www.bbc.com/news/uk-england-london-57260509

De la page 266 à la page 268

50. « Fishmongers' Hall: Usman Khan described education project as "kind of family" », *op. cit.*

51. Shukla, Sebastian, Chavez, Nicole, et Hollie Silverman. « This is What We Know About London Bridge Stabbing Suspect Usman Khan », CNN, 30 novembre 2019, https://www.cnn.com/2019/11/29/europe/london-bridge-stabbing-suspect-what-we-know/index.html

52. Pour la France, voir par exemple « Paris Attacks: Who were the attackers ? », *BBC News*, 27 avril 2016, https://www.bbc.com/news/world-europe-34832512. Pour l'Allemagne, voir par exemple Fürstenau, Marcel. « Berlin Islamist terror attack: A deadly story of failure », *DW*, 28 décembre 2020, https://www.dw.com/en/berlin-islamist-terror-attack-a-deadly-story-of-failure/a-55990942. Pour le Royaume-Uni, voir par exemple « London attack: Who were the attackers ? » 28 juin 2017, *BBC News*, https://www.bbc.com/news/uk-40173157. Pour les États-Unis, voir par exemple « Profile: Who is Boston bomber Dzhokhar Tsarnaev ? », *BBC News*, 8 avril 2015, https://www.bbc.com/news/world-us-canada-31734557

53. Isenson, Nancy. « Bombs, shootings are a part of life in Swedish city Malmo », *DW*, 23 novembre 2019, https://www.dw.com/en/bombs-shootings-are-a-part-of-life-in-swedish-city-malmo/a-51337737_)

54. Orange, Richard. « Bombs and blood feuds: the wave of explosions rocking Sweden's cities », *The Guardian*, 25 janvier 2020, https://www.theguardian.com/world/2020/jan/25/bombs-blood-feuds-malmo-explosions-rocking-swedens-cities

55. Voir Mounk, Yascha. « Figures of Division », *The New Yorker*, 28 janvier 2019, https://www.newyorker.com/magazine/2019/01/28/how-a-teens-death-has-become-a-political-weapon. Voir aussi « Migrant crisis: Migration to Europe Explained In Seven Charts », *BBC*, 4 mars 2016, https://www.bbc.com/news/world-europe-34131911

56. Mounk, Yascha. « Figures of Division », *op. cit.*

57. « *Charlie Hebdo* Attack: France Seeks Long Jail Terms in Paris Trial », *BBC*, 8 décembre 2020, https://www.bbc.com/news/55231200

De la page 268 à la page 279

58. Hurt, Alyson, et Ariel Zambelich. « 3 Hours In Orlando: Piecing Together An Attack And Its Aftermath », *NPR*, 26 juin 2016, https://www.npr.org/2016/06/16/482322488/orlando-shooting-what-happened-update

59. « Islam not compatible with German Constitution, says AfD party », *Reuters*, 17 avril 2016, https://www.reuters.com/article/us-germany-afd-islam/islam-not-compatible-with-german-constitution-says-afd-party-idUSKCN0XE0T0

60. Voir « Fishmongers' Hall Porter "stabbed Usman Khan with spear" », *BBC News*, 20 avril 2021, https://www.bbc.com/news/uk-england-london-56815632 ; et Tilles, Daniel. « Polish hero who confronted London Bridge terrorist to be given top British honour », *Notes from Poland*, 26 décembre 2019, https://notesfrompoland.com/2019/12/26/polish-hero-who-confronted-london-bridge-terrorist-to-be-given-top-british-honour/

61. Couvelaire, Louise. « After the Conflans attack, many imams condemn the assassination of Samuel Paty », *Le Monde*, 19 octobre 2020, https://www.lemonde.fr/societe/article/2020/10/19/apres-l-attentat-de-conflans-de-nombreux-imams-condamnent-l-assassinat-de-samuel-paty_6056566_3224.html

62. Au Royaume-Uni, par exemple, 84 % des musulmans disent qu'il est « toujours mal » de « faire usage de violence extrémiste pour protester contre des choses » qu'ils jugent « très injustes ». Le chiffre est de 88 % pour les chrétiens. Quand on évoque la question spécifique des justifications religieuses, davantage encore de musulmans britanniques la dénoncent : 92 % jugent « toujours mal » de « faire usage de violence extrémiste au nom d'une religion pour protester ou atteindre un objectif ».

63. Mueller, John, et Mark G. Stewart. « Terrorism and bathtubs: comparing and assessing the risks », Terrorism and Political Violence, vol. 33, n° 1, 2021, p. 138-163.

9. La démographie n'est pas le destin

1. Roberts, Sam. « Minorities in US set to become majority by 2042 », *The New York Times*, 14 août 2008, https://www.nytimes.com/2008/08/14/world/americas/14iht-census.1.15284537.html

De la page 279 à la page 284

2. Poston, Dudley. « The U.S. White Majority Will Soon Disappear Forever », *The Houston Chronicle*, 30 avril 2019, https://www.houstonchronicle.com/local/gray-matters/article/The-US-white-majority-will-soon-disappear-forever-13806738.php?utm_medium=referral&utm_campaign=socialflow&utm_source=sftwitter

3. Mohan, Pavithra. « How the end of the white majority could change office dynamics in 2040 », *Fast Company*, 27 janvier 2020, https://www.fastcompany.com/90450018/how-the-end-of-the-white-majority-could-change-office-dynamics-in-2040

4. Comme les « Hispaniques blancs » comptent parmi les « personnes de couleur » dans ces projections, des dizaines de millions de personnes dont les ancêtres sont en tout ou en partie issus d'Europe sont incluses dans cette catégorie. Le seul groupe racial qui en est complètement exclu est les Arabes, qui comptent parmi les Blancs quand bien même une majorité d'entre eux vient d'Afrique et du Proche-Orient. (Comme on trouve des Arabes en Amérique latine, et qu'une toute petite partie d'entre eux a depuis émigré aux États-Unis, ceux-là compteront techniquement parmi les « personnes de couleur ».)

5. Voir Onishi, Norimitsu. « The Man Behind a Toxic Slogan Promoting White Supremacy », *The New York Times*, 20 septembre 2019, https://www.nytimes.com/2019/09/20/world/europe/renaud-camus-great-replacement.html ; et Sayare, Scott, « French Provocateur Enters Battle Over Comments », *The New York Times*, 11 février 2011, https://www.nytimes.com/2011/02/12/world/europe/12zemmour.html

6. Voir Charlton, Lauretta. « What Is the Great Replacement ? » *The New York Times*, 6 août 2019 ; et Bowles, Nellie. « "Replacement Theory", a Racist, Sexist Doctrine, Spreads in Far-Right Circles », *The New York Times*, 18 mars 2019, https://www.nytimes.com/2019/03/18/technology/replacement-theory.html

7. Ce n'est pas une liste exhaustive de tous les facteurs significatifs en jeu. L'espérance de vie et l'âge moyen pour avoir un enfant, par exemple, affectent également le modèle.

8. « 22 % of Americans Have a Relative in a Mixed-Race Marriage », Pew Research Center, 14 mars 2006, https://www.pewresearch.org/social-trends/2006/03/14/guess-whos-coming-to-dinner/

De la page 284 à la page 285

9. Parker, Kim, Juliana Menasce Horowitz, Rich Morin et Mark Hugo Lopez. « Multiracial in America », Pew Research Center, 11 juin 2015, https://www.pewresearch.org/social-trends/2015/06/11/multiracial-in-america/

10. Livingston, Gretchen, et Anna Brown. « Intermarriage in the US: 50 years after Loving v. Virginia », Pew Research Center, 17 mai 2018, https://www.pewresearch.org/social-trends/2017/05/18/2-public-views-on-intermarriage/#americans-are-now-much-more-open-to-the-idea-of-a-close-relative-marrying-someone-of-a-different-race. L'opposition aux mariages mixtes était autrefois le plus forte chez les Blancs, mais c'est aujourd'hui chez les Africains-Américains qu'on la mesure au plus haut. Selon le Pew Research Center, par exemple, les répondants noirs étaient deux fois plus que les Blancs à répondre qu'un « mariage entre personnes de races différentes » est, en général, « une mauvaise chose ». (*Ibid.*)

11. Livingston, Gretchen. « The Rise of multiracial and multiethnic babies in the U.S. », Pew Research Center, 6 juin 2017, https://www.pewresearch.org/fact-tank/2017/06/06/the-rise-of-multiracial-and-multiethnic-babies-in-the-u-s/

12. Livingston, Gretchen, et Anna Brown. « Intermarriage in the US: 50 Years After Loving v. Virginia », Pew Research Center, 17 mai 2018, https://www.pewresearch.org/social-trends/2017/05/18/2-public-views-on-intermarriage/#americans-are-now-much-more-open-to-the-idea-of-a-close-relative-marrying-someone-of-a-different-race

13. Telles, Edward Eric, et Vilma Ortiz. *Generations of Exclusion: Mexican Americans, Assimilation, and Race*, Russell Sage Foundation, 2008, p. 281.

14. Alba, Richard. « The Likely Persistence of a White Majority », *The American Prospect*, 11 janvier 2016, https://prospect.org/civil-rights/likely-persistence-white-majority/. Voir aussi l'excellent rapport, très fouillé, du Pew Charitable Trust : Parker, Kim, Juliana Menasce Horowitz, Rich Morin et Mark Hugo Lopez. « Multiracial in America », Pew Research Center, 11 juin 2015, https://www.pewresearch.org/social-trends/2015/06/11/multiracial-in-america/

La seule exception notable est les enfants métis dont un parent est noir. Les Américains métis aux racines asiatiques sont très

De la page 285 à la page 287

enclins « à dire qu'ils ont plus en commun avec les Blancs » (Alba, Richard. « The Likely Persistence of a White Majority », *The American Prospect*, 11 janvier 2016, https://prospect.org/civil-rights/likely-persistence-white-majority/), tandis que Pew indique que les enfants aux racines africaines « ont un parcours de vie, des attitudes et des interactions sociales qui les rapprochent bien plus de la communauté noire » (Parker, Kim, Juliana Menasce Horowitz, Rich Morin et Mark Hugo Lopez. « Multiracial in America », *op. cit.*

Ce n'est pas une surprise. Historiquement, les esclaves comptaient parmi les Noirs – et étaient ainsi privés de droits civiques – même s'ils n'avaient qu'un arrière-grand-parent noir. Cette tradition vit encore dans la conception américaine de l'identité noire aujourd'hui.

Ce serait cependant une erreur d'en déduire que la « *one-drop rule* » exerce la même emprise sur d'autres groupes ethniques. Les projections du Bureau du recensement, pour le dire simplement, ont tort de considérer l'expérience afro-américaine comme un prédicteur du comportement futur de la plupart des métis américains.

15. Stepler, Renne, et Anna Brown. « 2014, Hispanics in the United States Statistical Portrait », 19 avril 2016, Pew Research Center, https://www.pewresearch.org/hispanic/2016/04/19/2014-statistical-information-on-hispanics-in-united-states/

16. Colby, Sandra L., et Jennifer M. Ortman. « Projections of the Size and Composition of the U.S. Population: 2014 to 2060 », *Current Population Reports*, p. 25-1143, United States Census Bureau, mars 2015, https://www.census.gov/content/dam/Census/library/publications/2015/demo/p25-1143.pdf

17. *Ibid.*, p. 9. Selon la projection, il y aura 285 millions de Blancs dans le pays en 2060, parmi lesquels 182 millions de Blancs non hispaniques.

18. Lopez, Ian Hany, et Tory Gavito. « This Is How Biden Should Approach the Latino Vote », 18 septembre 2020, *The New York Times*, https://www.nytimes.com/2020/09/18/opinion/biden-latino-vote-strategy.html

De la page 287 à la page 288

19. Colby, Sandra L., et Jennifer M. Ortman. « Projections of the Size and Composition of the U.S. Population: 2014 to 2060 », *op. cit.*

20. Pour comparaison, les Blancs ont un revenu annuel médian de 76 057 dollars (Wilson, Valerie. « Racial Disparities in Income And Poverty Remain Largely Unchanged Amid Strong Income Growth in 2010 », Economic Policy Institute, septembre 2020, https://www.epi.org/blog/racial-disparities-in-income-and-poverty-remain-largely-unchanged-amid-strong-income-growth-in-2019/ ; Budiman, Abby. « Koreans in the U.S. Fact Sheet », Pew Research Center, https://www.pewresearch.org/social-trends/fact-sheet/asian-americans-koreans-in-the-u-s/ « Chinese in the U.S. Fact Sheet », Pew Research Center, https://www.pewresearch.org/social-trends/fact-sheet/asian-americans-chinese-in-the-u-s/ « Indians in the U.S. Fact Sheet », Pew Research Center, https://www.pewresearch.org/social-trends/fact-sheet/asian-americans-indians-in-the-u-s/

21. Selon le Bureau of Labor Statistics, les femmes asiatiques de plus de 16 ans disposent d'un revenu hebdomadaire médian de 1 134 dollars. Parmi les hommes blancs de plus de 16 ans, le revenu hebdomadaire médian était de 1 118 dollars (Bureau of Labor Statistics. « Usual Weekly Earnings of Wage and Salary Workers: First Quarter 2021 », Table 3, https://www.bls.gov/news.release/pdf/wkyeng.pdf).

22. Budiman, Abby, et Neil G. Ruiz. « Key facts about Asian Americans, a diverse and growing population », 29 avril 2021, Pew Research Center, https://www.pewresearch.org/fact-tank/2021/04/29/key-facts-about-asian-americans/

23. « Admissions Statistics », *Harvard College*, https://college.harvard.edu/admissions/admissions-statistics ; et UC Berkeley. « UC Berkeley Fall Enrollment Data for New Undergraduates », https://opa.berkeley.edu/uc-berkeley-fall-enrollment-data-new-undergraduates (41,8 % des étudiants de premier cycle sont des Asiatiques-Américains ; 11,8 % sont des étudiants étrangers, dont probablement un large contingent chinois. Par ailleurs, 4,2 % des étudiants ont refusé de décliner leur ethnicité.)

De la page 289 à la page 292

24. À l'automne 2020, j'ai lancé un sondage informel sur mon compte Twitter. En précisant bien que j'incluais les Hispaniques blancs, j'ai demandé quel pourcentage de la population américaine sera blanche en 2060 selon la dernière projection en date du Bureau du recensement. Plus de 70 % des participants ont répondu que moins de la moitié des Américains seraient blancs, selon cette définition. Moins de 5 % ont donné la bonne réponse : dans quarante ans, plus de deux tiers des Américains seront encore blancs.

Le résultat de ce sondage n'est bien sûr pas du tout représentatif ; il ne capture absolument pas l'opinion de l'Américain moyen sur la question. Mais, comme les gens qui suivent un politologue sur les réseaux sociaux et passent leurs week-ends à cliquer sur les sondages portant sur la composition démographique future du pays ont de fortes chances de s'intéresser de près à la politique, il révèle tout de même quelque chose d'intéressant sur la perception erronée que la classe politique américaine se fait de son propre pays.

25. Voir Wolf, Richard. « Timeline: Same-sex marriage through the years », *USA Today*, 24 juin 2015, https://www.usatoday.com/story/news/politics/2015/06/24/same-sex-marriage-timeline/29173703/ ; et Associated Press. « Voters pass all 11 bans on gay marriage », *NBC News*, 1er novembre 2004, https://www.nbcnews.com/id/wbna6383353

26. Associated Press. « Bush edges Kerry in "regular guy" poll », *NBC News*, 26 mai 2004, https://www.nbcnews.com/id/wbna5067874

27. Judis, John B., et Ruy A Teixeira. *The Emerging Democratic Majority*, Scribner, 2002.

28. *Ibid.*, p. 35.

29. Kuhn, David Paul. « Exit polls: How Obama Won », *Politico*, 5 novembre 2008, https://www.politico.com/story/2008/11/exit-polls-how-obama-won-015297

30. Pour certains militants de gauche, l'idée de la majorité démographique inéluctable est porteuse d'une seconde promesse. Si les démocrates ont besoin de construire de larges coalitions pour remporter les élections, comme l'ont longtemps cru les analystes,

De la page 292 à la page 293

alors les politiciens progressistes sont dans l'obligation de conclure des compromis hasardeux. Comme certaines de leurs politiques sont très impopulaires dans l'électorat ouvrier blanc qui constitue la base historique du parti, ils sont écartelés en permanence entre la pureté idéologique d'un côté et la viabilité électorale de l'autre.

La théorie de la majorité démographique inéluctable paraît libérer les démocrates de cette tension. Proposer des politiques agressivement à gauche ne serait plus seulement une question de principe, cela deviendrait une manière évidente de construire la coalition électorale gagnante du futur.

31. Publius Decius Mus (Michael Anton). « The Flight 93 Election », *Claremont Review of Books*. 5 septembre 2016, https://claremontreviewofbooks.com/digital/the-flight-93-election/

32. Pengelly, Martin. « Trump predicts demographics make 2016 "last election Republicans can win" », *The Guardian*, 9 septembre 2016, https://www.theguardian.com/us-news/2016/sep/09/trump-demographics-2016-election-republicans-can-win

33. Khalid, Asma. « The 270 Project: Try To Predict Who Will Win The Election », *NPR News*, 30 juin 2016, https://www.npr.org/2016/06/30/483687093/the-270-project-try-to-predict-who-will-win-the-election. *Vox* l'énonce même plus explicitement encore : « Il n'y a tout simplement pas assez de Blancs pétris de ressentiment, xénophobes et pauvres aux États-Unis pour constituer une majorité nationale suffisamment large pour remporter l'élection présidentielle » (Roberts, David. « Why I still believe Donald Trump will never by president », *Vox*, 30 janvier 2016, https://www.vox.com/2016/1/30/10873476/donald-trump-never-president)

34. Dans une triomphante analyse postélectorale de mars 2009, Teixeira prédit que les forces démographiques qui ont transformé Obama en véritable machine de guerre électorale ne feront que s'amplifier à l'avenir. Citant le Bureau du recensement, il énonce : « Les États-Unis seront une majorité de minorités en 2042. » Et ces tendances démographiques favorables, avance-t-il, seront tout spécialement fortes dans les États clés du collège électoral. Le Michigan et la Pennsylvanie, en particulier, seront bientôt les lieux d'une nouvelle « domination progressiste ». Or, ce sont précisément les

De la page 293 à la page 295

États qui ont permis la victoire de Donald Trump. Voir Teixeira, Ruy. « Twenty Years of Demographic, Geographic, and Attitudinal Changes Across the Country Herald a New Progressive Majority », Center for American Progress: New Progressive America, 11 mars 2009, p. 20, https://www.americanprogress.org/issues/democracy/reports/2009/03/11/5783/new-progressive-america/

35. Cohn, Nate. « How the Obama Coalition Crumbled, Leaving an Opening for Trump », *The New York Times*, 23 décembre 2016, https://www.nytimes.com/2016/12/23/upshot/how-the-obama-coalition-crumbled-leaving-an-opening-for-trump.html

36. Teixeira, Ruy. « Democrats can't rely on demographics alone », *Persuasion*, 4 juin 2021, https://www.persuasion.community/p/demography-is-not-destiny

37. Sherman, Mark. « Electoral College makes it official: Biden won, Trump lost », *AP News*, 14 décembre 2020, https://apnews.com/article/joe-biden-270-electoral-college-vote-d429ef97af2bf574d16463384dc7cc1e

38. Voir Cohn, Nate. « Why Rising Diversity Might Not Help Democrats as Much as They Hope », *The New York Times*, 4 mai 2021, https://www.nytimes.com/2021/05/04/us/census-news-republicans-democrats.html ; et Teixeira, Ruy, « Democrats Can't Rely on Demographics Alone », *Persuasion*, 4 juin 2021, https://www.persuasion.community/p/democrats-cant-rely-on-demographics

39. Voir par exemple « Understanding The 2020 Electorate: AP VoteCast Survey », *NPR News*, 21 mai 2021, https://www.npr.org/2020/11/03/929478378/understanding-the-2020-electorate-ap-votecast-survey ; Fadel, Leila. « Majority Of Muslims Voted For Biden, But Trump Got More Support Than He Did In 2016 », *NPR News*, 4 décembre 2020, https://www.npr.org/2020/12/04/942262760/majority-of-muslims-voted-for-biden-but-trump-got-more-not-less-support ; Collins, Sean. « Trump made gains with Black voters in some states. Here's why », 4 novembre 2020, *Vox*, https://www.vox.com/2020/11/4/21537966/trump-black-voters-exit-polls ; et « An examination of the 2016 electorate, based on validated voters », Pew Research Center, https://www.pewresearch.org/politics/2018/08/09/an-examination-of-the-2016-electorate-based-on-validated-voters/

De la page 295 à la page 303

40. Narea, Nicole. « How Latinos in Miami-Dade County helped Trump win Florida », 3 novembre 2020, *Vox*, https://www.vox.com/policy-and-politics/2020/11/3/21548510/florida-miami-dade-latinos-cuba

41. « Hispanic Voters Deliver a Texas Win for Trump », *The New York Times*, 10 novembre 2020, https://www.nytimes.com/interactive/2020/11/05/us/texas-election-results.html

42. Voir par exemple Martin, Jose Maria. « Literature Review: Corruption And One-Party Dominance », *Transparency International*, 29 mai 2015, https://knowledgehub.transparency.org/assets/uploads/helpdesk/Corruption_and_one-party_dominance_2015.pdf

43. Obama, Barack. « Keynote Address at the 2004 Democratic National Convention », 27 juillet 2004, https://web.archive.org/web/20080403144623/http://www.barackobama.com/2004/07/27/keynote_address_at_the_2004_de.php

44. Il y a un autre problème dans cette utopie supposée. Même si la définition du Bureau du recensement s'avérait, et que les petits-enfants de Cameron Diaz, Martin Sheen et Snooki s'identifiaient comme « personnes de couleur » d'ici à quarante ans, l'Amérique « blanche » constituera encore un peu moins de la moitié de la population. Ce groupe pourrait en venir à perdre toutes les élections, mais il exercerait toujours beaucoup de pouvoir dans le pays. Même s'il ne parvenait plus à imposer sa volonté à tous les autres, il serait probablement capable d'empoisonner la vie de la majorité naissante de toutes sortes de manières.

45. Alba, Richard D. *The Great Demographic Illusion: Majority, Minority, and the Expanding American Mainstream*, Princeton University Press, 2020.

46. Pancevski, Bojan. « Immigrants and Their Children Shift Towards Center-Right in Germany », *Wall Street Journal*, 9 février 2021, https://www.wsj.com/articles/immigrants-and-their-children-shift-toward-center-right-in-germany-11612872336

47. Craig, Maureen A., et Jennifer A. Richeson. « On the Precipice of a "Majority-Minority" America: Perceived Status Threat From the Racial Demographic Shift Affects White Americans' Political Ideology », *Association for Psychological Science*, vol. 25, n° 6, 2014, p. 1189-1197.

De la page 307 à la page 312

10. Des politiques utiles

1. Voir par exemple l'« histoire émouvante » suggérée dans Hochschild, Arlie Russell. *Strangers in Their Own Land: Anger and Mourning on the American Right*, The New Press, 2018.

2. Cigainero, Jake. « Who Are France's Yellow Vest Protesters, And What Do They Want ? », *NPR News*, 3 décembre 2018, https://www.npr.org/2018/12/03/672862353/who-are-frances-yellow-vest-protesters-and-what-do-they-want

3. Bradley, Matt, Mac William Bishop et Marguerite Ward. « "Yellow vests" find support among France's far-right and far-left – but can they win votes ? », *NBC News*, 26 février 2019, https://www.nbcnews.com/news/world/yellow-vests-find-support-among-france-s-far-right-far-n976021

4. « Yellow vest protests: More than 100 arrested as violence returns to Paris », *BBC News*, 16 novembre 2019, https://www.bbc.com/news/world-europe-50447733

5. Voir Kantor, Alice. « Why are France's yellow vest protests so white ? », Al-Jazeera, 28 janvier 2019, https://www.aljazeera.com/features/2019/1/28/why-are-frances-yellow-vest-protests-so-white ; et Nossiter, Adam, « Anti-Semitic Taunts by Yellow Vests Prompt French Soul-Searching », *The New York Times*, 18 février 2019, https://www.nytimes.com/2019/02/18/world/europe/france-antisemitism-yellow-vests-alain-finkielkraut.html

6. Pour l'explication la plus subtile de cette thèse, voir Scott, James. *Against the Grain: A Deep History of the Earliest States*, Yale University Press, 2017.

7. Manuel Funke, Moritz Schularick et Christoph Trebesch. « Going to Extremes: Politics after Financial Crisis, 1870-2014 », Center for Economic Studies and Ifo institute: *CESifo Working Paper No. 5553*, octobre 2015, p. 2, https://www.statewatch.org/media/documents/news/2015/oct/financial-crises-cesifo-wp-5553.pdf

8. *Ibid.*, p. 35.

9. Ambrosino, Brandon. « What the world values, in one chart », *Vox*, 29 décembre 2014, https://www.vox.com/2014/12/29/7461009/culture-values-world-inglehart-welzel

De la page 312 à la page 317

10. Friedman, Benjamin M. *The Moral Consequences of Economic Growth*, Alfred A. Knopf, 2005, p. 4.

11. Rappeport, Alan, et Liz Alderman. « Yellen Aims to Win Support for Global Tax Deal », *The New York Times*, 2 juin 2021, https://www.nytimes.com/2021/06/02/us/politics/yellen-global-tax.html et https://www.nytimes.com/2021/06/05/us/politics/g7-global-minimum-tax.html

12. Scheiber, Noam. « The Biden Team Wants to Transform the Economy. Really », *The New York Times*, 11 février 2021, https://www.nytimes.com/2021/02/11/magazine/biden-economy.html

13. Pour une plaidoirie philosophique célèbre en faveur du revenu universel, voir Parijs, Philippe van. *Real Freedom for All: What (If Anything) Can Justify Capitalism ?* Oxford University Press, 1997. Pour une discussion sur les tentatives récentes de le mettre en place, voir Samuel, Sigal. « Guaranteed Income is Graduating From Charity To Public Policy », 3 juin 2021, *Vox*, https://www.vox.com/future-perfect/2021/6/3/22463776/guaranteed-universal-basic-income-charity-policy

14. Principalement, il améliorerait la situation économique de toute la société et aiderait les démocraties multiethniques à générer la croissance et les revenus d'impôts indispensables pour proposer à leurs citoyens une prospérité assurée.

15. Rich, Motoko, Amanda Cox et Matthew Bloch. « Money, Race and Success: How Your School District Compares », *The New York Times*, 29 avril 2016, https://www.nytimes.com/interactive/2016/04/29/upshot/money-race-and-success-how-your-school-district-compares.html?mtrref=www.google.com&assetType=REGIWALL

16. Le gouvernement Biden a proposé un fonds de 20 milliards de dollars pour aider à rééquilibrer les inégalités de financement entre quartiers. Voir Kevin Carey. « Rich Schools, Poor Schools and a Biden Plan », *The New York Times*, 9 juin 2021, https://www.nytimes.com/2021/06/09/upshot/biden-school-funding.html. Pour un aperçu complet du problème des inégalités de financement des écoles et un ensemble de propositions pour les redresser, voir Carmel Martin, Ulrich Boser, Meg Benner et Perpetual

De la page 317 à la page 318

Baffour. « A Quality Approach to School Funding: Lessons Learned from School Finance Litigation », Center for American Progress, 13 novembre 2018. Fournir une école de meilleure qualité pourrait aussi nous aider à atteindre des objectifs cruciaux d'intégration, pédagogique et résidentielle, car cela réduirait les incitations des riches blancs à déménager dans les quartiers huppés dès que les enfants doivent être scolarisés.

17. Voir par exemple Skocpol, Theda. « Universal appeal », *The Brookings Review*, vol. 9, n° 3, 1991, p. 28 ; Skocpol, Theda. « Targeting Within Universalism: Politically Viable Policies to Combat Poverty in the United States », Jencks C, et Peterson PE (dir.), *The Urban Underclass*, The Brookings Institution, 1991, p. 411-436.

18. Sawhill, Isabel, et Richard V. Reeves. « The case for "race-conscious" policies », *Brookings*, 4 février 2016, https://www.brookings.edu/blog/social-mobility-memos/2016/02/04/the-case-for-race-conscious-policies/

19. « Civil Rights, Fair Lending and Consumer Rights Organizations Urge A More Race-Conscious CRA », *National Community Reinvestment Coalition*, 16 février 2021, https://ncrc.org/civil-rights-fair-lending-and-consumer-rights-organizations-urge-a-more-race-conscious-cra/

20. Voir Stanley Becker, Isaac, et Lena H. Sun. « Aiming for fairness in the coronavirus fight », *The Washington Post*, 20 décembre 2020, https://www-proquest-com.proxy1.library.jhu.edu/docview/2471223244/4076CC5D82404FB5PQ/1?accountid=11752 ; et Mounk, Yascha. « Why I'm Losing Trust in the Institutions », *Persuasion*, 23 décembre 2020, https://www.persuasion.community/p/why-im-losing-trust-in-the-institutions

21. @WhiteHouse. « Notre priorité sera les propriétaires de petites entreprises noirs, latinos, asiatiques et américains natifs, les femmes propriétaires de petites entreprises, et l'égalité d'accès aux ressources nécessaires à la réouverture et à la reconstruction », *Twitter*, 10 janvier 2021, https://twitter.com/WhiteHouse/status/1348403213200990209?ref_src=twsrc%5Etfw%7Ctwcamp%5Etweetembed%7Ctwterm%5E1348403213200990209%7Ctwgr%5E%7Ctwcon%5Es1_&ref_url=https%3A%2F%2Ffee.org%2Farticles%2Fjoe-biden-just-made-covid-stimulus-a-race-issue%2F

De la page 319 à la page 322

22. Associated Press. « Court rules against Biden administration's use of race, sex to allocated COVID-19 aid », 28 mai 2021, https://www.oregonlive.com/business/2021/05/court-rules-against-using-race-sex-to-allocate-federal-aid.html. Voir aussi Zaid Jilani. « What's Race Got to Do With It ? », *Persuasion*, 10 mai 2021, https://www.persuasion.community/p/whats-race-got-to-do-with-it

23. Ford, R., et Kootstra, A. « Do white voters support welfare policies targeted at ethnic minorities ? Experimental evidence from Britain », *Journal of Ethnic and Migration Studies*, vol. 43, n° 1, 2017, p. 80-101, p. 81.

24. *Ibid.*, p. 97.

25. *Ibid.*, p. 85.

26. *Ibid.*, p. 87.

27. Voir par exemple Novicoff, Marc. « Stop marketing race-blind policies as racial equity initiatives », *Slow Boring*, 20 février 2020, http://slowboring.com/p/race-blind-policies-racial-equity ; et Lindsey, Brink. « Moderation in Pursuit of Social Justice Is an Indispensable Virtue », 20 avril 2021, Niskanen Center, https://www.niskanencenter.org/moderation-in-pursuit-of-social-justice-is-an-indispensable-virtue/

28. English, Micah, et Joshua L. Kalla. « Racial Equality Frames and Public Policy Support: Survey Experimental Evidence », 26 avril 2021, version préliminaire, https://osf.io/tdkf3/download

29. *Ibid.*

30. Voir les tableaux A4 et A5 de English, Micah, et Joshua, L. Kalla. « Racial Equality Frames and Public Policy Support: Survey Experimental Evidence », *op. cit.*

De nombreux autres sondages et études parviennent aux mêmes résultats. Quand un institut de sondage qui penche à gauche présente aux électeurs une politique qui faciliterait la construction d'habitats collectifs présentée en termes universels, par exemple, celle-ci recueille un soutien enthousiaste. Un grand nombre d'électeurs se déclarent en faveur d'une politique dont le but déclaré serait de « stimuler la croissance économique en permettant à plus de gens de déménager dans des régions riches en opportunités d'emplois ». En revanche, les électeurs à qui on présentait

De la page 322 à la page 325

la même politique cette fois selon une grille de lecture raciale la soutenaient beaucoup moins. Quand on leur a expliqué qu'il s'agissait d'une « affaire de justice raciale », car les régulations actuelles « verrouillent la ségrégation raciale du système américain, empêchant les Américains noirs de bénéficier des mêmes opportunités économiques », l'opposition à la mesure grandissait chez les démocrates comme chez les républicains. Voir Demsas, Jerusalem. « How to convince a NIMBY to build more housing », *Vox*, 24 février 2021, https://www.vox.com/22297328/affordable-housing-nimby-housing-prices-rising-poll-data-for-progress

31. Pour un exemple de politique sensible aux questions raciales qui a obtenu l'inverse de l'effet recherché en nuisant au groupe dont elle visait à renforcer les intérêts, voir Mounk, Yascha. « Why I'm Losing Trust in the Institutions », *Persuasion*, 23 décembre 2020.

32. Pour l'un des meilleurs récits de l'ascension politique de Silvio Berlusconi, voir Stille, Alexander. *The Sack of Rome: Media+ money+ celebrity = power = Silvio Berlusconi*, Penguin, 2007.

33. Fisher, Ian. « Berlusconi Changes Rules to His Benefit », *The New York Times*, 15 décembre 2005, https://www.nytimes.com/2005/12/15/world/europe/berlusconi-changes-rules-to-his-benefit.html

34. « Italy moves to change electoral system », *The New York Times*, 13 octobre 2005, https://www.nytimes.com/2005/10/13/world/europe/italy-moves-to-change-electoral-system.html

35. Povoledo, Elisabetta. « An overseas surprise for Berlusconi », *The New York Times*, 13 avril 2006. https://www.nytimes.com/2006/04/13/world/europe/an-overseas-surprise-for-berlusconi.html

36. Deloy, Corinne. « The Left Wins Both Houses in Italian Parliamentary Elections in a Ballot Marked by Much Confusion and Division in the Country », Robert Schuman Foundation, 12 avril 2006, https://www.robert-schuman.eu/en/eem/0513-the-left-wins-both-houses-in-italian-parliamentary-elections-in-a-ballot-marked-by-much-confusion-and-division-in-the-country

37. « Top court confirms Prodi's win in Italian election », *The New York Times*, 19 avril 2006, https://www.nytimes.com/2006/04/19/world/europe/top-court-confirms-prodis-win-in-italian-election.html

Page 325

38. Drutman, Lee. *Breaking the Two-Party Doom Loop: The Case for Multiparty Democracy in America*, Oxford University Press, 2020. Pour une proposition législative, voir « The Fair Representation Act », Fair Vote, https://www.fairvote.org/fair_rep_in_congress#why_rcv_for_congress

39. Voir par exemple Jurecic, Quinta et Susan Hennessey. « The Reckless Race to Confirm Amy Coney Barrett Justifies Court Packing », *The Atlantic*, 4 octobre 2020 ; et Serwer, Adam. « The Supreme Court Is Helping Republicans Rig Elections », *The Atlantic*, 22 octobre 2020. En avril 2021, de puissants démocrates dont Jerrold Nadler, président de la commission justice à la Chambre des représentants, ont introduit une proposition de loi au Congrès dont l'objectif avoué était d'ajouter des juges à la Cour suprême (Carl Hulse. « Democrats' Supreme Court Expansion Plan Draws Resistance », *The New York Times*, 15 avril 2021, https://www.nytimes.com/2021/04/15/us/politics/democrats-supreme-court-expansion.html).

40. Les exemples de tels échecs sont légion. En 1950, l'Association américaine de sciences politiques a invité les plus grands érudits de l'époque pour discuter des problèmes qui minaient les institutions des États-Unis. Leur rapport concluait que le pays souffrait de disposer de deux partis politiques dont les profils idéologiques n'étaient pas clairement définis. Il aurait été selon eux préférable que démocrates et républicains soient en désaccord plus franc sur les questions centrales de l'actualité.

Au cours des décennies suivantes, leur souhait s'est réalisé. Permettre aux Américains de voter pour des politiciens qui représentaient leurs valeurs fondamentales a eu sans conteste des effets positifs. Mais, comme l'ont durement démontré les dernières années, cela a aussi généré d'autres problèmes. La politique américaine est aujourd'hui hautement polarisée. À chaque élection, les enjeux paraissent grossir en importance, jusqu'à devenir vitaux. Préoccupés par les problèmes de leur temps, les membres éminents de cette conférence avaient lourdement sous-estimé les nouveaux problèmes qu'entraîneraient les changements proposés.

De la page 325 à la page 330

La transition démocratique des régimes postcommunistes nous présente un autre exemple très instructif de la difficulté d'évaluer correctement l'impact des institutions. Comme le montre une abondante littérature en sciences politiques, les systèmes politiques de nombreux pays d'Europe centrale et d'Europe de l'Est ont été établis en fonction des intérêts de leurs dirigeants de l'époque, ou du moins de la perception qu'ils avaient de leur intérêt propre. La plupart de ces dirigeants ont pourtant rapidement disparu du paysage politique. Comme celui-ci est en changement rapide et permanent, des éléments institutionnels conçus pour les favoriser leur ont très souvent nui, en réalité.

41. Voir par exemple Golshan, Tara. « The "Hastert Rule" the reason a DACA deal could fail in the House, explained », *Vox*, 24 janvier 2018, https://www.vox.com/policy-and-politics/2018/1/24/16916898/hastert-rule-daca-could-fail-house-ryan ; et Mounk, Yascha. « The Rise of McPolitics », *The New Yorker*, 2 juillet 2018.

42. Whittle, Patrick. « Maine's ranked choice voting rules and procedures, explained », *APNews*, 2 novembre 2020, https://apnews.com/article/election-2020-senate-elections-voting-maine-united-states-355f2859cf5dabf25bb0bb953f9c66bd

43. « How California's "Jungle Primary" System Works », *NPR*, 5 juin 2018, https://www.npr.org/2018/06/05/617250124/how-californias-jungle-primary-system-works

44. Une autre réforme proposée pour abattre le duopole de la politique américaine consiste à introduire des « quartiers multimembres », supposés faciliter la tâche de partis tiers dans les élections au Congrès. Cela entraînerait une forme de représentation proportionnelle aux États-Unis sans avoir à modifier la Constitution. Pour un argument en défaveur de la représentation proportionnelle dans ce pays, voir : « Two Cheers for Two Parties », *Intelligence2 Debates*, 13 février 2020, https://www.intelligencesquaredus.org/debates/two-cheers-two-parties

45. Connor, Phillipp, et Jens Manuel Krogstad. « Many worldwide oppose more migration – both into and out of their countries », Pew Research Center, 10 décembre 2018, https://www.pewresearch.org/fact-tank/2018/12/10/many-worldwide-oppose-more-migration-both-into-and-out-of-their-countries/

De la page 330 à la page 340

46. Galston, William A. « As Trump's Zero-Tolerance Immigration Policy Backfires, Republicans are in Jeopardy », *Brookings*, 18 juin 2018, https://www.brookings.edu/blog/fixgov/2018/06/18/trumps-zero-tolerance-immigration-policy-puts-republicans-in-jeopardy/

47. Rose, Joel. « Despite Concerns About Border, Poll Finds Support For More Pathways To Citizenship », *NPR*, 20 mai 2021, https://www.npr.org/2021/05/20/998248764/despite-concerns-about-border-poll-finds-support-for-more-pathways-to-citizenshi

48. Gonzalez-Barrera, Ana, et Phillip Connor. « Around the World, More Say Immigrants Are a Strength Than a Burden », 14 mars 2019, Pew Research Center, https://www.pewresearch.org/global/2019/03/14/around-the-world-more-say-immigrants-are-a-strength-than-a-burden/

49. Lipka, Michael. « U.S. religious groups and their political leanings », Pew Research Center, 23 février 2016, https://www.pewresearch.org/fact-tank/2016/02/23/u-s-religious-groups-and-their-political-leanings/

50. Voir Mason, Lilliana. *Uncivil Agreement: How Politics Became Our Identity*, University of Chicago Press, 2018.

51. Johnson, Ted. *When the Stars Begin to Fall: Overcoming racism and Renewing the Promise of America*, Atlantic Monthly Press, 2021.

52. Voir par exemple Lepore, Jill. *This America: The Case for the Nation*, et Winthrop, Rebecca. « The need for civic education in 21st-century schools », 4 juin 2020, *Brookings*, https://www.brookings.edu/policy2020/bigideas/the-need-for-civic-education-in-21st-century-schools/

53. Lind, Michael. *The New Class War: Savings Democracy from the Managerial Elite*, Portfolio, 2020.

Conclusion

1. Voir par exemple Famighetti, Christopher, et Darrick Hamilton. « The Great Recession, education, race, and homeownership », *Economic Policy Institute*, 15 mai 2019, https://www.epi.org/blog/the-great-recession-education-race-and-homeownership/ ; et Logan,

De la page 340 à la page 349

Amanda, et Christian E. Weller. « The State of Minorities: The Recession Issue », Center for American Progress, 16 janvier 2009, https://www.americanprogress.org/issues/race/news/2009/01/16/5482/the-state-of-minorities-the-recession-issue/

2. Zurcher, Anthony. « The Birth of the Obama “birther” conspiracy », *BBC News*, 16 septembre 2016, https://www.bbc.com/news/election-us-2016-37391652

3. Turner Lee, Nicol. « Where would racial progress in policing be without camera phones? », The Brookings Institute, 5 juin 2020, https://www.brookings.edu/blog/fixgov/2020/06/05/where-would-racial-progress-in-policing-be-without-camera-phones/

4. Stokes, Bruce et Kat Devlin. « Despite Rising Economic Confidence, Japanese See Best Days Behind Them and Say Children Face a Bleak Future – Chapter 3. Perceptions of immigrants, immigration and emigration », Pew Research Center, 12 novembre 2018, https://www.pewresearch.org/global/2018/11/12/perceptions-of-immigrants-immigration-and-emigration/

5. Voir Hassan, Marcos. « At 20, Manu Chao’s “Clandestino” Remains a Radical and Compassionate Work of Art », *Remezcla*, 5 octobre 2018, https://remezcla.com/features/music/manu-chao-clandestino-album-20th-anniversary/ ; et Gards, Jasmine. « This Week On Alt. Latino: Special Guest Manu Chao », *NPR*, 8 septembre 2011, https://www.npr.org/sections/altlatino/2011/09/08/140257279/this-week-on-alt-latino-special-guest-manu-chao À 1’33’’-2’31’’

6. *Ibid.*, à 2’35’’-4’11’’ et Hassan, Marcos. « At 20, Manu Chao’s “Clandestino” Remains a Radical and Compassionate Work of Art », *op. cit.*

7. Harrington, Richard. « Seeing the World Through Manu Chao’s Eyes », *Washington Post*, 22 juin 2007, https://www.washingtonpost.com/wp-dyn/content/article/2007/06/21/AR2007062100690.html Comme Manu Chao l’a dit au *Guardian*, il a fait ses armes musicales dans le métro parisien : « Les gens dans le métro à Paris sont très éclectiques – il y avait des gens de beaucoup de pays, de cultures différentes –, il fallait donc qu’on sache jouer toutes sortes de musiques pour plaire à tout le monde dans le métro. C’était l’école idéale pour apprendre beaucoup de styles musicaux différents. »

De la page 349 à la page 350

(https://www.npr.org/sections/altlatino/2011/09/08/140257279/this-week-on-alt-latino-special-guest-manu-chao)

8. Culshaw, Peter. « Clandestino: the story of Manu Chao's classic album », 9 mai 2013, *The Guardian*, https://www.theguardian.com/music/2013/may/09/manu-chao-clandestino-culshaw

Clandestino est le premier album que Manu Chao a produit sous son nom, mais il avait auparavant enregistré plusieurs albums avec le groupe Mano Negra.

9. « El Desaparecido », Genius. https://genius.com/Manu-chao-el-desaparecido-lyrics, consulté le 6 juin 2021 (traduction personnelle, NdT.)

Table

PARTIE II

DE L'AVENIR SOUHAITABLE DES DÉMOCRATIES MULTIETHNIQUES

PARTIE III

COMMENT LES DÉMOCRATIES MULTIETHNIQUES POURRAIENT S'ÉPANOUIR

Composition et mise en pages
Nord Compo à Villeneuve-d'Ascq

Achevé d'imprimer en janvier 2022
sur les presses de Normandie Roto Impression s.a.s.
61250 Lonrai
N° d'impression : 2105710

Imprimé en France

IMPRIM'VERT

PEFC
10-31-2541
Certifié PEFC
Ce produit est issu de
forêts gérées
durablement et de
sources contrôlées
www.pefc-france.org